Damit das Glück Wurzeln schlägt

W0390192

Damit das Glück Wurzeln schlägt

Erzählungen, Märchen und Gedichte,
aufgeschlossen für Gespräch in Schule,
Gemeinde und Jugendarbeit

von Paul Jakobi

Matthias-Grünewald-Verlag · Mainz

5. Auflage 1997

© 1987 Matthias-Grünewald-Verlag, Mainz
Umschlag: Irene Beyer, Mainz (unter Verwendung eines Fotos vom Bildarchiv Steffens, Mainz)
Satz: Studio für Fotosatz, Ingelheim
Druck und Bindung: Druckhaus Darmstadt GmbH

ISBN 3-7867-1282-4

Inhalt

Vorwort und Einführung

„Wenn Du ein Schiff bauen willst, so trommle nicht Männer zusammen, um Holz zu beschaffen, Werkzeuge vorzubereiten, Aufgaben zu vergeben und die Arbeiten einzuteilen, sondern lehre die Männer die Sehnsucht nach dem weiten, endlosen Meer", hat der französische Dichter und Erzähler Antoine de Saint-Exupéry gesagt. Da alles mit der Sehnsucht beginnt, kann ohne sie weder „menschliches Leben gelingen" noch „die Saat aufgehen". So habe ich mich erneut daran gemacht, mit den 45 vorliegenden Erzählungen, Märchen und Gedichten die menschliche Sehnsucht zu wecken. Unter der Weite des Meeres kann viel verstanden werden: Glück, Freude, Menschlichkeit, Tugend, Gemeinschaft, Ewigkeit, Gott.
Aber diese Sehnsucht der Menschen nach der Weite des Meeres ist schutzbedürftig; sie muß Wurzeln haben, um beständig zu sein, um in der Tiefe die Quellen zu erreichen und nicht an der Oberfläche zu verkommen. Das ist es, was wir von den Bäumen lernen können, die ebenfalls blühen möchten und weit schauen können.

> Wenn die Bäume die Menschen sehen,
> haben sie Mitleid.
> Sie glauben, daß der Wind uns davonträgt,
> weil wir keine Wurzeln haben (Dom Helder Camara).

Seine Sehnsüchte darf man nicht auf Steine werfen! Dort können sie zwar schnell aufgehen, aber sie werden sogleich wieder zusammenbrechen, weil sie keine Wurzeln schlagen können. Rainer Kunze beklagt sogar den Prozeß menschlicher Entwurzelung in unserer Zeit mit den Worten:

> Wie viele Bäume werden gefällt,
> wie viele Wurzeln gerodet
> in uns.

So ist es das Anliegen dieses Buches, allen Lesern und denen, die in Gesprächsrunden mit den abgedruckten Texten arbeiten möchten, Hilfen zu geben, „damit das Glück Wurzeln schlägt". Ohne Wurzeln können wir auf Dauer nicht leben.
Die Struktur des Buches folgt den beiden vorausgegangenen Veröffentlichungen „Damit unser Leben gelingen kann" (1981) und „Damit die Saat aufgeht"

(1984). In den Einführungen ist beschrieben, in welcher Weise mit den Texten methodisch gearbeitet werden kann. Allerdings mache ich auf einen grundlegenden Unterschied aufmerksam, der hoffentlich vom Leser dankbar angenommen wird: In den früheren Büchern wurde am Ende eines jeden Kapitels ein Gebet abgedruckt, das ich selbst zum jeweiligen Thema der Erzählung verfaßt hatte. Aus Sorge vor Wiederholungen habe ich in diesem Buch passende Gebete von bekannten oder auch weniger bekannten Autoren ausgewählt. Von allen Gebeten meine ich, daß sie von den Menschen unserer Zeit, die dem Gebet distanzierter und kritischer gegenüberstehen, nachvollzogen werden könnten. So ist unter der Hand ganz nebenbei auch ein kleines Gebetbuch entstanden.

Ich weiß um die Gefährlichkeit des Wortes. Hilde Domin hat uns mit ihrem eindrucksvollen Gedicht „Unaufhaltsam“ gewarnt:

Das eigene Wort,
wer holt es zurück,
das lebendige,
eben noch unausgesprochene Wort?

Wo das Wort vorbeifliegt,
verdorren die Gräser,
werden die Blätter gelb,
fällt Schnee.
Ein Vogel käme dir wieder.
Nicht dein Wort,
das eben noch ungesagte,
in deinen Mund.
Du schickst andere Worte
hinterdrein,
Worte mit bunten weichen Federn.
Das Wort ist schneller,
das schwarze Wort.
Es kommt immer an,
es hört nicht auf,
anzukommen.
Besser ein Messer als ein Wort.
Ein Messer kann stumpf sein.
Ein Messer trifft oft
am Herzen vorbei.
Nicht das Wort.

Am Ende ist das Wort,
immer
am Ende
das Wort.

Dennoch habe ich in diesem Buch erneut gewagt, das Wort auszusprechen. Es ist von mir auf den Weg gebracht, um zu helfen und zu heilen. Der Hunger nach Sinndeutung des Lebens ist bei jungen und alten Menschen groß; Dichter und Erzähler haben die Gabe, auf die tiefen Fragen der Menschen Antworten zu finden und ihren Hunger zu stillen.

Ein kleines Lied, wie geht's nur an,
daß man so lieb es haben kann,
was liegt darin?
„Erzähle!"
Es liegt darin ein wenig Klang,
ein wenig Wohllaut und Gesang
und eine ganze Seele (Marie v. Ebner-Eschenbach).

Möchte die „Seele der Lieder" die Herzen der Menschen erreichen!
Immer sind diese „Lieder" auch gleichzeitig Interpretationen der Botschaft Jesu, der vieles „in Form von Gleichnissen" (Mt 13,3) redete und ständig bei seinen Zuhörern die Herzen zu öffnen versuchte, „damit das Glück Wurzeln schlägt".

Düsseldorf, Ostern 1987 *Paul Jakobi*

Alles beginnt mit der Sehnsucht

Fußspuren

Ein französischer Gelehrter durchstreift die Wüste und hat sich als Führer einige Araber mitgenommen. Beim Sonnenuntergang breiten die Araber ihre Teppiche auf den Boden und beten. „Was machst du da?“ fragte er einen. „Ich bete.“ „Zu wem?“ „Zu Allah.“ „Hast du ihn jemals gesehen — betastet — gefühlt?“ „Nein.“ „Dann bist du ein Narr!“ Am nächsten Morgen, als der Gelehrte aus seinem Zelt kriecht, meint er zu dem Araber: „Hier ist heute Nacht ein Kamel gewesen!“ Da blitzt es in den Augen des Arabers: „Haben Sie es gesehen, betastet, gefühlt?“ „Nein.“ „Dann sind Sie aber ein sonderbarer Gelehrter!“ „Aber man sieht doch rings um das Zelt die Fußspuren!“ Da geht die Sonne auf in all ihrer Pracht. Der Araber weist in ihre Richtung und sagt: „Da sehen Sie: die Fußspuren Gottes!“

Anregungen für ein Gespräch

- „Alles Vergängliche ist nur ein Gleichnis“, hat Goethe gesagt. Gleichnis von wem? Gleichnis für was? Wollte er sagen: Die ganze Schöpfung ist nur ein Gleichnis Gottes? Warum schränkt er die Aussage ein mit dem Wort „nur“? Könnte man eine tiefere Feststellung von dieser vergänglichen Welt treffen als diese? Gemeint ist doch: alles, was auf dieser Erde lebt, ist ein Spiegelbild ihres Schöpfers. In der Schöpfung kann man den Schöpfer erkennen; von der Schöpfung kann man auf den Schöpfer schließen.
- Natürlich muß man für eine solche Schlußfolgerung Augen haben. Der französische Gelehrte konnte zwar von den Kamelspuren auf ein Kamel, aber wohl nicht von der Sonne auf Gott kommen. Derjenige, für den Gott nicht existiert, wird sich immer dagegen sperren, die Schöpfung als einen Weg zu Gott anzuerkennen.
- In der christlichen Theologie hat dieser Weg zu Gott als sogenannter „natürlicher Gottesbeweis“ immer eine Rolle gespielt. Dabei hat sich die Kirche in ihrer Argumentation auf die Aussage des Apostels Paulus an die Römer gestützt: „Was man von Gott erkennen kann, ist den Menschen offenbar; Gott hat es ihnen offenbart. Seit Erschaffung der Welt wird seine unsichtbare Wirk-

lichkeit an den Werken der Schöpfung mit der Vernunft wahrgenommen, seine ewige Macht und Gottheit. Daher sind sie unentschuldbar" (Röm 1,19f).

● Überall in der Schöpfung begegnen uns die Fußspuren Gottes: in der Größe und Glut der Sonne, in der Schönheit der Natur, in der Kraft des Atoms, in der Pracht der Blume, im Antlitz des Menschen, in der Unendlichkeit des Himmels, in der Beständigkeit des Lebens. „Und das Meer war wie Gott", sagt Gertrud von le Fort. Man sollte Gelegenheiten wie Stille und Muße und Urlaub nutzen, um die Fußspuren Gottes zu entdecken.

● Die Fußspuren Gottes werden aber nicht nur in der sichtbaren Schöpfung erkennbar. Gott hat auch Spuren hinterlassen, die nicht wie die Sonne direkt ins Auge springen, die aber doch bedeutsame Wirklichkeiten sind und ohne die wir nicht leben können.

● Nach den Atomreaktorunfällen in verschiedenen Ländern hat ein Wort besonderes Gewicht bekommen: „Restrisiko". Man hat es als Entschuldigung, vielleicht auch als Versuch einer Verharmlosung gebraucht. Andere aber haben auf die schwere Verpflichtung — vor allem im Zusammenhang mit Atomreaktoren und Einrichtungen ähnlichen Ausmaßes — aufmerksam gemacht, das Restrisiko so gering wie möglich zu halten.

● Aber das Restrisiko bleibt!

— Wir haben das Vertrauen, daß der Pilot das Flugzeug sachgemäß steuert. Aber jeder, der nach einem Flug glücklich wieder festen Boden unter den Füßen hat, weiß, daß er einem Restrisiko ausgesetzt war.
— Wir haben das Vertrauen, daß an unserem Auto der Reifen nicht platzt, wenn wir mit 160 Stundenkilometern über die Autobahn rasen. Aber das Restrisiko bleibt.
— Wir haben das Vertrauen, daß im Zugverkehr die Signale und Weichen richtig gestellt sind und es nicht zum Zusammenstoß zweier Züge kommt. Aber das Restrisiko bleibt.
— Wir haben das Vertrauen, daß die Maschine, die wir bedienen, nicht plötzlich unter Strom steht — wie ich es als Werkstudent erfahren mußte. Also wird hier wiederum das Restrisiko sichtbar.

Es gibt auch viele Beispiele außerhalb des technischen Bereichs: wir haben das Vertrauen, Söhne und Töchter unserer Eltern zu sein; daß Eheleute oder Freunde sich nicht betrügen; daß der Arzt die Wahrheit sagt. Auch hier müssen wir feststellen, daß ein Restrisiko nicht ganz ausgeschaltet werden kann.

● Wie werden wir mit diesem Restrisiko fertig? Auch in weiter Zukunft wird es trotz aller Sicherheitsvorkehrungen immer bleiben. Was können wir tun, um vor ihm nicht in lähmende Angst zu verfallen?
Wir müssen die Spuren der göttlichen Liebe entdecken, die uns umgibt und die

uns hält. Wer diese Spuren findet, in dem wächst ein Ur-vertrauen, das ein Leben mit dem Restrisiko möglich macht. Wer sie nicht findet, bleibt wurzellos.

- Zu allen Zeiten haben Menschen gelebt, die diese Fußspuren Gottes entdeckt haben und dadurch Sicherheit erfuhren:
  — „Freue dich, denn Gott hat dich so in der Hand, daß du dich nicht auf deine Sicherheit zu stützen brauchst“ (Hildegard von Bingen).
  — „Das Meer, in das mein Leib versinkt, ist auch nur die hohle Hand meines Heilands, aus der mich nichts reißen kann“ (Gorch Fock, 1916 im Skagerack ertrunken).
  — „Für ein sinnvolles Leben ist die Religion unentbehrlich“ (der Züricher Philosoph Hermann Lübbe).
  — „Was nicht in meinem Plan lag, das hat in Gottes Plan gelegen“ (Edith Stein, 1942 in Auschwitz vergast).
- Wenn das Gebet richtig ist,

  Gott hat keine Hände,
  er hat nur Deine Hände.
  Gott hat keine Füße,
  er hat nur Deine Füße.
  Gott hat keine Augen,
  er hat nur Deine Augen.
  Gott hat keinen Mund,
  er hat nur Deinen Mund

dann werden wir daran erinnert, daß auch wir Menschen Spuren hinterlassen. Nur so kann Vertrauen auch zu den Menschen wachsen. Sind es Spuren der Liebe, sind es immer auch Fußspuren Gottes.

- „Weh dem, der glaubt, er könne ohne Spuren auskommen. Die Eitelkeit der Ungläubigen!

Mancher ging verloren, weil er keine Spuren suchte;
und mancher geht verloren, weil er keine Spuren hinterläßt“ (Martin Moritz).

- Bei archäologischen Ausgrabungen werden kunstvolle Gegenstände alter, längst untergegangener Völker entdeckt, Spuren vergessener Kulturen. Was wird man später von uns finden: Coladosen? Plastikbecher? Brennstäbe? Oder: Spuren der Menschlichkeit, der Güte, des Gottvertrauens?

Schrifttext

Da kamen die Jünger zu ihm und sagten: Warum redest du zu ihnen in Gleichnissen? Er antwortete: Euch ist es gegeben, die Geheimnisse des Himmelreichs

zu erkennen; ihnen aber ist es nicht gegeben. Denn wer hat, dem wird gegeben, und er wird im Überfluß haben; wer aber nicht hat, dem wird auch noch weggenommen, was er hat. Deshalb rede ich zu ihnen in Gleichnissen, weil sie sehen und doch nicht sehen, weil sie hören und doch nicht hören und nichts verstehen. An ihnen erfüllt sich die Weissagung Jesajas:
Hören sollt ihr, hören, aber nicht verstehen;
sehen sollt ihr, sehen, aber nicht erkennen.
Denn das Herz dieses Volkes ist hart geworden,
und mit ihren Ohren hören sie nur schwer,
und ihre Augen halten sie geschlossen,
damit sie mit ihren Augen nicht sehen
und mit ihren Ohren nicht hören,
damit sie mit ihrem Herzen
nicht zur Einsicht kommen,
damit sie sich nicht bekehren und ich sie nicht heile.
Ihr aber seid selig, denn eure Augen sehen und eure Ohren hören.
Dies alles sagte Jesus der Menschenmenge durch Gleichnisse; er redete nur in Gleichnissen zu ihnen.
Damit sollte sich erfüllen, was durch den Propheten gesagt worden ist:
Ich öffnete meinen Mund und rede in Gleichnissen,
ich verkünde, was seit der Schöpfung verborgen war (Mt 13,10—16 und 13,34f).

Gebet

wenn es ginge, herr,
würd ich dir die hand drücken
um dir zu danken
für die blumen
mit ihren farben
für die pflanzen
mit ihren wurzeln . . .
wenn es ginge

wenn es ginge, herr,
würd ich dich umarmen
für die menschen
die mit mir leben
für die sterne
die so schön sind . . .
wenn es ginge

wenn es ginge, herr,
würd ich dir einen kuß geben
für die Liebe
die von dir ist
für die Liebe
die du schenkst
für die Liebe
die für uns ist . . .
wenn es ginge.
es geht!

tonny

Der Wunsch zu fliegen

Zu einem alten weisen Mann kam eines Tages ein Kind und erkundigte sich, ob es fliegen lernen könne. „Jeder, den ich gefragt habe, hat mich ausgelacht und gesagt, fliegen könnten nur die Vögel, die Flügel haben, oder allenfalls die Engel im Himmel", sagte das Kind enttäuscht.
Der alte weise Mann lächelte und erwiderte, auch der Mensch könne fliegen, wenn er nur die Vorschriften beachte.
Das Kind sah ihn ungläubig an. „Ich weiß", sagte es, „es gab einmal einen Mann, der für sich und seinen Sohn je ein Flügelpaar aus Federn anfertigte. Davon habe ich gehört. Aber der Sohn kam der Sonne zu nah, das Wachs auf den Federn schmolz, und er stürzte ab."
„Du hast in der Schule gut aufgepaßt", nickte der weise Mann. „Die Geschichte von Dädalus und Ikarus kennst du also. Aber an einen solchen Flug dachte ich eigentlich nicht."
„Sondern?" Das Kind hing mit gespannter Aufmerksamkeit an seinen Lippen.
„Ich dachte an die Freiheit des Menschen, die zum Flug wird, wenn er alles abgeschüttelt hat, was ihn beschwert. Wenn er leicht, federleicht geworden ist, so daß er vom Windhauch emporgewirbelt wird."
„Das verstehe ich nicht!" rief das Kind. „Federleicht soll ich werden? Dabei wiege ich doch 70 Pfund."
Der Weise lächelte versonnen. „Sag mir, welche Dinge dir gehören und dir viel bedeuten."
Das Kind begann aufzuzählen: „Mein Fahrrad, mein Fernsehapparat, meine Möbel, meine Bücher, meine Kleider, meine Schallplatten, meine Kassetten, mein Aquarium, meine Briefmarkensammlung, meine . . .

„Es ist genug“, unterbrach der Weise das Kind. „Hast du auch Wünsche für morgen, wenn du erwachsen bist?“
„Viele!“ rief das Kind. „Zum Beispiel wünsche ich mir ein Auto, wenn ich größer bin, ein gemütliches Haus, einen Garten voller Blumen, ein . . .“
„Es genügt“, sagte der weise Mann. „Wärst du bereit, deine Wünsche zu vergessen — nur den einen nicht, nämlich zu fliegen?“
Das Kind schwieg einen Augenblick, es legte die Stirn in Falten und dachte nach. „Nein“, sagte es dann zögernd und leise, „ich glaube nicht, daß ich auf meine Wünsche verzichten möchte. Sie gehören doch zum Leben, und alle haben sie.“
„Ja“, nickte der alte weise Mann, „alle haben sie, und keiner kann auf den Luxus dieser Welt verzichten. Deshalb, mein Kind, deshalb kann deine Seele auch nicht fliegen lernen . . .“

Hermann Multhaupt

Anregungen für ein Gespräch

● Kinder denken Utopisches. Sie gewinnen ihre Erkenntnisse in ihrer Umwelt und werden angeregt, sich auch das zu wünschen, was andere besitzen und das zu ersehnen, was andere vermögen. Warum sollte ein Mensch nicht fliegen lernen?

● Was Kinder träumen, ist für Erwachsene Herausforderung. Unsere riesigen Düsenflugzeuge mit dreihundertfünfzig Passagieren sind das Endprodukt eines solchen Traumes. Die Flugzeugtechnik hat sich die Fluggesetze der Vögel zunutze gemacht und danach die Metallvögel konstruiert. Was gestern ein Traum war, ist heute Wirklichkeit.

● Aber am Anfang dieser Entwicklung stand die sorgfältige Beobachtung eines Vogelflugs und eine möglichst realistische Nachahmung. Man stellte Flügel aus Federn und Wachs her, um mit ihnen Flügelschläge zu erzielen, die den Menschen in die Luft heben sollten. Das Gleiten aus der Höhe ins Tal ist schon leichter — wie die Drachenflieger uns zeigen.

● Die Geschichte von Dädalus und Ikarus, die aus ihrer Gefangenschaft, einer Insel, über das Meer fliehen wollten, ist hintergründig: Abstand halten von der Sonne, die das Wachs der Flügel aufweicht, und vom Meer, dessen Wellen den „Flieger“ ergreifen und ins Wasser ziehen können. Mitte und Maßhalten verlangt der erfahrene Vater von seinem waghalsigen Sohn.

● Der weise Mann denkt nicht an das realistische Fliegen. Er versucht, das Träumen des Kindes auf eine andere Ebene zu heben. Er denkt an die Freiheit des Menschen. Sie ist da nicht möglich, wo irdische Dinge uns „beschweren“

und unser Herz an sich binden. Tatsächlich haben Menschen in Not, die im Gefängnis saßen und denen alles genommen war, erklärt, sie seien niemals so frei gewesen wie in dieser dunkelsten Stunde ihres Lebens. Namen wie Pater Alfred Delp oder Dietrich Bonhoeffer wären zu nennen, aber auch Flüchtlinge und Ausgebombte.

● Der alte Weise treibt das Gespräch noch weiter und vergleicht das Fliegen mit dem Großsein vor Gott. Der Hinweis auf die Seele am Ende der Erzählung läßt diesen Gedanken zu. Das Kind ist nicht bereit, auf all die schönen Dinge zu verzichten, die ihm wichtig erscheinen: Fahrrad, Fernsehapparat, Kleider, Schallplatten, Auto, Haus.

● „Es gibt so viele schöne Dinge, die einen mitreißen können — wenn man nicht genügend auf den Himmel ausgerichtet ist. Die Erde kann dich hier auf ewig an sich ziehen" (T. Goritschewa).

● Diese materiellen Dinge, die an sich nicht schlecht sind, bedürfen der Übersetzung, weil sie für tiefere „Beschwernisse" stehen, die am Fliegen, an der Gotteshingabe und Gottesbegegnung hindern: gemeint ist das Verlangen, den Grund seines Selbstwertgefühls in der eigenen Leistung und im Erfolg zu suchen; gemeint ist der Versuch, durch Macht und Reichtum sich absichern zu wollen; gemeint ist eine Gesinnung, die dem Ver-dienen einen größeren Stellenwert als dem Dienen zuspricht; gemeint ist eine Lebensgestaltung, die mehr auf das eigene Planen als auf die Fügungen Gottes vertraut; gemeint sind Augen, die nur den Leib, aber nicht die Seele sehen. Darum konnten bei der Verklärung Jesu nur die seine Herrlichkeit schauen, die ganz gläubig waren.

● Im Refrain eines Liedes heißt es:

Was wirklich zählt auf dieser Welt,
bekommst du nicht für Geld.

● Wer in sein eigenes Ich eingeschlossen ist, dessen Seele wird nicht fliegen lernen.

Schrifttext

Seht euch die Vögel des Himmels an: sie säen nicht, sie ernten nicht und sammeln keine Vorräte in Scheunen; euer himmlischer Vater ernährt sie. Seid ihr nicht viel mehr wert als sie? (Mt 6,26).

Gebet

Vernimm, o Gott, mein Beten; / verbirg dich nicht vor meinem Flehen! Achte auf mich, und erhöre mich! / Unstet schweife ich umher und klage. Das Geschrei der Feinde macht mich verstört; / mir ist Angst, weil mich die Frevler bedrängen.
Sie überhäufen mich mit Unheil; / und befehden mich voller Grimm.
Mir bebt das Herz in der Brust; / mich überfielen die Schrecken des Todes.
Furcht und Zittern erfaßten mich; / ich schauderte vor Entsetzen.
Da dachte ich: „Hätte ich doch Flügel wie eine Taube, / dann flöge ich davon und käme zur Ruhe."
Weit fort möchte ich fliehen, / die Nacht verbringen in der Wüste.
Wirf deine Sorge auf den Herrn, er hält aufrecht! / Er läßt den Gerechten niemals wanken.
Du aber, Gott, wirst sie hinabstürzen in die tiefste Grube. / Gewalttätige und Betrüger erreichen nicht die Mitte ihres Lebens./Ich aber setze mein Vertrauen auf dich.

Psalm 55,2–8; 23–24

Was ist das – Gott?

Der Raw sprach einen Schüler, der eben bei ihm eintrat, so an: „Mosche, was ist das – Gott?" Der Schüler schwieg. Der Raw fragte zum zweiten und dritten Mal. „Warum schweigst du?" „Weil ich es nicht weiß."
„Weiß ich's denn?" sprach der Raw. „Aber ich *muß* sagen; denn so ist es, daß ich es sagen muß: Er ist deutlich da, und außer ihm ist nichts deutlich da, und *das* ist er."

Jüdische Erzählung

Anregungen für ein Gespräch

● Raw ist das Oberhaupt einer jüdischen Ortsgemeinde, der – ähnlich wie ein Rabbi – ein Lehrer des Gesetzes ist. Seine Frage: „Was ist das – Gott?" konnte der Schüler nicht beantworten. Das Schweigen war nicht die schlechteste Antwort.

Der englische Schriftsteller Graham Greene, der in jungen Jahren zum katholischen Glauben konvertierte, hat gesagt: „Ich würde mich weigern, an einen Gott zu glauben, den ich verstehen könnte."

● Die Theologen haben unbeschreibliche Spekulationen angestellt, um das Geheimnis Gottes, insbesondere des dreifaltigen Gottes, zu erklären. Das Geheimnis der gegenseitigen Durchdringung der drei göttlichen Personen nennen die Theologen Perichorese. Dabei stützen sie sich auf das Wort Jesu: „Ich und der Vater sind eins" (Joh 10,30). Mein früherer, theologisch sehr gebildeter Pfarrer fragte mich einmal: „Perichorese — verstehen Sie das? Ich verstehe das nicht!"

● Auf der anderen Seite sollten wir nicht übersehen, wie tief die Gestalt des dreifaltigen Gottes in unser religiöses Leben eingreift: Tag für Tag machen wir das Kreuzzeichen auf den dreifaltigen Gott; wir taufen die Kinder auf den dreifaltigen Gott; das Kirchenjahr wendet sich an den dreifaltigen Gott.
Darüber hinaus gibt es Naturwissenschaftler, die die These vertreten, die ganze Schöpfung sei trinitarisch aufgebaut. Als ein Beispiel sei auf den Menschen verwiesen, der aus Leib und Geist und Seele besteht.

● Man darf — trotz aller Schwierigkeiten — ein solches Geheimnis nicht einfach totschweigen. Wenn man eine Lehre überhaupt nicht mehr einsehen kann, verliert sie schließlich ihre Kraft. Darum muß man immer wieder den Versuch machen, auf die Frage des Meisters „Was ist das — Gott?" Antworten zu finden.

● Vielleicht ist es hilfreich, von den Sehnsüchten der Menschen auszugehen. „Alles beginnt mit der Sehnsucht", sagt Nelly Sachs. Es kommt derjenige nicht weiter, der sich selbst zum Vorbild nimmt. Natürlich sind es nicht die oberflächlichen Sehnsüchte, sondern die tiefen, existentiellen — nach Freiheit, Geborgenheit, Unsterblichkeit, Liebe —, die in die Richtung Gottes weisen; nur er kann diese tiefen Sehnsüchte der Menschen zufriedenstellend erfüllen. Wie wünscht sich demnach der Mensch Gott, damit er auf seine tiefen Sehnsüchte überzeugende Antworten erhalten kann?

● Die Menschen wünschen sich einen Gott, der souverän über dieser Welt steht. Gott muß groß, mächtig, unüberwindbar sein. Er muß so stark sein, daß er die ganze Welt, den riesigen Kosmos in seiner Hand halten kann. Er steht so hoch, so heilig, so überlegen über dieser Welt, daß er allem Geschaffenen als ein letztes Geheimnis gegenübersteht und von ihm unerreichbar ist.
Das Wissen um diese Größe Gottes, der die ganze Welt in seiner Hand hält, gibt den Menschen Halt und Sicherheit und kann sie von allen Ängsten befreien. Vor diesem Gott kann der Mensch nur auf die Knie fallen und anbeten.
Dieser gewaltige Gott über der Welt ist der Vater.

● Diese Gottesvorstellung aber könnte den Menschen nicht genügen. Ihre Sehnsüchte gehen weiter und verlangen nach mehr. Sie wünschen sich neben dem gewaltigen Gott, der die Welt trägt, einen Gott, der ganz nahe ist, mit dem sie sprechen können, vor dem sie lachen und weinen dürfen. Sie möchten einen Gott, der sich ganz der Welt zuwendet und der teilnimmt an allen menschlichen Schicksalen, den man in allen Nöten und Sorgen befragen und um Hilfe anrufen kann. Wir möchten einen Gott, der ganz auf der Seite der Menschen steht, besonders auf der Seite der Armen, Schwachen, Kranken, Kinder. Uns genügt kein jenseitiger Gott; wir brauchen einen diesseitigen. So wie wir singen: „Da schreitet Christus durch die Zeit in seiner Kirche Pilgerkleid, Gott lobend: Alleluja."

Genau diese Zuwendung Gottes zum Menschen ist in der Menschwerdung des Sohnes erfolgt. Weil der Sohn Mensch geworden ist, darum ist die Sehnsucht des Menschen nach einem diesseits-jenseitigen und einem jenseitig-diesseitigen Gott in Erfüllung gegangen.

● Noch immer ist menschliche Sehnsucht nicht ganz erfüllt. Die Menschwerdung des Sohnes durfte kein zeitlich-punktuelles Eingreifen in die Geschichte bleiben. Dann hätten die Menschen sich wiederum verlassen gefühlt. Jesus aber hatte verheißen: „Ich lasse euch nicht als Waisen zurück" (Joh 14,18), „der Vater wird euch einen anderen Beistand geben" (Joh 14,16). Die Nähe Gottes muß bleiben, das Werk Jesu muß weitergehen, weil zu viele Fragen noch ungeklärt sind, und die Wahrheit von Gott noch nicht ganz verstanden wurde. Darum wirkt Gott unsichtbar — wie der Name „Geist" sagt — weiter: in Menschen — Eltern, Jugendlichen, Priestern — und in Ereignissen — Schicksalen, Nöten, Begegnungen. Dieses ständige Wirken in der Welt, das Herausfordern zum Nachdenken, das Korrigieren des Lebensweges, das Rufen in die Nachfolge Jesu, das Anhalten zum Guten — das ist das Wirken des Heiligen Geistes.

● Alles Geschehen mündet ein in das Lob Gottes: Menschen und Sterne, Tiere und Pflanzen, die gesamte Schöpfung und alle Dinge der Welt werden in dieses Lob Gottes einbezogen. Das ist der große Kreislauf des dreifaltigen Gottes, der in dem Wort Jesu beschrieben wird: „Alles, was der Vater hat, ist mein; der Geist wird davon nehmen und es Euch verkünden. Und dann wird er wiederum mit allem den Vater und mich verherrlichen" (Joh 16,15; 14).

Diesen Kreislauf des trinitarischen Gottes, in den die ganze Schöpfung einbezogen wird, nennen wir Leben.

● In einer Fabel von den Fischen wird berichtet, wie die Fische einmal zueinander sagen: „Es gibt Menschen, die behaupten, unser Leben hinge total vom Wasser ab. Aber wir haben noch niemals Wasser gesehen. Was ist Wasser?" Ein paar klügere Fische meldeten sich zu Wort: „Wir haben gehört, daß es im Meer einen ganz großen gelehrten Fisch geben soll. Dieser Fisch kennt alle Geheimnisse der Welt. Wir wollen zu ihm gehen und ihn bitten, uns das Wasser zu zeigen." So machten sich die Fische auf den Weg, immer weiter über die Flußmündung hinaus ins Meer. Nach langem Suchen fanden sie den großen, weisen Fisch. Als er ihre Frage vernommen hatte, antwortete er: „Ihr dummen Fische! Lebenslang lebt ihr im Wasser, rings um euch ist nur Wasser. Und ihr wißt nicht, was Wasser ist? Ohne Wasser wäret ihr keine Fische."

● Wir schwimmen im Meere Gottes und wissen es nicht. Ohne Wasser gäbe es keine Fische! Ohne Gott gäbe es keine Menschen!

Schrifttext

Noch vieles habe ich euch zu sagen, aber ihr könnt es jetzt nicht tragen. Wenn aber jener kommt, der Geist der Wahrheit, wird er euch in die ganze Wahrheit führen. Denn er wird nicht aus sich selbst heraus reden, sondern er wird sagen, was er hört, und euch verkünden, was kommen wird. Er wird mich verherrlichen; denn er wird von dem, was mein ist, nehmen und es euch verkünden. Alles, was der Vater hat, ist mein; darum habe ich gesagt: Er nimmt von dem, was mein ist, und wird es euch verkünden (Joh 16,12—15).

Gebet

Viele sagen: Ich glaube an nichts.
Ich aber möchte glauben an Gott,
den Vater aller Menschen,
der Welten hervorbringt
und Menschen führt.

Viele sagen: Ich glaube an nichts.
Ich aber möchte glauben an Jesus,
den Bruder aller Menschen,
dessen Liebe niemand töten,
dessen Hoffnungen niemand begraben kann.

Viele sagen: Ich glaube an nichts.
Ich aber möchte glauben an den Geist,
das Verlangen aller Menschen,
der die Menschen zusammenführen und
das Angesicht der Erde erneuern will.

Lothar Zenetti

Das Sonnenkörnchen

Es war einmal eine kleine rauhe Muschel. Sie lag am Meeresgrund, dicht an einen Felsen geschmiegt. Ringsum war es dunkel, und man konnte die kleinen Wasserpflanzen kaum erkennen. Um die kleine Muschel tummelten sich fröhliche Fischlein.

„Wie glücklich sie sind", seufzte die Muschel. „Sie können überall herumschwimmen, und ich muß immer hier an diesem Felsen sitzenbleiben."

Einmal kam ein buntes Fischlein vorüber.

„Bleibe ein bißchen hier", rief sie, „und sag mir: Wie ist es dort oben, wo du immer herumschwimmst?"

„Wunderschön! Je höher hinauf man kommt, um so heller wird es!" antwortete das Fischlein.

„Ach, und hier ist es so dunkel", seufzte die Muschel traurig.

„Erzähle mir etwas vom Licht. Woher kommt es denn?"

„Ja, weißt du das nicht? Von der Sonne! Die ist das Schönste auf der Welt."

„Und siehst du sie oft?"

„Jeden Tag."

„Bring mir ein bißchen Sonne", bat die Muschel. „Ich möchte sie auch gern sehen."

„Das geht nicht. Die Sonne ist kein rundes Brot, von dem man ein Stück abbrechen kann. Und sie ist weit, weit fort."

„Wie gerne ich die Sonne sehen möchte! Kannst du mir nicht helfen?" bat die Muschel.

Das Fischlein schüttelte den Kopf. „Sei nicht traurig", sagte es zu der kleinen Muschel. „Ich werde jeden danach fragen. Sobald ich es erfahren habe, werde ich zu dir kommen."

„Die Strahlen der Sonne können nicht bis zum Meeresgrund dringen, weil das Wasser sie nicht durchläßt", erklärte ein Seestern. „Ihr seht ihr Licht, weil ihr nahe an der Oberfläche schwimmt, aber die Muschel muß immer am Grund bleiben."

Da war die Muschel sehr traurig.

„Sag, ist die Sonne sehr schön?"

„Wunderschön! Wenn sie auf die Wellen scheint, dann leuchten sie wie Feuerflammen."

„Weißt du", erinnerte sich das Fischlein, „am Ufer gibt es viele von deinen Geschwistern. Die sehen die Sonne jeden Tag."

„Wirklich?" sagte die Muschel erstaunt. Sie wollte noch etwas fragen, aber da war das Fischlein schon wieder zwischen den Wasserpflanzen verschwunden.

Da beschloß die Muschel, selbst das Licht zu suchen. Wenn es am Ufer viele andere Muscheln gab, vielleicht hatten diese früher genau wie sie am Meeresgrund gelebt.
Mühsam löste sie sich vom Grund und begann langsam den Felsen hinaufzuklettern.
Viele Tage vergingen. Die kleine Muschel war schon ganz erschöpft. Es war nicht leicht, sich an dem glitschigen Felsen festzuhalten. Aber sie kletterte beharrlich weiter. Da sah sie etwas schimmern. Ob das die Sonne war? Mit letzten Kräften kletterte die Muschel weiter. Aber der Felsen endete weit unter der Wasseroberfläche, und höher als auf seine Spitze konnte sie nicht gelangen.
„Muß ich nun immer hierbleiben?“ dachte sie erschrocken.
Ringsum spielten fröhliche Fischlein. Sie bat sie: „Helft mir doch, daß ich zum Licht hinaufkomme!“
Aber die Fischlein waren so vertieft in ihr Spiel, daß sie die kleine Muschel nicht hörten, und sie blieb allein auf ihrem Felsen. Sie wußte, daß sie nun ihr ganzes Leben lang unter Wasser bleiben müsse. Aber ihr Verlangen, die Sonne zu sehen, war immer groß.
Eines Tages löste sich von dem Licht, das jeden Morgen erstrahlte, ein schimmerndes Sandkörnchen. Es glitzerte hell, als es im Wasser herabsank, und verlosch langsam. Die Muschel öffnete rasch ihre Schalen und fing es auf.
„Weshalb bist du dunkel geworden?“ fragte die Muschel erstaunt. „Du hast doch eben noch geleuchtet.“
„Ich kann nicht leuchten. Das Licht, das du gesehen hast, kam von der Sonne“, antwortete das Sandkörnchen.
„Ach du Ärmstes, du wirst die Sonne nie wieder sehen! Wirst du dich sehr nach ihr sehnen?“
„Sehr!“
„Sei nicht traurig“, tröstete die Muschel. „Ich werde für dich sorgen. Sag mir, woher bist du gekommen?“
„Ich lag am Meeresstrand. Jeden Morgen kam die Sonne und streichelte mich. Und ihre Liebkosung wärmte mich den ganzen Tag.“
„Ach, armes kleines Sandkörnchen“, flüsterte die Muschel. „Mein Haus ist dunkel und traurig. Aber ich habe dich lieb! Ich will dich auch streicheln wie die Sonne!“
Von dem Tag an dachte die Muschel nur an das kleine Sandkörnchen in ihrem Schoß. Sie wiegte es und sprach zärtliche Worte zu ihm. Das tat dem Sandkörnchen wohl, und es begann zu wachsen.
Als die Muschel einmal ihre Schalen öffnete, um Wasser zu trinken, sah sie voller Staunen, daß ein sanftes Licht von ihr ausging. „Seht doch!“ riefen die neugierigen Fischlein. „Die Muschel leuchtet!“

Auch das bunte Fischlein kam geschwommen.
„Wie schön du bist! Du leuchtest, als hätte dich die Sonne beschienen!" sagte es.
Die kleine Muschel war sehr glücklich. Sie wußte, woher dieser Glanz kam. Sie schloß sacht ihre Schalen und drückte das Sandkörnchen zärtlich an ihr Herz.
Der Glanz des Körnchens wuchs von Tag zu Tag.
Aber eines Abends, als die Muschel schlafen wollte, tauchte ein großer Schatten auf, er näherte sich dem Felsen und begann Felsstücke abzubrechen.
Die Muschel hatte noch nie eine Menschenhand gesehen und wußte nicht, was sie davon halten sollte. Sie wurde in ein Netz gesteckt, und da blieb sie liegen und wagte nicht, sich zu rühren.
Dann wurde sie hinaufgetragen. Das Wasser wurde immer heller und heller.
„Das ist die Sonne!" rief die Muschel froh und öffnete ihre Schalen. Das Körnchen in ihrem Schoß strahlte in blendendem Glanz. Der Mann, der die Muschel vom Meeresgrund geholt hatte, sah diesen Glanz und nahm das leuchtende Körnchen heraus.
Auch in der Hand des Mannes schimmerte das Körnchen weiter. Die Menschen nannten es eine Perle, und die Muschel nannten sie Perlmuschel. Und bis heute leben diese Muscheln im Dunkeln. Sie nehmen ein kleines Sandkörnchen auf und verwandeln es in eine wunderschöne Perle.

Maria Parlova (gekürzt)

Anregungen für ein Gespräch

- Alles Lebendige sehnt sich nach der Sonne. Eine Blume, die man mit dem Rücken zur Sonne stellt, dreht sich allmählich und wendet sich zum Licht. Die Sonne ist schön, weil sie der Schöpfung einen Glanz gibt; sie ist ermutigend für den Menschen, weil sie ihm Hoffnung gibt; sie ist lebenspendend, weil sie Wärme und Nahrung gibt. So ist es verständlich, daß sich auch die kleine Muschel auf dem dunklen Meeresgrund nach der Sonne sehnt.
- Aber ihr bleibt die eigene Erfahrung verborgen. Sie muß sich verlassen auf das, was ihr andere erzählen, die mit der Sonne in Kontakt treten können. Niemals können wir auskommen ohne die Freudenboten, die uns Nachricht bringen von einer anderen Welt. Dürfen wir ihnen glauben? Existiert das wirklich, was wir selbst nicht sehen und überprüfen können? Gebietet unsere Vernunft, alles in Zweifel zu ziehen, was unseren Augen verborgen ist?
- Jedes Ding hat seinen eigenen Auftrag und seine eigene Bestimmung. Das eine darf die Sonne sehen, das andere verbleibt in der Dunkelheit. Der Schöpfer hat jedem Geschöpf seinen Sinn gegeben. Sein Schicksal annehmen ist auch eine Berufung der Schöpfung.

- Die Muschel wollte gegen diese Bestimmung verstoßen. Sie wollte auf eigene Faust zum Licht gelangen. Dabei bedachte sie nicht, daß sie zu einem viel schöneren und reicheren Leben auserwählt war. Wäre es ihr gelungen, bis zum Strand hinaufzuklettern, dann hätte sie wie die vielen anderen Millionen Muscheln im Sand gelegen; keiner hätte sie eines Blickes gewürdigt.
- Das Sandkörnchen kann nicht aus eigener Kraft Licht geben; es leuchtet, weil es von der Sonne beschienen wird. Auch das Sandkörnchen ist nichts ohne das Licht.

Ob wir Menschen diese Erkenntnis genug in unser Leben übertragen? Weil die Sonne Gottes unser Antlitz erhellt, können wir leuchten. „In deinem Licht schauen wir das Licht" (Ps 36,10).

- Edith Stein, die jüdische Ordensfrau, die in Auschwitz ermordet wurde, hat gesagt: „Wir sollen sein wie ein Fenster, durch das Gottes Liebe hindurchscheinen will. Die Scheibe darf nicht stumpf und schmutzig sein, sonst hindern wir das Leuchten Gottes in der Welt."
- Jetzt, nachdem die Muschel das Sandkörnchen aufgefangen hat, besinnt sie sich auf ihren eigentlichen Dienst. Sie will nicht mehr nur für sich da sein, sondern ein anderes Geschöpf hegen und pflegen. In dieser Aufgabe erst kann sie ihre Erfüllung finden.

Mitten in ihrer Trauer über die Dunkelheit des Meeres erwacht in ihr die Freude; ihr Leben bekommt einen neuen, tieferen Sinn.

- Viele Menschen hadern mit ihrem Schicksal. Sie glauben, daß die selbstausgedachte Lösung für sie die richtige sei; sie wollen sein wie die anderen und leben wie die anderen.
- Plötzlich aber kann das Angebot oder die Herausforderung kommen. Wer sie annimmt, kann die Wende seines Lebens erfahren.
- Die Muschel zeigt, wie der Dienst für andere glücklich machen kann. Der Dienst für andere macht leuchten, er verwandelt jeden in eine Perlmuschel.
- Hilde Domin sagt in ihrem Gedicht: „Wie wenig nütze ich bin":

  Und im Vorbeigehen, ganz absichtslos,
  zünde ich die eine oder andere Laterne an
  in den Herzen am Wegrand.

- Die Menschen lieben Kostbarkeiten.

Das Leben für andere ist eine Kostbarkeit.

- Das Sandkörnchen hat keinen großen Wert, und doch wird es so wertvoll.

Wieviele Menschen zählen zu den Kleinen, Unbedeutenden, Schwachen, Benachteiligten, Behinderten; unter der Sorge der anderen werden sie zu Perlen. Dieses Zusammenspiel zwischen Sorge der einen und Schwäche der anderen ist eine Kostbarkeit für die Welt.

- Im Leben spielt es keine Rolle, ob wir im Hellen oder im Dunkeln tätig sind; wir müssen nur unserer Bestimmung gemäß leben.
- Der hl. Cyrill von Alexandrien wurde gefragt, was er tun würde, wenn jemand Christ werden wolle. Er hat geantwortet: „Ich würde auf ihn zugehen und ihn einladen, ein Jahr lang in meinem Hause mit mir zu leben."

So auch hat sich die Muschel verhalten, als sie das Sandkörnchen in ihr Haus einlud.
- Unter der sorgenden Hand eines anderen kann sich das neue Leben entwickeln. Die Muschel durfte es nicht für sich behalten. Sie mußte es abgeben, so daß es in der Sonne leuchten und den Menschen zur Freude dienen konnte. Die Muschel war wieder allein; aber sie hatte ihre Bestimmung erfüllt und einem kleinen und unbedeutenden Sandkörnchen zum Glanz verholfen. Solches Glück strahlt immer auf den Spender zurück.

Schrifttext

Ich schreibe euch kein neues Gebot, sondern ein altes Gebot, das ihr von Anfang an hattet. Das alte Gebot ist das Wort, das ihr gehört habt. Und doch schreibe ich euch ein neues Gebot, etwas, das in ihm und in euch verwirklicht ist; denn die Finsternis geht vorüber, und schon leuchtet das wahre Licht. Wer sagt, er sei im Licht, aber seinen Bruder haßt, ist noch in der Finsternis.
Wer seinen Bruder liebt, bleibt im Licht; da gibt es für ihn kein Straucheln. Wer aber seinen Bruder haßt, ist in der Finsternis. Er geht in der Finsternis und weiß nicht, wohin er geht; denn die Finsternis hat seine Augen blind gemacht (1 Joh 2,7—11).

Gebet

In der Mitte der Nacht
liegt der Anfang eines neuen Tages,
und in ihrer dunklen Erde
blüht die Hoffnung.

Ich will Licht sehn
in der Dunkelheit.
Den richtigen Weg finden
in der Einsamkeit.
Ich will Licht sehn!

Ich will Licht sein,
wenn die Nacht dich schreckt.
Die richtigen Worte finden,
die die Liebe weckt.
Ich will Licht sein.

Laß uns Licht sehn
schon im Morgenrot,
auf unseren Wegen gehen,
wo kein Unheil droht.
Laß uns Licht sehn.

In der Mitte der Nacht
liegt der Anfang eines neuen Tages,
und in ihrer dunklen Erde
blüht die Hoffnung.

Sybille Fritsch

Geschichte von der Unkenntnis, wie Gott uns begegnet

Ein frommer Rabbi besuchte jeden Tag den Tempel und hatte es in seinem Glaubensleben schon weit gebracht. Da wünschte er sich, seinem Gott einmal leibhaftig zu begegnen und brachte ihm eine Bitte vor: „Jeden Tag komme ich in den Tempel, um dir zu begegnen. Jetzt wäre es mir eine große Freude, wenn auch du einmal in mein Haus kommen würdest und mich besuchtest." „Ich komme morgen", sagte Gott, „mach nur alles bereit." Der fromme Rabbi lief nach Hause und traf mit Eile und Geschick die notwendigen Vorbereitungen. Kostenaufwendig waren sie zudem. Aber der fromme Mann scheute kein Hindernis — es war am Abend des Tages für das kommende Ereignis alles bereitet. Der nächste Tag begann in der Frühe mit der innerlichen und äußeren Reinigung, die zum Leidwesen des Rabbi nicht ganz ungestört verlief, da ein Kind, angelockt vom Duft der vorbereiteten Süßspeisen, um einen kleinen Kuchen bat. „Morgen bekommst du deinen Kuchen", vertröstete der fromme Rabbi. „Heute kommt Gott. Geh jetzt. Du störst."
Gott ließ auf sich warten. In die erwartungsvolle Atmosphäre platzte ein müder Reisender hinein, als es auf die Mittagszeit zuging. „Nein, heute nicht", sprach der Rabbi. „Morgen bist du an der Reihe. Geh inzwischen zu meinem Nachbarn. Heute kommt Gott. Du störst."

Der Tag verging, aber Gott ließ sich nicht blicken. Als die Spannung fast nicht mehr auszuhalten war, klopfte ein dreckiger, kranker Bettler an die Tür. „Nein“, scheuchte ihn der Rabbi fort, „nicht heute, morgen ist soviel da, wie du willst. Heute kommt Gott: er muß sogar jede Minute hier eintreffen. Weg mit dir, Du störst.“
Aber Gott kam nicht. Voller Zorn und Enttäuschung legte sich der fromme Mann schlafen.
Am nächsten Morgen war sein Zorn nicht verraucht und er überhäufte Gott im Tempel mit Anklagen und wütenden Vorwürfen: „So oft bin ich zu dir gekommen. Ist es da zuviel, wenn du ein einziges Mal zu mir kommen sollst?!“
„Was willst du?“ erwiderte ihm Gott, „dreimal war ich da, aber du hast mich nicht erkannt.“

Aus der jüdischen Tradition

Anregungen für ein Gespräch

- Die Bibel berichtet mehrmals über Gottesbegegnungen. Jedesmal, wenn ein Mensch mit Gott zusammentraf, handelte es sich um eine aufregende Begebenheit. In einem solchen Augenblick erfuhren sie die gewaltigen Unterschiede zwischen Schöpfer und Geschöpf, zwischen Gott und Mensch. Häufig haben sich die Menschen auf die Erde geworfen oder ihr Gesicht verhüllt, weil sie sich schuldig fühlten oder den Glanz und die Macht Gottes nicht ertragen konnten.
An solche Berichte aus dem Alten Testament hat sich der Rabbi nicht erinnert, als er sich eine Begegnung mit Gott wünschte.
- Der Rabbi hat aus seinem ständig sich wiederholenden Tempeldienst einen Anspruch abgeleitet: Wenn ich immer in dein Haus komme, dann kannst du ja auch mal in mein Haus kommen.
Obwohl von Gott keine Tat einklagbar ist, erfüllt er diesen Wunsch des Rabbi sogleich. Er wollte ihm deutlich machen, daß er nicht nur im Tempel wohnt, sondern überall im Leben den Menschen nahe ist.
- Für den Rabbi ist Gast nicht gleich Gast. Selbstverständlich ist Gott ein besonderer Gast, für den besondere Vorbereitungen getroffen werden müssen. Man will sich eben nicht lumpen lassen. Bei „unbedeutenderen“ Gästen hält er das nicht so genau.
- Wieviele Menschen möchten endlich einmal Gott unmittelbar begegnen, um von allen Zweifeln befreit zu werden. Sie versprechen, dann sofort mit ihrem Glauben zu beginnen. „Wenn ich einmal Gott sehen könnte, was würde ich dann alles tun!“

- Dabei wird eine entscheidende theologische Erkenntnis übersehen: Gott offenbart sich auf dieser Erde in der Verhüllung. Jesus begegnet den Menschen „in anderer Gestalt" (Mk 16,12). Als Maria Magdalena am Grabe weinte und sich einem zuwandte, der sie ansprach, meinte sie, „es sei der Gärtner" (Joh 20,15). Es war aber Jesus. Der Auferstandene „kommt im anderen, als der andere. Er ist nicht als der Besondere gekennzeichnet. Er ist irgendeiner. Man kann sich nicht umschauen, um festzustellen, ob er da ist oder nicht. Wenn nur ein Mensch da ist und man sich auf ihn einläßt, kann der Glaube erleben, daß *er* es ist" (Altfrid Kassing).
- Noch schlimmer: Gerade in dem Augenblick, da wir Gott ganz nahe sein wollen, kommen oft Störenfriede dazwischen, die unseren guten Vorsatz behindern.

Der Rabbi, der sich auf seinen hohen Gast konzentrieren wollte, konnte jetzt keine weiteren Gäste gebrauchen. Außerdem waren sie noch besonders lästig: ein bittendes Kind, ein hungriger Wanderer, ein kranker Bettler.

Jeder kennt ähnliche Begebenheiten, in denen wir Störungen absolut nicht vertragen können; sie müssen um des vorgenommenen Planes willen abgewehrt werden.

- Dabei können wir gerade das verfehlen, was uns am Herzen liegt. Gott verbirgt sich in Menschen, Ereignissen, Worten, Schicksalen. Immer hat er eine andere Gestalt, ein unbekanntes Gesicht. Ihn darin zu erkennen, ist das Anliegen dieser Erzählung.
- Ob die Verse von Bert Brecht auch in diesem Sinne gedeutet werden dürfen?

> Im Wartesaal zum großen Glück,
> da warten viele, viele Leute,
> warten seit gestern auf das Glück
> von morgen
> und leben mit Wünschen von übermorgen
> und vergessen: es ist ja noch heute!
> Ach, die armen, armen Leute!

Das Heute ist unser Auftrag! Das Heute ist unsere Gnade!

- „Gott in Welt" ist die Grundaussage der Osterbotschaft.

Schrifttext

Als sie das gesagt hatte, wandte sie sich um und sah Jesus dastehen, wußte aber nicht, daß es Jesus war. Jesus sagte zu ihr: Frau, warum weinst du? Wen suchst du? Sie meinte, es sei der Gärtner, und sagte zu ihm: Herr, wenn du ihn weggebracht hast, sag mir, wohin du ihn gelegt hast. Dann will ich ihn holen. Jesus sagte zu ihr: Maria! Da wandte sie sich ihm zu und sagte auf hebräisch zu ihm: Rabbuni!, das heißt: Meister (Joh 20,14—16).

Gebet

Dich finde ich
in der Krankheit der Menschen
in der Verzweiflung des Freundes
in der Trunkenheit des Säufers
im Rausch des Haschers
im Streit der Geschwister
in den Stichen der Spötter
im Lächeln der Verliebten
im Spiel der Kinder
im Schweigen der Nacht
im Anruf des Mitmenschen
Du rufst mich.
Laß mich nicht taub sein.

Psalm

Die Sonnenuhr

Im Orient wollte einst ein König seinen Untertanen eine Freude bereiten und brachte ihnen, die keine Uhr kannten, von einer Reise eine Sonnenuhr mit. Sein Geschenk veränderte das Leben der Menschen im Reich. Sie begannen, die Tageszeiten zu unterscheiden und ihre Zeit einzuteilen. Sie wurden pünktlicher, ordentlicher, zuverlässiger und fleißiger und brachten es zu großem Reichtum und Wohlstand. Als der König starb, überlegten sich die Untertanen, wie sie die Verdienste des Verstorbenen würdigen könnten. Und weil die Sonnenuhr das Symbol für die Gnade des Königs und die Ursache des Erfolges der Bürger war, beschlossen sie, um die Sonnenuhr einen prachtvollen Tempel mit goldenem Kuppeldach zu bauen. Doch als der Tempel vollendet war und sich die Kuppel über der Sonnenuhr wölbte, erreichten die Sonnenstrahlen die Uhr nicht mehr. Der Schatten, der den Bürgern die Zeit gezeigt hatte, war verschwunden, der gemeinsame Orientierungspunkt, die Sonnenuhr, verdeckt. Der eine Bürger war nicht mehr pünktlich, der andere nicht mehr zuverlässig, der dritte nicht mehr fleißig. Jeder ging seinen Weg. Das Königreich zerfiel.

Persische Geschichte nach Abdu'l-Bahà

Anregungen für ein Gespräch

- Was ist eine Sonnenuhr ohne Sonne? Eine Aufreihung von Zahlen mit einem Stab; sie sagen nichts aus. Erst wenn die Sonne scheint und der angestrahlte Stab seinen Schatten auf die Zahlen wirft, bekommt sie ihren Wert. Jetzt erst wird sie zu einem Helfer für die Menschen.
- Die Erzählung beschreibt, wie positiv sich diese Sonnenuhr auf die Menschen ausgewirkt hat. „Sie brachten es zu großem Reichtum." Voraussetzung aber war, daß alles stimmte: Die Uhr muß vorhanden sein, die Sonne muß scheinen und die Uhr erreichen, und die Menschen mußten sie lesen können. Wenn ein Element fehlt, bricht die Katastrophe herein. „Das Königreich zerfiel."
- Die Erzählung will sagen: Die Menschen brauchen Orientierung, wenn sie ihr Glück finden wollen. Auch ein Kompaß, ein Wegweiser, ein Stern oder eine Spur hätten das Anliegen der Erzählung beschreiben können.
- Man kann auch ohne Uhr leben; man kann auch ohne Wegweiser, ohne Stern oder ohne Spur seinen Weg gehen. Aber das Risiko der Verirrung ist unbeschreiblich groß. Wir sehen an uns selbst und an den Menschen in unserer Umgebung, was Orientierung ausmacht.
- Wer gibt uns Orientierung? Sicher Eltern, Lehrer, Bücher; aber sie alle können irren. Im Orient, wo diese Erzählung entstanden ist, entspricht die Sonne der Wahrheit. Sie täuscht den Menschen, der nach ihr ausschaut, nicht.
- In Äthiopien heißt ein Sprichwort: „Das Wort, das dir hilft, kannst du dir nicht selbst sagen." Es müssen uns also Maßstäbe „von außen" gegeben werden, an denen wir unser Leben ausrichten können. Ein solcher Maßstab ist Gottes Wort, ist die Bergpredigt Jesu. Wer sichere Lebenswege finden will, muß sich mit dem Lebensmodell Jesu befassen.

Mensch, was du liebst,
in das wirst du verwandelt werden –
Gott wirst du, liebst du Gott,
und Erde, liebst du Erden (Angelus Silesius).

- Die Bürger in der Erzählung wollten das Werk des Königs mit einem Tempel ehren und schützen. Aber sie hatten nicht bedacht, daß die Sonnenuhr nichts ohne die Sonne ist. Der Lebensfaden wurde abgeschnitten.
Gibt es bei uns nicht ähnliche Entwicklungen? Wenn Kirchen zu Museen werden, wenn Gottes Wort in wertvollen Büchern stirbt? Wenn wir meinen, Gott im Alltag nicht bemühen zu dürfen? Wenn liturgische Feiern als Dekor verstanden werden? — Überall goldene Kuppeln; aber unter ihnen herrscht Verarmung und Not.

- Wo kein „gemeinsamer Orientierungspunkt" mehr ist, beginnt häufig der Zerfall. Das goldene Kuppeldach, mit dem wir die Sonne Gottes abschneiden, könnte heute folgende Konsequenzen haben: Wir suchen an falschen Stellen Sicherheit; Ich-denken und Rücksichtslosigkeit führen in eine unmenschliche Gesellschaft; die Balance zwischen Haben und Sein geht verloren; wir entwickeln uns zu den großen Zeitsparern. „Niemand schien zu merken, daß er, in dem er Zeit sparte, in Wirklichkeit etwas ganz anderes sparte. Keiner wollte wahrhaben, daß sein Leben immer ärmer, immer gleichförmiger und immer kälter wurde", sagt Michael Ende in seinem lesenswerten Buch „Momo".

Schrifttext

Alles hat seine Stunde. Für jedes Geschehen unter dem Himmel gibt es eine bestimmte Zeit:
eine Zeit zum Gebären / und eine Zeit zum Sterben, /
eine Zeit zum Pflanzen / und eine Zeit zum Abernten der Pflanzen, /
eine Zeit zum Töten / und eine Zeit zum Heilen, /
eine Zeit zum Niederreißen / und eine Zeit zum Bauen, /
eine Zeit zum Weinen / eine Zeit für die Klage / und eine Zeit für den Tanz; /
eine Zeit zum Steinewerfen / und eine Zeit zum Steinesammeln, /
eine Zeit zum Umarmen / und eine Zeit, die Umarmung zu lösen, /
eine Zeit zum Suchen / und eine Zeit zum Verlieren, /
eine Zeit zum Behalten / und eine Zeit zum Wegwerfen, /
eine Zeit zum Zerreißen / und eine Zeit zum Zusammennähen, /
eine Zeit zum Schweigen / und eine Zeit zum Reden, /
eine Zeit zum Lieben / und eine Zeit zum Hassen, /
eine Zeit für den Krieg / und eine Zeit für den Frieden (Koh 3,1—8).

Gebet

Damals, als du uns ins Leben gerufen hast, Herr,
da hast Du uns auch die Zeit gegeben.
Du hast jedem seine Zeit geschenkt und gesagt:
teile Dir Deine Zeit ein, sie ist nicht unbegrenzt.
Herr, als ob es so leicht wäre, Zeit einzuteilen!

Anfangs ist viel davon da;
wir bemerken kaum, wie sie verrinnt.
Später aber fangen wir an zu jagen und zu klagen;
denn so vieles ist noch ungetan.

Herr, hilf uns, unsere Zeit richtig zu verwalten.
Laß uns Zeit haben für unsere Mitmenschen,
unsere Familien, unsere Kinder, unsere Alten und Kranken.
Lehre uns, Zeit zu verschenken an die,
die uns brauchen und an die, die wir lieben,
und laß uns immer auch noch Zeit für Dich haben.
Schenke uns die Gabe der Unterscheidung,
damit wir unsere Zeit nicht vergeuden.

Inge Sternemann

Die Seelen müssen nachkommen

Ein Forschungsreisender unternahm einmal einen Gewaltmarsch durch den Urwald am oberen Amazonas. Zunächst kam die Expedition unerwartet schnell vorwärts. Am dritten Morgen aber blieben alle Einheimischen mit ernsten Mienen auf den Fersen sitzen und machten keine Anstalten aufzubrechen. Erstaunt fragte der Forscher ihren Anführer, ob die Träger mehr Geld verlangten oder mit dem Essen nicht zufrieden seien. „O nein, mein Herr", antwortete der Sprecher, „wir können nicht weitergehen, weil unsere Seelen zurückgeblieben sind, und nun müssen wir warten, bis sie unsere Körper wieder eingeholt haben."

Eugen Rucker

- „Die Stillen sind das einzige bißchen Christentum, das wir noch haben" (Sören Kierkegaard).
Ohne Ruhe und ohne Besinnung kann die christliche Botschaft weder die Herzen erreichen noch sich in ihnen festmachen.

- Die Klage der Träger aber sagt noch etwas anderes: Ohne Ruhe und ohne Besinnung wird der Mensch auseinandergerissen; Leib und Seele trennen sich. Da jede Seele auf ihren Leib hin geschaffen ist, kann weder der Leib ohne seine Seele noch die Seele ohne ihren Leib existieren.
Wie konnte es geschehen, daß die Seele aus dem Leibe „aussteigen" mußte? Die Träger begründen ihre Zerrissenheit mit dem Tempo, das der Forschungsreisende vorgelegt hat. Er wollte keine Zeit verlieren, so daß er die Träger antrieb und ihnen keine Ruhepausen gönnte. Nach drei Tagen merkten sie, daß sie krank wurden.

- Wer keine Zeit mehr hat, ist krank. Wird über diese moderne Krankheit genug nachgedacht? Obwohl die Wochenarbeitszeit immer kürzer und das Wochenende immer länger werden, verringern sich Tempo und Hektik des Lebens nicht. Wegstrecken werden durch Brücken verkürzt, Autos werden schneller, Flugzeuge müssen benutzt werden — weil die verfügbare Zeit nicht ausreicht.
Die Menschen kommen sich zwar wichtig und unentbehrlich vor, aber auf Dauer halten sie dieses Tempo nicht aus.

- „Keine Zeit für sich selber haben, d.h. sich selbst verlieren. Keine Zeit für den anderen haben, d.h. ihn verlieren. Nur noch Zeit haben, die keiner braucht, die für nichts und niemand gut ist, d.h. den Sinn des eigenen Lebens verlieren" (K. Hemmerle).

- Unser heutiges Leben ist mit einem gewaltigen Rad zu vergleichen, das sich unaufhörlich und immer schneller dreht. Wir Menschen sind in dieses Rad eingespannt. Weil wir in dieser Drehung selbst hasten und jagen, aber auch getrieben und gejagt werden, werden wir ständig an den Rand des Rades geschleudert. Hier ist keine Ruhe und Besinnung möglich, kein Verweilen und Nachdenken, kein Atemholen und kein Überprüfen unserer Standpunkte. In jedem Augenblick kommen neue Erfahrungen, neue Informationen und neue Aufgaben auf uns zu, die wir sofort verarbeiten müssen. Es bleibt uns keine andere Möglichkeit, als immer nur das Allerwichtigste zu tun. Alles andere kommt buchstäblich unter die Räder.

- Wenn wir das Bild zu Ende denken, kann der Zustand eintreten, wo die Radnabe nicht mehr die Kraft hat, die zentrifugalen Kräfte auszuhalten. In diesem Augenblick fliegt das sich rasant drehende Rad auseinander.
Seele und Leib werden zerrissen.

- Es kann im Leben noch Wichtigeres als das vermeintlich Allerwichtigste geben. Die zentrifugalen Kräfte müssen von zentripetalen gehalten und ausgeglichen werden, wenn wir Menschen bleiben wollen.
Was sind zentripetale Kräfte in unserem Leben?

- Da wir im Alltag nur das Wichtigste tun können, haben wir keine Zeit und damit auch keinen Blick mehr für die kleinen Dinge: die Blume, das Glas Wasser, den Kieselstein. Der Blick aber für diese kleinen Dinge ist wichtig, weil sie uns viel zu sagen haben. Was können sie uns wohl erzählen?

- Da alles Tun in Arbeit und Beruf zweckgerichtet ist und wir dabei den Sinn für das „Überflüssige" verlieren, müssen wir uns in festen Abständen die Zeit für das Zweckfreie nehmen, bei dem nichts „herausspringt": für das Spiel, für den Theaterbesuch, für die Musik. Unser Leben braucht Kontraste.

- Da wir von Technik, Zivilisation und Apparaten umgeben sind, geht uns die Erfahrung der Sinne verloren. Wir sind vornehmlich vom Denken und vom Willen in Anspruch genommen. Wir müssen wieder lernen zu sehen — etwa das Spiel der Wolken, zu hören — etwa das Gezwitscher der Vögel, und zu riechen — etwa den Duft der Blumen.

- Obwohl wir den ganzen Tag hindurch Umgang mit Menschen haben, finden doch keine Begegnungen statt. „Bahnsteigbegegnungen" hat man sie genannt; man hastet beim Umsteigen von einem Zug in den anderen aneinander vorbei. Wir brauchen aber für menschliches Kommunizieren tiefer gehende Begegnungen, für die wir uns Zeit nehmen, bei denen wir zuhören, in denen wir mit-leiden.

- Obwohl wir das Wochenende frei haben, empfinden es viele Menschen doch nicht als eine wohltuende Zeit. Weil die Hektik der Werktage fortgesetzt und die in der Woche nicht erledigte Arbeit fertiggestellt werden muß, kann auch der Sonntag zum Atemholen nicht mehr zur Verfügung stehen. Wir brauchen aber diesen Tag der Ruhe, der Stille und der Besinnung, damit die Seelen nachkommen können.
Wir benötigen eine Zeit, in der Leib und Seele gemeinsam vor Gott stehen, so daß der ganze Mensch wieder Wurzeln faßt.

- Einer von drei Jungen aus Aachen, die sich durch Autoabgase das Leben genommen haben, hat in einem Abschiedsbrief an seine Eltern geschrieben: „Mama und Papa, Ihr wart die besten Eltern der Welt. Seid nicht traurig. Aber auf der Erde läuft alles schief."
Vieles läuft auf dieser Erde sicher schief; das mag damit zusammenhängen, daß

die meisten Menschen sich nicht mehr die Zeit nehmen, über den Sinn ihres Lebens nachzudenken.
Dennoch dürfen wir uns nicht den Blick für das Gute in der Welt verbauen lassen!

Gute Worte
sind wie Regen in der Wüste.
Gute Taten
machen aus der Einöde einen Garten.
Gute Menschen
schaffen das Paradies.

Schrifttext

Die Apostel versammelten sich wieder bei Jesus und berichteten ihm alles, was sie getan und gelehrt hatten.
Da sagte er zu ihnen: Kommt mit an einen einsamen Ort, wo wir allein sind, und ruht ein wenig aus. Denn sie fanden nicht einmal Zeit zum Essen, so zahlreich waren die Leute, die kamen und gingen. Sie fuhren also mit dem Boot in eine einsame Gegend, um allein zu sein.
Aber man sah sie abfahren, und viele erfuhren davon; sie liefen zu Fuß aus allen Städten dorthin und kamen noch vor ihnen an. Als er ausstieg und die vielen Menschen sah, hatte er Mitleid mit ihnen; denn sie waren wie Schafe, die keinen Hirten haben. Und er lehrte sie lange (Mk 6,30—34).

Gebet

Arm ist, wer kein Schweigen kennt,
mitten im Lärm unserer Zeit!
Ist er nicht ganz verraten, nicht jeden Trostes entblößt,
weil in den schrillen Taten nicht ist, was uns erlöst?
Wir sind des lauten Treibens, der hohlen Worte satt.
Zieh ein, du Klang des Schweigens, das uns erschaffen hat.
Sei bei uns, starker Gott! Sei bei uns, Herre Christ!
Es flieht die Not, der Tod, wo du zugegen bist.

Werner Bergengruen

Wer ein Warum zu leben hat, erträgt fast jedes Wie

Gott und die Freiheit

Nur ich bin vollkommen (spricht Gott).
Gerade deswegen weiß ich ja,
Was es wohl mit der Vollkommenheit für eine Bewandtnis hat,
Und ich fordere nicht so viel Vollkommenheit von diesen armen Leuten.
Ich weiß ja, Ich, wie schwer es für sie ist,
Wie ich Lust verspüre, wenn sie so sehr leiden unter ihren Prüfungen,
Wie ich versucht bin, meine Hand unter ihren Leib zu legen,
Um sie mit meiner breiten Hand zu stützen,
Gleich einem Vater, der seinen Sohn das Schwimmen lehrt
In der Strömung des Flusses,
Und hin- und hergeworfen wird von zwei Gefühlen:
Denn wenn er ihn ständig und allzu sehr stützt, dann vertraut das Kind darauf und es lernt niemals schwimmen,
Wenn er es aber nicht im richtigen Augenblick stützt,
Dann schluckt es Wasser.
So bin auch ich, wenn ich in ihren Prüfungen sie schwimmen lehre,
Zwischen zwei Gefühlen hin- und hergeworfen:
Stütze ich sie ständig und stütze ich sie allzu sehr,
Lernen sie selber niemals schwimmen,
Doch stütze ich sie nicht im richtigen Augenblick,
So schlucken diese armen Kinder gar noch schlechtes Wasser.
Das ist die Schwierigkeit, und sie ist groß.
Diese Doppelseitigkeit, das zwiefache Antlitz dieser schweren Frage:
Auf der einen Seite haben sie ihr Heil zu wirken, das ist die Ordnung,
Und sie ist unbedingt. Sonst läge nichts daran, sie wären keine Menschen.
Nun will ich aber, daß sie mannhaft seien, daß sie Männer sind und selber sich verdienen
Ihre Rittersporen.
Andererseits sollen sie aber kein schlechtes Wasser trinken,
Wenn sie untertauchen in der Sünde Undank.
Dies ist ja (spricht Gott) das Geheimnis, worin die Freiheit des Menschen begründet liegt,
Das Geheimnis meiner Herrschaft ihm gegenüber, und seiner Freiheit.

Wenn ich zu sehr ihn stütze, ist er nicht frei,
Und wenn ich ihn zu wenig stütze, fällt er;
Wenn ich zu sehr ihn stütze, gefährde ich seine Freiheit,
Wenn ich zu wenig ihn stütze, gefährde ich sein Heil.
Zwei Güter — gleichermaßen kostbar.

Charles Péguy

Anregungen für ein Gespräch

● „Warum hat Gott das zugelassen?" ist eine häufig gestellte Frage vor Not, Leid und Tod. „Wenn es einen Gott gäbe, dann hätte er dieses Unrecht verhindern müssen!" sagen die Leute.
Das ist die Sicht des Menschen.

● Es gibt aber auch eine Sicht Gottes. Sie wird in dem Gedicht beschrieben, das Charles Péguy uns geschenkt hat. Die Überschrift „Gott und die Freiheit" spricht nur das eine Problem an: wie schwer es doch Gott hat, den Konflikt zwischen Freiheit und Heil zu lösen.
Neben der Freiheit Gottes steht das andere Problem: „Der Mensch und die Freiheit". Was kann geschehen, damit der Mensch frei bleibt?

● Zu allen Zeiten haben die Theologen sich mit dieser schwierigen Frage eines Zusammenspiels zwischen göttlicher Gnade und menschlicher Freiheit abgequält. Ist die Gnade zu mächtig, verlieren die Menschen ihre Freiheit; ist aber ihre Freiheit uneingeschränkt, entziehen sie sich dem Einfluß der Gnade. Vor diesem schier unlösbaren Problem steht auch der Dichter.

● Péguy gibt keine Antwort; er begnügt sich damit, das Problem aufzudecken und um Verständnis für Gott zu werben. Er möchte auch denen den Wind aus den Segeln nehmen, die Gott anklagen und leichtfertig fragen: „Warum hat Gott das nicht verhindert?" Gott hat unbeschreiblichen Respekt vor der menschlichen Freiheit. Freiheit hat mit Würde zu tun und Würde mit Freiheit.

● Was ist Freiheit? Ist derjenige frei, der einfach seinen Wünschen und Bedürfnissen folgt? Ist derjenige frei, der sich von seinen Trieben treiben läßt? Sind solche Menschen nicht bald wieder Gefangene? Legen sie sich nicht selbst neue Fesseln an?
So einfach scheint es mit der Freiheit doch nicht zu sein.

● Johannes sagt: „Die Wahrheit wird euch freimachen" (Joh 8,32). Schon wer das Wort moralisch versteht, erkennt seine Richtigkeit. Wer hätte nicht schon das Gefühl der Befreiung erfahren, als er sich aus der Umklammerung der Lüge durch ein Geständnis lösen konnte!

Johannes aber versteht „Wahrheit“ tiefer, er versteht sie personal. Die Wahrheit ist Gott. „Ich bin die Wahrheit“ (Joh 14,6). Wer dieser Wahrheit folgt, wird frei — und er begibt sich gleichzeitig auf den Weg des Heils.

- „Die Wahrheit ist den Menschen zumutbar“ (I. Bachmann).
- Es ist kein Zufall, daß Jesus sich in seiner Aussage als Ziel und Weg bezeichnet. „Ich bin der Weg, die Wahrheit und das Leben“ (Joh 14,6). Wer frei sein will, muß sich auf den Weg Jesu begeben; wir müssen in seine Spur kommen. Der Skispringer begibt sich bei der Abfahrt in eine Spur; dadurch kann er abheben und im Flug Freiheit erfahren. Ohne diese Spur, ohne diese Richtung geht es nicht. Jesus hat uns einen Lebensweg vorgelebt und ein Modell des Lebens entwickelt. In diesem Weg vereinigen sich Freiheit und Heil.
- „Der Freiheit einen Inhalt geben“, hat ein früherer Bundespräsident einmal gesagt.
- Das Ja zum Willen Gottes, das Freiheit und Heil gleichzeitig in sich birgt, hat Jesus uns vorgelebt in seiner Menschwerdung. Kurt Marti hat sie so beschrieben:

> Ich wurde nicht gefragt
> bei der Geburt
> und die mich gebar
> wurde auch nicht gefragt
> bei ihrer Geburt.
> Niemand wurde gefragt
> außer einem
> und der sagte JA!

Das Ja gegenüber dem, was Gott uns schickt, setzt einen neuen Anfang.

- Niemals treibt Gottes Wille den Menschen in den Tod.
- Und wen der Wille Gottes treibt,
  der lebt und bleibt (Arnim Juhre).

Schrifttext

Hört das Wort nicht nur an, sondern handelt danach; sonst betrügt ihr euch selbst. Wer das Wort nur hört, aber nicht danach handelt, ist wie ein Mensch, der sein eigenes Gesicht im Spiegel betrachtet: Er betrachtet sich, geht weg, und schon hat er vergessen, wie er aussah. Wer sich aber in das vollkommene Gesetz der Freiheit vertieft und an ihm festhält, wer es nicht nur hört, um es wieder zu vergessen, sondern danach handelt, der wird durch sein Tun selig sein (Jak 1,22—25).

Gebet

Du hast uns zur Freiheit berufen.
Daß wir die Freiheit nicht mißbrauchen
und im Weglosen ein jeder
den eigenen Weg gehe.

Der du das Wort zu uns gesprochen hast,
das unsere Seele füllt,
sei Feuer in uns,
sei guter Wille in uns;
daß wir nach Wegen suchen,
um einander zu dienen.

Mach uns abgeneigt der Gewalt,
daß wir Versöhnung stiften,
Freundschaft schließen.
Daß Barmherzigkeit und Weisheit
wachsen mögen in unserer Mitte.

Huub Oosterhuis

Wer kennt schon die Not eines überaus dicken Mädchens?

man sagt:
nun ja — doch sie hatte ein gutes herz

stets braucht die gesellschaft
dicke mädchen mit guten herzen
in heimen spitälern kantinen
in fabriken geschäften büros

doch manchmal
möchten auch ihre herzen
verrückt und geliebt
statt immer nur gut sein

dann träumen sie liebe
in wetterleuchtenden farben
liebkosen den einsamen körper

abends im traurigen bett
mit den fühlsamen händen
des zärtlich erdachten freunds

später verschließen sie
solche träume tief in ihre enttäuschung
und versuchen so tapfer als möglich
gut und gütig zu bleiben
statt böse und bitter zu werden

doch wer kennt schon
die heimlichen kämpfe
der überaus dicken mädchen
die man zur rolle bestimmt hat
gut und selbstlos zu sein?

ach wäre ein gott
ach wäre ein gott
der fleisch wird im fleisch
eines überaus dicken mädchens.

Kurt Marti

Anregungen für ein Gespräch

- Die Gesellschaft kann in ihrem Denken rücksichtslos sein. Sie nimmt Menschen für sich in Anspruch, stellt sie in ihren Dienst, drängt sie in eine Rolle, die für das Leben der Gesellschaft wichtig ist. Dabei fragt sie nicht immer, ob die Betroffenen mit der ihnen zugedachten Rolle einverstanden sind.
- Das überaus dicke Mädchen ist gern bereit, seinen Beitrag für die Gesellschaft zu leisten. Es weiß, daß die Gesellschaft ohne Dienste nicht überleben kann. Aber das Mädchen weiß auch, daß neben diesem Dienst das Recht stehen kann, eigene Interessen zu haben und diesen folgen zu dürfen.
Jeder Mensch hat einen Selbstwert, den die Gesellschaft zu respektieren hat. Wenn das nicht geschieht, muß er das Gefühl haben, ausgenutzt und mißbraucht zu werden.
- Immer werden Menschen von der Gesellschaft in bestimmte Rollen gedrängt, die keineswegs ihrem persönlichen Verlangen entsprechen oder von der menschlichen Natur gefordert sind: Zur Rolle des Mädchens gehört es, mit Puppen zu spielen; Jungen müssen Schmerzen ertragen wie Indianer, die alle Tränen unterdrücken; Frauen müssen Kinder erziehen und Küche und Haus-

halt in Ordnung halten; „Der Mann muß hinaus ins feindliche Leben" (Schiller); alle müssen der Autorität gegenüber gehorsam sein.
Dieses rollenfixierte Denken und Leben muß grundsätzlich überdacht und korrigiert werden. Rollen haben sich geschichtlich eingeschlichen und entwickelt und im Laufe der Zeit als unumstößliches Gesetz verfestigt. Viele Rollen aber sind ungerecht, Leben einengend und rücksichtslos gegenüber dem Individuum.

- Rollenspezifisches Denken pflegt das Vor-urteil, das ein wahres Urteil über den Menschen nicht zuläßt.
- Früher haben viele Menschen unter Aussatz gelitten; sie wurden aus der Gesellschaft herausgedrängt, weil man ihnen nicht helfen konnte und sich vor ihnen schützen wollte. Heute gibt es viel feinere Formen von Aussatz; wir sprechen deshalb auch nicht mehr von ausstoßen, sondern von aus-grenzen; dabei geht es darum, einen ungeliebten Menschen über die Grenze der Gesellschaft abzuschieben.
- Außenstehende sind Stigmatisierte: Behinderte, Strafgefangene, Alkoholiker, Türken, von der Natur benachteiligte, überaus dicke Mädchen. Sie werden an den Rand gedrängt, haben keine Lobby, keine Fürsprecher, keine Beziehungen; man überläßt sie ihrem Schicksal.
- In der Sorgenkind-Sendung des ZDF „Ich wünsch mir einen Freund" wurde folgende Frage als Gedicht vorgetragen:

Nur eine Frage: Ja oder nein?
Wolltest du geistigbehindert sein?
Wenn du klein bist,
hält man dich zu Haus.
Du siehst schon
so'n bißchen anders aus.
Was soll aus dir werden?
Das kann keiner sagen.
Da hilft kein Klagen.
Das muß man ertragen.
Und überhaupt . . .
Der werfe den ersten Stein . . .
Nur eine Frage: Ja oder nein?

Geh nicht so nah
an die anderen ran.
Bedenke, sie fürchten,
das steckt vielleicht an.
Verschwiegen wird deine Isolation.

Theoretisch spricht man von Integration.
Wenn die anderen tanzen,
poussiern und sich freun,
dann sammelt für dich
ein Gesangverein.
Und nach der Kollekte
ein fröhlicher Schwof.
Da gehörst du nicht hin.
Dafür bist du zu doof!
Wer läßt sich schon
mit einem Behinderten ein?
Nur eine Frage: Ja oder nein?

Du kannst nichts dafür,
doch es wirkt wie Grind.
Drum fünf Mark
für die Aktion Sorgenkind!
Man sonnt sich
im Schein von guten Werken.
Herrlich! Blöd sein
und nichts zu merken!
Man lächelt
und schlägt um dich einen Bogen.
Bleib still,
und man bleibt dir auch weiter gewogen
und spendet für dich
in der Weihnachtszeit
— mit Quittung —
in aller Bescheidenheit
einen grünen Schein,
einen blauen Schein,
einen Heiligenschein ...
Nur eine Frage: Ja oder nein?

● Im Evangelium stehen oft ganz nebensächliche Worte, die dennoch ein großes Gewicht haben; sie werden gern überlesen. Eine solch unwichtig-wichtige Aussage, die sogar über Jesus gesagt wurde, lautet: „Sie drängten ihn an den Rand" (Lk 4,29).

● Es gibt Menschen, die von der Gesellschaft an den Rand gedrängt werden; Christen kann ebenfalls ein solches Schicksal ereilen. Randchristen können auch als Menschen verstanden werden, für die das Christsein am Rande liegt, ohne Bedeutung ist und keine prägende Kraft mehr hat.

● Gott an den Rand drängen bringt immer menschliche Nachteile – bis zur Verachtung und zum Mißbrauch. Insofern besteht ein Zusammenhang zwischen der Rolle des dicken Mädchens und der Stellung Gottes in dieser Welt. Gott an den Rand drängen ist ein gefährliches Spiel mit der menschlichen Humanität.

● Wir müssen begreifen, daß wir unentrinnbar zu Gott hin „fliehen" – wie Nietzsche gesagt hat. Wichtiger noch ist die Erkenntnis, daß Gott uns in den Stand eines geliebten Kindes versetzt hat. Seitdem sind wir „hoffnungslos religiös" (Berdjajew).

● Wenn Jesus ein Kind in die Mitte stellt, geht es nicht um eine kindliche Idylle, sondern um das Zeichen des Schwachen, des Wehrlosen, des Rechtlosen, des Menschen, der sich wegen irgendwelcher Benachteiligungen nicht durchsetzen kann.
Die Schwäche dieser Menschen darf nicht ausgenutzt werden!

● Jeder Mensch trägt Gottes Antlitz; in jedem Menschen ist Christus geboren. So können auch Kranke und Behinderte für uns zum Segen und Geschenk werden.

Ich fühle mich gesund und munter,
in meinem Körper bin ich ganz zu Haus,
ich schau' mit klugen Augen
in die Welt hinaus
und steig' mit flinken Füßen
Alltags-Berge ganz hinauf
und wieder tief hinunter.
Ich und Körper kennen sich gut aus.

Ich bin krank an Leib und Seele,
überall in mir ist Schmerz und Leid,
wohin ich sehe, find' ich Elend,
in mir ist Zank, in mir ist Streit.
Am liebsten würd' ich vor mir
selber flieh'n. Doch wohin?

Menschen ohne Beine
machen mutig Rollstuhl-Rennen,
Blinde lesen ertastend frohe Reime,
fahren mit Sehenden per Rad hinaus.
Prothesen sind für manche Hände,

und Worte sprechen
Kehlkopfapparate aus.
Sie kennen ihren Körper ganz genau.

Mein Körper ist Geschenk für mich,
ich nehm' ihn an,
so wie er mir gegeben ist.
Ich bau' ihn mit Verstand und
bestem Willen als das Haus
für meine und eure Seelen aus (Paul Reding).

Schrifttext

Als Jesus in einer der Städte war, kam ein Mann, der am ganzen Körper Aussatz hatte. Sobald er Jesus sah, warf er sich vor ihm zu Boden und bat ihn: Herr, wenn du willst, kannst du machen, daß ich rein werde. Da streckte Jesus die Hand aus, berührte ihn und sagte: Ich will es — werde rein! Im gleichen Augenblick verschwand der Aussatz (Lk 5,12f).

Gebet

Behinderte

Unwiderruflich eingestuft
abgesondert
aus dem Bewußtsein verdrängt
von der Mehrheit
der sogenannten Gesunden.
Zurückgeworfen
auf die eigene Schwachheit
und überforderte Kräfte
einer verstehenden Minderheit.
Unter der gnadenlosen Herrschaft
der Götzen Erfolg und Leistung,
unter der gnadenlosen Herrschaft
schwelenden Aberglaubens
befragt:
Was seid Ihr wert?

Was seid Ihr wert
für die Wirtschaft?
Nichts oder nahezu nichts!

Es sei denn
man betrachte den Umsatz
an Rollstühlen und Prothesen,
an Medikamenten und Apparaten.
Was seid Ihr wert
für die Gesellschaft?
Nichts oder weniger
als nichts,
wenn man die Kosten
für Eure fragliche Existenz
bedenkt.
Es sei denn
man begreife Euch
als Anruf zur Menschlichkeit.

Was seid Ihr wert
für alle, die sich Christen
nennen?
Sagen sie „Ja" zu Euch
ohne Vorbehalt?

Gott
Du erschaffst uns Menschen
immer noch nach Deinem Bild.
In jedem lebt
wenn auch zutiefst verborgen
Dein Gesicht.
Befreie uns dazu
es auch im Ärmsten zu erkennen
und heile
uns Behinderte der Liebe!

Christa Peikert-Flaspöhler

Der alte Straßenkehrer Beppo

Der Alte hieß Beppo Straßenkehrer. In Wirklichkeit hatte er wohl einen anderen Nachnamen, aber da er von Beruf Straßenkehrer war und alle ihn deshalb so nannten, nannte er sich selbst auch so.

Beppo Straßenkehrer wohnte in der Nähe des Amphitheaters in einer Hütte, die er sich aus Ziegelsteinen, Wellblechstücken und Dachpappe selbst zusammengebaut hatte. Er war ungewöhnlich klein und ging obendrein immer ein bißchen gebückt, so daß er Momo nur wenig überragte. Seinen großen Kopf, auf dem ein kurzer weißer Haarschopf in die Höhe stand, hielt er stets etwas schräg, und auf der Nase trug er eine kleine Brille.

Manche Leute waren der Ansicht, Beppo Straßenkehrer sei nicht ganz richtig im Kopf. Das kam daher, daß er auf Fragen nur freundlich lächelte und keine Antwort gab. Er dachte nach. Und wenn er eine Antwort nicht nötig fand, schwieg er. Wenn er aber eine für nötig hielt, dann dachte er über diese Antwort nach. Manchmal dauerte es zwei Stunden, mitunter aber auch einen ganzen Tag, bis er etwas erwiderte. Inzwischen hatte der andere natürlich vergessen, was er gefragt hatte, und Beppos Worte kamen ihm wunderlich vor.

Nur Momo konnte so lange warten und verstand, was er sagte. Sie wußte, daß er sich so viel Zeit nahm, um niemals etwas Unwahres zu sagen. Denn nach seiner Meinung kam alles Unglück der Welt von den vielen Lügen, den absichtlichen, aber auch den unabsichtlichen, die nur aus Eile oder Ungenauigkeit entstehen.

Er fuhr jeden Morgen lange vor Tagesanbruch mit seinem alten, quietschenden Fahrrad in die Stadt zu einem großen Gebäude. Dort wartete er in einem Hof zusammen mit seinen Kollegen, bis man ihm einen Besen und einen Karren gab und ihm eine bestimmte Straße zuwies, die er kehren sollte.

Beppo liebte diese Stunden vor Tagesanbruch, wenn die Stadt noch schlief. Und er tat seine Arbeit gern und gründlich. Er wußte, es war eine sehr notwendige Arbeit.

Wenn er so die Straßen kehrte, tat er es langsam, aber stetig: Bei jedem Schritt einen Atemzug und bei jedem Atemzug einen Besenstrich. Schritt — Atemzug — Besenstrich. Schritt — Atemzug — Besenstrich. Dazwischen blieb er manchmal ein Weilchen stehen und blickte nachdenklich vor sich hin. Und dann ging es wieder weiter — Schritt — Atemzug — Besenstrich — — —.

Während er sich so dahinbewegte, vor sich die schmutzige Straße und hinter sich die saubere, kamen ihm oft große Gedanken. Aber es waren Gedanken ohne Worte, Gedanken, die sich so schwer mitteilen ließen wie ein bestimmter

Duft, an den man sich nur gerade eben noch erinnert, oder wie eine Farbe, von der man geträumt hat. Nach der Arbeit, wenn er bei Momo saß, erklärte er ihr seine großen Gedanken. Und da sie auf ihre besondere Art zuhörte, löste sich seine Zunge, und er fand die richtigen Worte.
„Siehst du, Momo", sagte er dann zum Beispiel, „es ist so: Manchmal hat man eine sehr lange Straße vor sich. Man denkt, die ist so schrecklich lang; das kann man niemals schaffen, denkt man."
Er blickte eine Weile schweigend vor sich hin, dann fuhr er fort: „Und dann fängt man an, sich zu eilen. Und man eilt sich immer mehr. Jedesmal, wenn man aufblickt, sieht man, daß es gar nicht weniger wird, was noch vor einem liegt. Und man strengt sich noch mehr an, man kriegt es mit der Angst, und zum Schluß ist man ganz außer Puste und kann nicht mehr. Und die Straße liegt immer noch vor einem. So darf man es nicht machen."
Er dachte einige Zeit nach. Dann sprach er weiter: „Man darf nie an die ganze Straße auf einmal denken, verstehst du? Man muß nur an den nächsten Schritt denken, an den nächsten Atemzug, an den nächsten Besenstrich. Und immer wieder nur an den nächsten."
Wieder hielt er inne und überlegte, ehe er hinzufügte: „Dann macht es Freude; das ist wichtig, dann macht man seine Sache gut. Und so soll es sein."
Und abermals nach einer lange Pause fuhr er fort: „Auf einmal merkt man, daß man Schritt für Schritt die ganze Straße gemacht hat. Man hat gar nicht gemerkt wie, und man ist nicht außer Puste." Er nickte vor sich hin und sagte abschließend: „Das ist wichtig."

Michael Ende

Anregungen für ein Gespräch

- Eines der bedrückendsten Gefühle vor den Problemen der Welt ist das der Ohnmacht. Was kann schon ein kleiner, unbedeutender, einflußloser Mensch ausrichten? Was könnte er etwa für den Frieden tun? Da rüsten die einen und die anderen; da werden Waffensysteme entwickelt, die wir nicht einmal kennen; da fallen Völker übereinander her, deren Gründe wir nicht verstehen; da existieren tiefverwurzelte Haßgefühle, die nicht zu beseitigen sind.
- Was kann der kleine Mann schon gegen den Hunger tun? Er hört etwas von hochentwickelter Technologie, die den Armen helfen könnte; er erfährt von neuen Bewässerungssystemen und erfolgversprechenden Düngemitteln; er liest über Revolutionen und diplomatische Bemühungen — und muß feststellen, daß die Armen immer ärmer und die Reichen immer reicher werden. Wir könnten genausogut auf den Streit um Ideologien oder Religionen hinwei-

sen, auf die Unterdrückung wehrloser Menschen und Völker, auf Rassenverfolgung und Umweltzerstörung — es bleibt immer dieselbe Frage: Wie soll ich daran etwas ändern? Was kann der einzelne schon machen? Wenn der Papst nichts ändern kann und der Präsident einer Weltmacht, der Bundeskanzler und der Millionär — dann brauche ich erst gar nicht anzufangen.

- Viele Menschen stehen verzweifelt und resigniert vor den Problemen der Welt. Alles ist vergeblich!
- Auch der Straßenkehrer Beppo steht oft vor einer langen Straße, deren Ende er nicht absehen kann. Auch ihn könnten Gefühle der Ohnmacht befallen. Wie soll er eine solche Straße schaffen?

Eile und Hast sind die falschen Methoden. Sie führen in die Angst, die alle Kräfte lähmt. „Man darf nie an die ganze Straße auf einmal denken." Was ist der eine Besenstrich vor der langen Straße?

- Beppo empfiehlt die Konzentration allein auf den nächsten Schritt. Jeder nächste Schritt führt ein kleines Stück weiter; jeder nächste Besenstrich ist ein neuer Erfolg.
- In diesem Hinweis auf den nächsten Schritt steckt eine Lebensweisheit, die vor der Resignation schützt und das Erfolgserlebnis vermittelt. Jeder nächste Schritt kann die Grundlage für einen langen Marsch sein, jede nächste Erkenntnis das Fundament für ein großes Werk. Wie wollte man riesige Häuser bauen, wenn man nicht die Bescheidenheit besäße, einen Stein auf den anderen zu legen? Alles Große hat einmal klein begonnen.
- In einer Fabel wird von einer Schneeflocke erzählt, durch die der Ast eines Baumes abgebrochen ist. Nicht eine einzige Flocke hat das Abknicken vermocht, auch nicht tausend. Nachdem mehrere Millionen Schneeflocken bereits gefallen waren, und dann noch eine dazukam, brach der Ast. Was wiegt schon eine Schneeflocke? Und welche Wirkung!

Vielleicht fehlt für den Frieden nur das eine Gebet, der kleine Dienst, das freundliche Lächeln. Alles ist unbedeutend und leicht wie eine Schneeflocke. Aber ein einziger Wassertropfen kann das Faß zum Überlaufen bringen.

- Das Evangelium geht noch einen ganzen Schritt weiter; in ihm geht es nicht um das Große, das wir vollbringen können, sondern um das Unmögliche. In der Speisung der fünftausend Zuhörer fordert Jesus seine Jünger auf, es mit dem Wenigen, mit fünf Broten zu versuchen. Weil sie ihm vertraut haben, konnten sie das Wunderbare wirken.

Wer der Verheißung glaubt, erlebt im gehorsamen Tun das Wunder.

- Die Speisung der Tausende war genauso unmöglich wie die Sicherung des Friedens oder die Beseitigung des Hungers in der Welt durch uns. Das Unmögliche aber wird möglich durch den, der uns auffordert, Frieden zu schenken, Hungernde zu speisen, Umwelt zu schützen und Wehrlosen beizustehen.

- Versucht es mit dem Wenigen! Mit dem bißchen guten Willen für den Frieden, mit der kleinen Spende für die Hungernden, mit der Freundlichkeit zu den Ausländern, mit dem abgestellten Motor zum Schutze der Umwelt. Gott kann aus den kleinen Dingen Großes machen.
- Der Christ wird nicht überfordert. Das Reich Gottes ist keine Leistungsgesellschaft, in der man große Leistungen erbringen muß, sondern eine Vertrauensgesellschaft, in der man mit einer Kleinigkeit in der Hand im Glauben auf Gottes Zusage viel bewirken kann.

Schrifttext

Als es Abend wurde, kamen die Jünger zu ihm und sagten: Der Ort ist abgelegen, und es ist schon spät geworden. Schick doch die Menschen weg, damit sie in die Dörfer gehen und sich etwas zu essen kaufen können. Jesus antwortete: Sie brauchen nicht wegzugehen. Gebt ihr ihnen zu essen! Sie sagten zu ihm: Wir haben nur fünf Brote und zwei Fische bei uns. Darauf antwortete er: Bringt sie her! Dann ordnete er an, die Leute sollten sich ins Gras setzen. Und er nahm die fünf Brote und die zwei Fische, blickte zum Himmel auf, sprach den Lobpreis, brach die Brote und gab sie den Jüngern; die Jünger aber gaben sie den Leuten, und alle aßen und wurden satt. Als die Jünger die übriggebliebenen Brotstücke einsammelten, wurden zwölf Körbe voll. Es waren etwa fünftausend Männer, die an dem Mahl teilnahmen, dazu noch Frauen und Kinder (Mt 14,15—21).

Gebet

Das Einfache einfach zu tun

Das hab ich mir schon so oft gewünscht:
einfach gut zu sein
Vor
allen durchdachten Plänen und Zielen
einfach gut zu sein
Ohne
alle Voraus-Setzungen beim Du
einfach gut zu sein
Entgegen
der üblichen Vorsicht, Berechnung, Prüfung

einfach gut zu sein
die unerwünschte Begegnung anzunehmen
einfach gut zu sein
die sattsam bekannten Geschichten
geduldig anzuhören
einfach gut zu sein
verletzende Worte nicht zurückzuzielen
einfach gut zu sein
die zitternde, schwitzende Hand zu umschließen
einfach gut zu sein
die Tür zu öffnen, wenn ich mir Ruhe wünsche
einfach gut zu sein.

Das Einfache einfach zu tun
fällt mir meistens so schwer.
Wenn ich *dich* darum bitte,
gütiger Gott,
gelingt es mir, hoffe ich,
ab und zu
mehr und mehr
einfach gut zu sein.

Christa Peikert-Flaspöhler

Gefährten oder Tod

Ein Weiser mit Namen Choni ging einmal über Land und sah einen Mann, der einen Johannisbrotbaum pflanzte. Er blieb bei ihm stehen und sah ihm zu und fragte: „Wann wird das Bäumchen wohl Früchte tragen?“
Der Mann erwiderte: „In siebzig Jahren.“
Da sprach der Weise: „Du Tor! Denkst du in siebzig Jahren noch zu leben und die Früchte deiner Arbeit zu genießen? Sondern pflanze lieber einen Baum, der früher Früchte trägt, daß du dich ihrer erfreust in deinem Leben.“
Der Mann aber hatte sein Werk vollendet und sah freudig darauf, und er antwortete: „Rabbi, als ich zur Welt kam, da fand ich Johannisbrotbäume und aß von ihnen, ohne daß ich sie gepflanzt hatte, denn das hatten meine Väter getan. Habe ich nun genossen, wo ich nicht gearbeitet habe, so will ich einen Baum pflanzen für meine Kinder oder Enkel, daß sie davon genießen. Wir Menschen

mögen nur bestehen, wenn einer dem andern die Hand reicht. Siehe, ich bin ein einfacher Mann, aber wir haben ein Sprichwort: Gefährten oder Tod."

Anregungen für ein Gespräch

- Die Erzählung will verschiedene Lebensweisheiten vermitteln. Jede Generation muß Bäume pflanzen. Wenn eine Generation sich von dieser Verpflichtung entbindet, hat das für die folgende katastrophale Konsequenzen, die mit dem Stichwort „Tod" umschrieben werden.
Immer stehen wir auf den Schultern unserer Väter, und nur dadurch können wir leben.
- Das Wirken unserer Eltern und Vorfahren macht uns dankbar, obwohl sie nicht unbedingt bei allem Tun an ihre Nachkommen gedacht haben. Auch unbedacht ist ihr Tun zu einem Fundament geworden, auf dem wir weiterbauen können.
- Heute wissen wir — bei wachsendem ökologischen Verständnis —, daß Generationen vor uns nicht nur gepflanzt, sondern auch geplündert und geraubt haben. Die Natur erschien als ein unausschöpfbares Reservoir von Reichtümern, so daß Beschränkungen nicht notwendig erschienen.
Neben das Pflanzen ist heute das Bewahren getreten.
- Jede Zeit hat ihr eigenes Gesicht, ihre eigenen Nöte und Aufgaben. Immer müssen die Menschen auf die Herausforderungen ihrer Zeit reagieren und „Bäume pflanzen". Aber dieses Pflanzen kann in jeder Generation anders aussehen.
- „Bäume pflanzen" ist nicht nur eine ökologische Verpflichtung, nicht nur eine materielle oder finanzielle Aktivität — Grundstücke erwerben, Konten anlegen, Geschäfte gründen —, sondern eine geistige Bemühung, die für die Nachfahren viel wichtiger ist. Darum ist zu fragen: Werden den Kindern „Bäume gepflanzt", die wirklich für ihr Leben Bedeutung haben — menschliche Werte, Wegweisungen, Glaubensstützen?
- Es fällt auf, daß die Erzählung von Bäumen spricht, die ein sehr langes Wachstum benötigen. Je länger ein Baum wächst, um so fester ist sein Holz. Wir müssen über die Qualität dessen nachdenken, was wir für die folgende Generation grundlegen. Wahrscheinlich sind nicht die Dinge gemeint, die schnell zum Erfolg führen.
- Solche „Bäume" kann man nicht mit Hacke und Spaten pflanzen; dazu sind Führung und Anleitung, vor allem aber auch Aufgeschlossenheit und Verzicht erforderlich. Wer im Leben alles für sich in Anspruch nimmt, wird wenig

weitergeben; es sei denn, er würde die Gesinnung des Alles-haben-Wollens der nachfolgenden Generation vermitteln.

- Es kann eine große Sorge des Alters sein, das, was erworben und aufgebaut wurde, nicht bewahren zu können. Ebenso bedrückend kann es sein zu erfahren, daß die folgende Generation das, was man grundgelegt und für richtig erachtet hat, nicht annehmen will, daß sie die übergebenen „Bäume“ verweigert.
- Das Leben ist kein Denkmal, sondern ein Fluß. Ein Denkmal stellt man auf einen Sockel und läßt es bestaunen; der Fluß aber windet sich durch die Landschaft, er erobert sich neue Gebiete, macht andere Erfahrungen, wird größer und endet schließlich im Meer.

Auch der Baum ist etwas Lebendiges, das wächst und sich verändert.

Ziehende Landschaft

Man muß weggehen können
und doch sein wie ein Baum:
als bliebe die Wurzel im Boden,
als zöge die Landschaft und wir ständen fest.
Man muß den Atem anhalten,
bis der Wind nachläßt
und die fremde Luft um uns zu kreisen beginnt,
bis das Licht von Spiel und Schatten,
von Grün und Blau,
die alten Muster zeigt
und wir zuhause sind,
wo es auch sei,
und niedersitzen können und uns anlehnen,
als sei es an das Grab
unserer Mutter (Hilde Domin)

- Traditio fidei – Weitergabe des Glaubens. Wo nichts ist, kann man nichts weitergeben. Wo man nichts gepflanzt hat, kann auch nichts wachsen.

„So wie eine Kerze an der Flamme einer anderen angezündet wird, so entfacht sich Glaube an Glauben. Gewiß ist Gott es, der ihn wirkt, aber er wirkt ihn im Menschenwesen. Und so ist der Mensch dem Menschen Weg zu Gott“ (R. Guardini).

Schrifttext

Denn wenn einer sagt: Ich halte zu Paulus!, ein anderer: Ich zu Apollos!, seid ihr da nicht Menschen?

Was ist denn Apollos? Und was ist Paulus? Ihr seid durch sie zum Glauben gekommen. Sie sind also Diener, jeder, wie der Herr es ihm gegeben hat: Ich habe gepflanzt, Apollos hat begossen, Gott aber ließ wachsen. So ist weder der etwas, der pflanzt, noch der, der begießt, sondern nur Gott, der wachsen läßt. Wer pflanzt und wer begießt: beide arbeiten am gleichen Werk, jeder aber erhält seinen besonderen Lohn, je nach der Mühe, die er aufgewendet hat (1 Kor 3,4—8).

Gebet

Alleluja singen

Alle Menschen
möchten Alleluja singen,
Freude, Leben, Auferstehung.
Ob sie glauben oder nicht,
daß du, Jesus,
für das Alleluja aller
als Verbrecher hingerichtet
alle unsre Tode starbst.
Ob sie glauben oder nicht,
Vater,
daß dein Sohn
für das Alleluja aller
von dir aus dem Tod erweckt
neu ins Leben ohne Grenzen
trat.
Ob sie glauben oder nicht —
alle Menschen
möchten Alleluja singen,
Freude, Leben, Auferstehung!

Auferstehung
aus den Stacheldrahtverhauen,
aus den Folterschächten
der Gefangenschaft,
Auferstehung
aus den Hungerwüsten,
aus den Schluchten
der Verlassenheit.

Auferstehung
aus den Liebesöden,
aus den Dornenfeldern
Ungerechtigkeit.
Auferstehung
aus dem Sog der Hetze,
aus dem Pferch
von Ängsten, Haß und Streit.
Auferstehung
aus der Leere,
aus dem Kreislauf Schuld,
Vergeblichkeit.

Alle Menschen
möchten Alleluja singen,
Leben, Freude, Auferstehung!

Warum bleibt das Lebenslied so arm?
Warum löschen auch in unsrer Mitte
Todesschreie seinen Glanz?
Christus, Jesus, sieh uns an!
Uns Befreite,
die sich selbst in Fesseln legen.
Uns Erweckte,
die sich in Betäubung flüchten.
Uns Erlöste,
die das Licht der Liebe schwächen.
Christus, Jesus, sieh uns an!
Halte uns in deinem Blick!
Störe uns in unsrer falschen Ruhe!
Reiß uns aus den Gräbern
der Bequemlichkeit!
Laß uns nicht nur in der Osternacht
froh bewegt das Alleluja singen!
Mach uns frei
zu österlichem Leben
für das Alleluja *aller!*

Christa Peikert-Flaspöhler

Der nächste Tag

In der Hauptstadt seines Landes lebte ein guter und gerechter König. Oft verkleidete er sich und ging unerkannt durch die Straßen, um zu erfahren, wie es mit seinem Volk stand.
Eines Abends geht er vor die Tore der Stadt. Er sieht aus einer Hütte einen Lichtschein fallen und erkennt durch das Fenster: ein Mann sitzt allein an seinem zur Mahlzeit bereiteten Tisch und ist gerade dabei, den Lobpreis zu Gott über das Mahl zu singen. Als er geendet hat, klopft der König an die Tür: „Darf ein Gast eintreten?" „Gerne", sagt der Mann, „komm, halte mit, mein Mahl reicht für uns beide!" Während des Mahles sprechen die beiden über dieses und jenes. Der König — unerkannt — fragt: „Wovon lebst du? Was ist dein Gewerbe?" „Ich bin Flickschuster", antwortete der Mann. „Jeden Morgen gehe ich mit meinem Handwerkskasten durch die Stadt, und die Leute bringen mir ihre Schuhe zum Flicken auf die Straße."
Der König: „Und was wird morgen sein, wenn du keine Arbeit bekommst?"
„Morgen?", sagte der Flickschuster, „morgen? Gott sei gepriesen Tag um Tag!"
Als der Flickschuster am anderen Tag in die Stadt geht, sieht er überall angeschlagen: Befehl des Königs! In dieser Woche ist auf den Straßen meiner Stadt jede Flickschusterei verboten! Sonderbar, denkt der Schuster. Was doch die Könige für seltsame Einfälle haben! Nun, dann werde ich heute Wasser tragen; Wasser brauchen die Leute jeden Tag.
Am Abend hatte er soviel verdient, daß es für beide zur Mahlzeit reichte. Der König, wieder zu Gast, sagt: „Ich hatte schon Sorge um dich, als ich die Anschläge des Königs las. Wie hast du dennoch dein Geld verdienen können?" Der Schuster gab Bescheid. Der König: „Und was wird morgen sein, wenn du keine Arbeit findest?"
„Morgen? Gott sei gepriesen Tag um Tag!"
Als der Schuster am anderen Tag in die Stadt geht, um wieder Wasser zu tragen, kommen ihm Herolde entgegen, die rufen: Befehl des Königs! Wassertragen dürfen nur solche, die eine Erlaubnis des Königs haben! Sonderbar, denkt der Schuster, was doch die Könige für seltsame Einfälle haben. Nun, dann werde ich Holz zerkleinern und in die Häuser bringen. Er holte seine Axt, und am Abend hatte er so viel verdient, daß das Mahl für beide wieder bereitet war. Und wieder fragt der König: „Und was wird morgen sein, wenn du keine Arbeit findest?" „Morgen? Gott sei gepriesen Tag um Tag!"
Am andern Morgen kam dem Flickschuster in der Stadt ein Trupp Soldaten

entgegen. Der Hauptmann sagte: Du hast eine Axt, du mußt heute im Palasthof des Königs Wache stehen. Hier hast du ein Schwert, laß deine Axt zu Hause! Nun mußte der Flickschuster den ganzen Tag Wache stehen und verdiente keinen Pfennig. Abends ging er zu seinem Krämer und sagte: „Heute habe ich nichts verdienen können. Aber ich habe heute abend einen Gast. Ich gebe dir das Schwert — er zog es aus der Scheide — als Pfand —, gib mir, was ich für das Mahl brauche". Als er nach Hause kam, ging er zuerst in seine Werkstatt und fertigte ein Holzschwert, das genau in die Scheide paßte.
Der König wunderte sich, daß auch an diesem Abend wieder das Mahl bereitet war. Der Schuster erzählte alles und zeigte dem König verschmitzt das Holzschwert. „Und was wird morgen sein, wenn der Hauptmann die Schwerter inspiziert?" „Morgen? Gott sei gepriesen Tag um Tag!"
Als der Schuster am anderen Morgen den Palasthof betritt, kommt ihm der Hauptmann entgegen, an der Hand einen gefesselten Gefangenen: „Das ist ein Mörder. Du sollst ihn hinrichten!" „Das kann ich nicht", rief der Mann voll Schrecken aus. „Ich kann keinen Menschen töten!" „Doch, du mußt es, es ist Befehl des Königs!" Inzwischen hatte sich der Palasthof mit vielen Neugierigen gefüllt, die die Hinrichtung eines Mörders sehen wollten. Der Schuster schaute in die Augen des Gefangenen. Ist das ein Mörder? Dann warf er sich auf die Knie und mit lauter Stimme, so daß alle ihn beten hörten, rief er: „Gott, Du König des Himmels und der Erde: wenn dieser Mensch ein Mörder ist und ich ihn hinrichten soll, dann mache, daß mein Schwert aus Stahl in der Sonne blitzt! Wenn aber dieser Mensch kein Mörder ist, dann mache, daß mein Schwert aus Holz ist!" Alle Menschen schauten atemlos zu ihm hin. Er zog das Schwert, hielt es hoch — und siehe: es war aus Holz. Gewaltiger Jubel brach aus. In diesem Augenblick kam der König von der Freitreppe seines Palastes, ging geradewegs auf den Flickschuster zu, gab sich zu erkennen, umarmte ihn und sagte: „Von heute an sollst du mein Ratgeber sein!"

Frei nacherzählt

Anregungen für ein Gespräch

● Heute sind die Menschen ganz auf die Zukunft hin orientiert. Was wird sie bringen? Endet die Welt in einem Atomkrieg? Die vielen offenen Fragen sind mehr von der Angst als von der Hoffnung bestimmt.
Das Jahr 2000 steht fragend und faszinierend vor dem Blick der Menschen.

● Die Furcht vor einem Zuschauerschwund ist weit verbreitet: Bundesligavereine, Filmtheater, politische Parteien, Deutsche Bundesbahn — alle haben damit zu tun. Eine negative Zuschauerentwicklung kann zu einer Existenzfrage werden. In einem solchen Fall muß sofort überlegt werden, wie die Zuschauer zurückgewonnen werden können. Die einen erhöhen ihren Werbeetat und verstärken die Öffentlichkeitsarbeit, andere verbessern den Service, wieder andere senken die Preise oder wechseln die Führungspersonen aus. Alle wollen auf die Frage nach dem „Morgen, wenn du keine Arbeit findest?" eine die Kasse füllende Antwort bekommen. Der Flickschuster aber setzt auf etwas ganz anderes: „Gott sei gepriesen Tag um Tag".

● Wir dürfen das Märchen gegenüber allen Zukunftsängsten und wirtschaftlichen Fehlkalkulationen durchaus als eine Korrektur unseres heutigen Denkens betrachten. Der arme Flickschuster will nicht gegen Planung und Sorge der Menschen sprechen; aber er weist uns auf eine Lebenswirklichkeit hin, die uns von der Last befreit, alles selber tun zu müssen.

● Das Seltsame an seinen Antworten, die er dem König gibt, liegt darin, daß er nicht von Gott Hilfe erwartet, sondern es für das Allerwichtigste hält, Gott zu preisen. Dafür ist der Mensch da! Wer so lebt, braucht die Zukunft nicht zu fürchten. Wenn Gott von den Menschen ohne Berechnung gepriesen wird, kann nichts schief gehen.

● Für Luther war das Beten kein Zeitverlust. „Ich habe heute soviel zu tun", sagte er einmal, „da muß ich mindestens fünf Stunden beten."

● Sicher klagen in unserer Zeit viele Menschen darüber, daß sie nicht mehr beten können. Welchen Rat sollen wir ihnen geben?
Mit dieser Klage, er könne nicht mehr glauben und beten, kam einmal ein Bruder zu einem alten Mönch. Er bat darum, vom Gottesdienst befreit zu werden, weil sein Herz starr und seine Gebete eine Lüge seien. Der alte Mönch sagte ihm: „Wenn du schon nicht beten kannst, dann gehe hin und schaue zu, wie deine Brüder beten."
Das war ein weiser Rat. Der Bruder wurde nicht gezwungen, wozu er nicht fähig war; aber er wurde auch nicht in seiner Unfähigkeit belassen.

● Der König hat mit dem Flickschuster ein raffiniertes Spiel getrieben. Gerade die Tätigkeit, die ihm am nächsten Tag den Verdienst bringen sollte, hat er ihm jeweils genommen.
Ob Gott mit uns oft nicht ähnlich verfährt? Gerade die Ideen, die wir als Chancen ansahen, kommen nicht zum Tragen; gerade die Menschen, auf die wir unsere Hoffnung setzen, werden uns genommen.

● Der geprüfte Flickschuster ist von einer unzerstörbaren Hoffnung erfüllt. Péguy, der Dichter der Hoffnung, hält gerade sie für schwierig.

Glauben ist einfach, und nicht zu glauben wäre unmöglich.
Lieben ist einfach, und nicht zu lieben wäre unmöglich.
Aber hoffen zu können, das ist das Schwere.

- Der Schuster wagt es, sich mit grenzenlosem Vertrauen auf Gott dem morgigen Tag auszuliefern, ohne eine Sicherheit zu haben. Für dieses Vertrauen wird er belohnt; er wird schließlich zum Ratgeber des Königs.
Ob wir nicht durch ein ähnliches Gottvertrauen völlig neue Tore aufstoßen könnten? „Wer neue Erdteile entdecken will, der muß den Mut haben, alle Küsten aus den Augen zu verlieren", hat André Gide gesagt.
- Auch die Liebe des Schusters zu seinem unbekannten Gast sollte nicht übersehen werden. Welche Phantasien hat er entwickelt, um das Geld für das abendliche Mahl zusammenzubekommen! Es ist wirklich wahr: Liebe macht erfinderisch.
- In meiner Eigenschaft als Sportpfarrer habe ich einmal einen portugiesischen Trainer in Deutschland, der ein Halskettchen mit einem Kreuz trug, gefragt, ob er es als Amulett oder Bekenntnis tragen würde. Seine Antwort lautete: „Ich bin vor zwanzig Jahren als junger Mensch nach Deutschland gekommen, habe hier allein gelebt. In den ersten vier Monaten habe ich mehr arbeiten müssen als mein ganzes Leben vorher. Oft habe ich abends auf meinem Bett gesessen und geweint. Aber dennoch: Ich habe mich immer an Gott gehalten, und er hat mich nie verlassen."
- Der Flickschuster lehrt uns, wie unser Leben gelingen kann. Er lenkt unseren Blick auf Gott, der uns Halt und Sicherheit gibt. In seinem Tun liegt auch eine Aufforderung, die Augen gegenüber den vielen kleinen Dingen des Alltags zu öffnen, die wir schon gar nicht mehr wahrnehmen.

Schrifttext

Deswegen sage ich euch: Sorgt euch nicht um euer Leben und darum, daß ihr etwas zu essen habt, noch um euren Leib und darum, daß ihr etwas anzuziehen habt. Ist nicht das Leben wichtiger als die Nahrung und der Leib wichtiger als die Kleidung? Seht euch die Vögel des Himmels an: Sie säen nicht, sie ernten nicht und sammeln keine Vorräte in Scheunen; euer himmlischer Vater ernährt sie. Seid ihr nicht viel mehr wert als sie? Wer von euch kann mit all seiner Sorge sein Leben auch nur um eine kleine Zeitspanne verlängern? Und was sorgt ihr euch um eure Kleidung? Lernt von den Lilien, die auf dem Feld wachsen: Sie arbeiten nicht und spinnen nicht.
Doch ich sage euch: Selbst Salomo war in all seiner Pracht nicht gekleidet wie

eine von ihnen. Wenn aber Gott schon das Gras so prächtig kleidet, das heute auf dem Feld steht und morgen ins Feuer geworfen wird, wieviel mehr dann euch, ihr Kleingläubigen! Macht euch also keine Sorgen und fragt nicht: Was sollen wir essen? Was sollen wir trinken? Was sollen wir anziehen? Denn um all das geht es den Heiden. Euer himmlischer Vater weiß, daß ihr das alles braucht. Euch aber muß es zuerst um sein Reich und um seine Gerechtigkeit gehen; dann wird euch alles andere dazugegeben.
Sorgt euch also nicht um morgen, denn der morgige Tag wird für sich selbst sorgen. Jeder Tag hat genug eigene Plage (Mt 6,25—34).

Gebet

Worauf sollen wir hören, sag uns worauf?
So viele Geräusche —
    welches ist wichtig?
So viele Beweise —
    welcher ist richtig?
So viele Reden —
    ein Wort ist wahr.

Wohin sollen wir gehen, sag uns wohin?
So viele Termine —
    welcher ist wichtig?
So viele Parolen —
    welche ist richtig?
So viele Straßen —
    ein Weg ist wahr.

Wofür sollen wir leben, sag uns wofür?
So viele Gedanken —
    welcher ist wichtig?
So viele Programme —
    welches ist richtig?
So viele Fragen —
    die Liebe zählt.

Lothar Zenetti

Interview

Wenn er kommt, der Besucher,
Der Neugierige und dich fragt,
Dann bekenne ihm, daß du keine
Briefmarken sammelst,
Keine farbigen Aufnahmen machst,
Keine Kakteen züchtest.
Daß du kein Haus hast,
Keinen Fernsehapparat,
Keine Zimmerlinde.
Daß du nicht weißt,
Warum du dich hinsetzt und schreibst,
Unwillig, weil es dir kein Vergnügen macht.
Daß du den Sinn deines Lebens immer noch nicht
Herausgefunden hast, obwohl du schon alt bist.
Daß du geliebt hast, aber unzureichend,
Daß du gekämpft hast, aber mit zaghaften Armen.
Daß du an vielen Orten zuhause warst,
Aber ein Heimatrecht hast an keinem.
Daß du dich nach dem Tode sehnst und ihn fürchtest.
Daß du kein Beispiel geben kannst als dieses:
Immer noch offen.

Marie Luise Kaschnitz

Anregungen für ein Gespräch

● Das Gedicht von Marie Luise Kaschnitz setzt eine Frage voraus. Vielleicht: „Wie geht es dir?" „Wie fühlst du dich?" „Was beschäftigt dich?" Die Antwort ist keine positive Beschreibung dessen, was den Befragten bewegt, sondern eine Aufzählung von Tätigkeiten, die er nicht tut. Die Dichterin nennt Briefmarken sammeln, Farbfotos machen, Kakteen züchten. Sie steigert ihre Antwort mit dem Hinweis auf Besitzstände: auch ein Haus oder ein Fernsehgerät besitzt sie nicht.
Warum diese Aufzählung? Wäre etwas gegen solche Besitzstände oder Tätigkeiten einzuwenden? Das sind doch alles schöne, vielleicht sogar wichtige Dinge.

Auffallend ist das Wort „bekenne“. Die Aufzählung von Tätigkeiten oder Eigentümern ist kein Bekenntnis.

● Marie Luise Kaschnitz will uns für unser Leben etwas Wichtiges sagen — und das ist wie ein Bekenntnis: Gebt euch nicht mit dem Vordergründigen und Vorläufigen zufrieden! Diese Dinge haben sicher einen Wert, aber sie genügen nicht; wir brauchen mehr, wir brauchen Tieferes, um leben zu können. Die Menschen haben unbeschreibliche Tiefen, aus denen sie schöpfen. Vielleicht hängt das mit ihrer Seele zusammen, die mit Vordergründigem nicht ernährt werden kann.

● Vieles müssen wir im Leben tun, wozu wir keine Lust haben. Das Briefeschreiben, zu dem wir uns zwingen, steht für anderes: Kranke besuchen, Weinende trösten, Notleidenden helfen. Natürlich ist es hilfreich, wenn wir unser Tun begründen können: Warum erziehen wir unsere Kinder? Warum nehmen wir am Gottesdienst teil? Warum stehen wir anderen in ihrem Leid bei? Der hl. Petrus hat von den Christen verlangt, jedem Rede und Antwort zu stehen, der nach der Hoffnung fragt, die sie erfüllt (1 Petr 3,15). Die Antwort auf die Frage „Warum“ ist gleichzeitig auch ein Stück Antwort auf die Frage nach dem Sinn. Wenn unser Tun ohne Sinn ist, wird unser Leben leer und überflüssig. Darum ist es hilfreich, wenn wir unser Handeln begründen können.

● Aber es gibt nicht für alles Tun überzeugende Begründungen, es gibt nicht für alle Ereignisse und Widerfahrnisse letzte Sinnbeschreibungen. Manchesmal bleibt die Frage „Warum?“ ohne Antwort und die Antwort nach dem Sinn wenig überzeugend. Dennoch müssen wir handeln und zu leben versuchen. In dieser Situation vergleicht uns Angelus Silesius mit einer Rose:

> Die Ros' ist ohn Warum;
> sie blühet, weil sie blühet,
> sie acht' nicht ihrer selbst,
> fragt nicht, ob man sie siehet.

● Der Sinn unseres Lebens fällt uns nicht automatisch in den Schoß; über den Sinn muß man nachdenken. Er beschäftigt uns immer wieder neu in den einzelnen Lebensphasen.

● Die Dichterin macht uns deutlich, daß alles von uns Eingebrachte unzureichend ist. „Wir haben unzureichend geliebt“, „nur mit zaghaften Armen gekämpft“; wir haben oftmals nur wenig helfen können und häufig unsere Ohnmacht erfahren.

Hinter all diesen Anklagen steht die Aufforderung, die in der letzten Zeile angedeutet wird, es mit dem zu versuchen, was außerhalb des Menschen liegt, außerhalb seiner Reichweite, außerhalb seiner Verfügungsgewalt, außerhalb des von ihm Machbaren. Hier zeigt sich der christliche Hintergrund des Gedichtes.

● Besonders die zwei folgenden Verse machen ihn deutlich. Auch wir Christen haben gerade in dieser mobilen Zeit an vielen Orten der Welt gelebt. Obwohl wir uns hier und da zu Hause gefühlt haben, mußten wir doch erkennen, daß es nicht unsere letzte Heimat ist. Selbst wer sich in Verzweiflung oder aus christlicher Überzeugung nach dem Tode und der Erlösung gesehnt hat, ist voller Angst vor dem letzten Schritt zurückgewichen.
Es hat keinen Zweck, allein auf sich selbst und auf das, was diese Erde vermag, seine Hoffnung zu setzen. Wir können uns nicht — wie Münchhausen — an den eigenen Haaren aus dem Sumpf ziehen. Unsere eigenen Positionslichter am Schiff helfen uns wenig; wir brauchen andere Lichter: Leuchttürme, Ideale oder Sterne.

● Ideale sind wie Sterne. Wir können sie mit unseren Händen nicht greifen; aber in der Dunkelheit weisen sie uns den Weg, um unser Ziel zu erreichen.

● Der wichtigste Satz ist der letzte: „Bekenne, daß du kein Beispiel geben kannst als dieses: immer noch offen". Nicht der Augenblick entscheidet mit seiner Vordergründigkeit, Sinnlosigkeit und Hoffnungslosigkeit. Offen ist der, der hören kann auf das Hintergründige, auf die Botschaft, auf das, was von außen kommt und der seine Hoffnung setzt auf das End-gültige, auf das also, was am Ende gültig ist. Offen ist der, der Gott einläßt.

Schrifttext

Am Tag darauf sah er Jesus auf sich zukommen und sagte: Seht, das Lamm Gottes, das die Sünde der Welt hinwegnimmt. Er ist es, von dem ich gesagt habe: Nach mir kommt ein Mann, der mir voraus ist, weil er vor mir war.
Auch ich kannte ihn nicht; aber ich bin gekommen und taufe mit Wasser, um Israel mit ihm bekanntzumachen.
Und Johannes bezeugte: Ich sah, daß der Geist vom Himmel herabkam wie eine Taube und auf ihm blieb.
Auch ich kannte ihn nicht; aber er, der mich gesandt hat, mit Wasser zu taufen, er hat mir gesagt: Auf wen du den Geist herabkommen siehst und auf wem er bleibt, der ist es, der mit dem Heiligen Geist tauft. Das habe ich gesehen, und ich bezeuge: Er ist der Sohn Gottes (Joh 1,29—34).

Gebet

Führ, liebes Licht, im Ring der Dunkelheit, führ du mich an!
Die Nacht ist tief, noch ist die Heimat weit, führ du mich an!
Behüte du den Fuß: der fernen Bilder Zug
begehr ich nicht zu sehn:
ein Schritt ist mir genug.

Ich war nicht immer so, hab nicht gewußt zu bitten: du führ an?
Den Weg zu schaun, zu wählen war mir Lust — doch nun: führ du mich an!
Den grellen Tag hab ich geliebt
und manches Jahr
regierte Stolz mein Herz, trotz Furcht:
vergiß, was war.

So lang gesegnet hat mich deine Macht, gewiß führst du mich weiter an,
durch Moor und Sumpf, durch Fels und Sturzbach, bis die Nacht verrann
und morgendlich der Engel Lächeln glänzt am Tor,
die ich seit je geliebt, und unterweils verlor.

John Henry Newman

Spuren der Liebe sind Wege ins Glück

Die Zaubermünze

Es gab einmal eine Stadt, in der lebten sehr geschäftige Menschen. Sie sagten stets „Ich" und waren sehr ernst und liefen hinter dem Geld und hinter der Zeit her. Sie sahen ihren Mitmenschen kaum, höchstens, wenn er ihnen im Wege war. Dann waren sie sehr böse. Sie besaßen fast alles. Doch eines war ihnen abhanden gekommen: das Lächeln. Und alles war sehr traurig.
Da sprach jemand zu sich: Eine solche Welt ist unmenschlich. Ich werde sie ändern. Und er holte aus dem Schubfach ein Erbstück, eine goldene Münze. Und er ging in die Fußgängerzone und schenkte die Münze einem Kind, einfach so. „Für dich", sagte er. Da schaute das Kind sehr verwundert und lief glücklich davon. Ich habe das Kind froh gemacht, dachte der Mann und freute sich.
„Schau, was ich habe", sagte das Kind und schenkte das Goldstück der Mutter. Da sah das Kind, wie die Mutter sich freute, und es freute sich mit. Und die Mutter schenkte die Münze einem armen Mann. Und der fand einen, der noch ärmer war. Und überall, wohin die Münze kam, da kam die Freude mit.
Wie eine ansteckende Gesundung ging's durch den Ort. Das Bild der Stadt änderte sich langsam von Tag zu Tag. Die Münze wurde zum Zeichen der Liebe. Und diese hatte verwandelnde Kraft und machte die Stadt zu einem Ort glücklicher Menschen.

Karl Tilke

Anregungen für ein Gespräch

- In welchen Ländern könnte die in der Erzählung genannte Stadt liegen? Wo findet man eine ähnliche Ausgangssituation?
- Was würde geschehen, wenn jemand in einer Fußgängerzone eine Rolle 1-DM-Stücke oder einzelne Blumen verteilte, um anderen eine Freude zu machen?
- Das Wörtchen „sehr" darf nicht übersehen werden. Ohne Geschäftigkeit können wir in unserer Gesellschaft wohl kaum noch leben. Aber wo es „sehr" geschäftig zugeht, da werden unmenschliche Konsequenzen sichtbar: Die Menschen können nur noch „Ich" sagen, sie sind nur noch hinter dem Geld

und der Zeit her, obwohl sie fast alles besitzen; sie sehen ihre Mitmenschen nicht mehr, sie können auch nicht mehr lachen.
Welche weitere Beschreibung könnte man von einer Welt geben, in der Menschen nur noch „Ich“ sagen können?

- Heute wird unsere Gesellschaft zuweilen als Ellbogengesellschaft bezeichnet. Mit dem Ellenbogen werden andere beiseitegeschoben, damit das Ich sich durchsetzen kann.
- J. P. Sartre hat in seinem aufregenden Schauspiel „Der Teufel und der liebe Gott“ für eine solche Welt die theoretische Grundlage geschaffen bzw. dieser Welt den Spiegel vorgehalten: „Was da war, war einzig ich.“
- Nicht nur in der Gesellschaft herrscht weithin dieses eiserne Gesetz des „Ich“, nicht nur im beruflichen Konkurrenzkampf, nicht nur in der Auseinandersetzung der Rassen, sozialen Schichten und Völker, nicht nur im sportlichen Leistungsvergleich, wo oft viel Geld auf dem Spiel steht, sondern auch in Familien, in denen Eltern und Kinder zerstritten sind und unterschiedliche Interessen, Meinungen und Wertvorstellungen aufeinanderprallen. Frauen, die für Gleichberechtigung eintreten, stoßen auf den Widerstand der Männer, und oft ist sogar zwischen Ehepartnern ein Klima entstanden, das allein vom Ich bestimmt wird. Es gibt zahlreiche Gründe, warum es in vielen Familien so traurig aussieht, nicht zuletzt, weil das Ja zum Leben von der Vorherrschaft vordergründiger Interessen verdrängt wird oder uns soviele lästige Menschen im Wege stehen.
- Wer nur „Ich“ sagen kann, macht die Welt unmenschlich. Das einseitig vorgetragene Ich ist das Zeichen des unerlösten Menschen.
- Die Erzählung macht deutlich, daß alles Klagen über eine solche Welt nicht weiterhilft. Einer muß sich finden und gegen dieses Klima angehen. Wer ist dieser Jemand?
- Was ist das für eine Zaubermünze, die von Hand zu Hand wandert? Was ist das für ein Geschenk, das überall Freude auslöst und von ansteckender Gesundung spricht? Was können wir an unsere Konkurrenten verschenken?
- Ein einziger kleiner Anfang mit einer guten Tat kann eine Kettenreaktion auslösen. Liebe ist immer erfolgreich!
- Unsere Mutter hat uns gelehrt, stets unter uns, nie über uns zu schauen. Immer gibt es Menschen, die ärmer sind als wir. Für solche, die unter uns stehen, wäre die Zaubermünze bestimmt.
- Die Zaubermünze muß kein Geldstück sein. Schon ein freundliches Lächeln könnte Wunder wirken oder die Feststellung: „Du bist wichtig für mich. Wenn du nicht wärest, würde mir der Mitspieler fehlen, der Gesprächspartner, der Wegweiser, der Ehepartner, der korrigierende Helfer, derjenige, dem ich Gutes tun kann.“ Ein solches Wort würde den anderen glücklich machen, weil

er erfährt, daß er gebraucht wird, eine Aufgabe hat, sein Leben sinn-voll ist. Das Wort „Du bist wichtig für mich" verändert eine Lage; da wird nicht mehr Ich, sondern Du gesagt.

- Die Zaubermünze könnte auch mit dem Wort umschrieben werden: „Siegen ist schön, Freunde haben ist wichtiger."
- Wo der andere nicht als Störenfried, sondern als Aufgabe gesehen wird, da steht das Du im Vordergrund.
- Um Du sagen zu können, muß man sich in den anderen hineindenken, in seine Herkunft, seine Probleme und Nöte. Spannungen entstehen da, wo man anderen seine eigenen Vorstellungen aufzwingen will. Auf die Ehrfurcht kommt es an, „damit der Mensch nach allen Seiten hin ein Mensch sei" (Goethe).
- Sogar ein Kreuz kann eine Zaubermünze sein, wenn man es nicht zurückstößt. „Man wandelt nur das, was man annimmt" (C.G. Jung).
- Wir könnten keine Zaubermünzen verschenken, wenn wir sie selbst nicht bekommen hätten. Sie werden weitergegeben von Generation zu Generation, von Eltern zu Kindern — zuweilen auch in umgekehrter Richtung. Aber einer hat das Erbstück aus dem Schubfach genommen: Jesus von Nazareth. Er hat in seinem Leben niemals Ich, sondern immer nur Du gesagt. Er ist der Jemand.
- „Die Sehnsucht Gottes ist der Mensch", hat Augustinus gesagt. Hier zeigt sich: Das Urbild drängt zum Abbild; das gilt aber auch umgekehrt, weil Liebe immer Gegenliebe provoziert. Das Ich Gottes sucht das Du des Menschen, um ihn aus seiner eigenen Gefangenschaft und Fessel zu befreien. Das ist die Zaubermünze, die weiterzugeben wir berufen sind.
- Und noch etwas ist ganz wichtig: Die Münze, die Jesus Christus verschenkt hat, war er selbst. Wenn wir diese Münze annehmen, sagen wir Du. Mit dieser Münze sind wir ein Licht, das die Welt menschlich macht.

Schrifttext

Jesus sagte zu seinen Jüngern: Wer mein Jünger sein will, der verleugne sich selbst, nehme sein Kreuz auf sich und folge mir nach. Denn wer sein Leben retten will, wird es verlieren; wer aber sein Leben um meinetwillen verliert, wird es gewinnen (Mt 16,24f).

Gebet

Herr, unser Gott!
Manchmal fühle ich mich wie ein Licht.

Wie eine Kerze, die im Dunkeln leuchtet.
Ich habe genug Wachs, um zu brennen.
Aber mit meiner Flamme habe ich es oft schwer.
Kommt ein Luftzug oder ein stärkerer Wind,
dann flackere ich, dann werde ich unruhig
und habe Angst, im nächsten Augenblick zu verlöschen.
Manchmal brenne ich aber auch hell. So hell, daß das
Dunkel um mich ein bißchen heller und wärmer
und freundlicher wird.
Manchmal ist meine Flamme groß und stark.
Manchmal ist sie winzig klein.
So klein, daß sie kaum noch zu sehen ist.
So klein, daß sie fast aus ist.
Guter Gott, schenke mir Kraft, wenn die kleine Flamme
ganz winzig wird und angstvoll flackert,
wenn es immer dunkler und kälter wird.
Mach mich so stark, daß ich wieder aufflackern kann,
wieder groß und hell werden darf.
Hilf mir, Gott, daß ich weiter brennen kann.
Hilf mir, daß ich für dich brennen werde.

Rolf Krenzer

Der Bäcker von Paris

An der Jakobstraße in Paris liegt ein Bäckerladen; da kaufen viele hundert Menschen ihr Brot. Der Besitzer ist ein guter Bäcker. Aber nicht nur deshalb kaufen die Leute des Viertels dort gern ihr Brot. Noch mehr zieht sie der alte Bäcker an: der Vater des jungen Bäckers. Meistens ist nämlich der alte Bäcker im Laden und verkauft.
Dieser alte Bäcker ist ein spaßiger Kerl. Manche sagen: Er hat einen Tick. Aber nur manche; die meisten sagen: Er ist weise, er ist menschenfreundlich. Einige sagen sogar: Er ist ein Prophet. Aber als ihm das erzählt wurde, knurrte er vor sich hin: „Dummerei ..."
Der alte Bäcker weiß, daß man Brot nicht nur zum Sattessen brauchen kann, und gerade das gefällt den Leuten. Manche erfahren das erst beim Bäcker an der Jakobstraße, zum Beispiel der Omnibusfahrer Gerard, der einmal zufällig in

den Brotladen an der Jakobstraße kam. „Sie sehen sehr bedrückt aus", sagte der alte Bäcker zum Omnibusfahrer.
„Ich habe Angst um meine kleine Tochter", antwortete der Busfahrer Gerard. „Sie ist gestern aus dem Fenster gefallen, vom zweiten Stock."
„Wie alt?" fragte der alte Bäcker.
„Vier Jahre", antwortete Gerard.
Da nahm der alte Bäcker ein Stück vom Brot, das auf dem Ladentisch lag, brach zwei Bissen ab und gab das eine Stück dem Busfahrer Gerard.
„Essen Sie mit mir", sagte der alte Bäcker zu Gerard, „ich will an Sie und Ihre kleine Tochter denken."
Der Busfahrer Gerard hatte so etwas noch nie erlebt, aber er verstand sofort, was der alte Bäcker meinte, als er ihm das Brot in die Hand gab. Und sie aßen beide ihr Brotstück und schwiegen und dachten an das Kind im Krankenhaus. Zuerst war der Busfahrer Gerard mit dem alten Bäcker allein. Dann kam eine Frau herein. Sie hatte auf dem nahen Markt zwei Tüten Milch geholt und wollte nun eben noch Brot kaufen. Bevor sie ihren Wunsch sagen konnte, gab ihr der alte Bäcker ein kleines Stück Weißbrot in die Hand und sagte: „Kommen Sie, essen Sie mit uns: Die Tochter dieses Herrn liegt schwer verletzt im Krankenhaus — sie ist aus dem Fenster gestürzt. Vier Jahre ist das Kind. Der Vater soll wissen, daß wir ihn nicht allein lassen." Und die Frau nahm das Stück Brot und aß mit den beiden. — So war das oft in dem Brotladen, in dem der alte Bäcker die Kunden bediente. Aber es passierte auch anderes, über das sich die Leute noch mehr wunderten. Da gab es zum Beispiel eine Geschichte mit Gaston:
An einem frühen Morgen wurde die Ladentür aufgerissen, und ein großer Kerl stürzte herein. Er lief vor jemandem fort; das sah man sofort. Und da kam ihm der offene Bäckerladen gerade recht. Er stürzte also herein, schlug die Tür hastig hinter sich zu und schob den Riegel von innen vor.
„Was tun Sie denn da?" fragte der alte Bäcker. „Die Kunden wollen zu mir herein, um Brot zu kaufen. Machen Sie die Tür sofort wieder auf."
Der junge Mann war ganz außer Atem. Und da erschien vor dem Laden auch schon ein Mann wie ein Schwergewichtsboxer, in der Hand eine Eisenstange. Als er im Laden den jungen Kerl sah, wollte er auch hinein. Aber die Tür war verriegelt.
„Er will mich erschlagen", keuchte der junge Mann.
„Wer? Der?" fragte der Bäcker.
„Mein Vater", schrie der junge Mann, und er zitterte am ganzen Leibe. „Er will mich erschlagen. Er ist jähzornig. Er ist auf neunzig!"
„Das laß mich nur machen", antwortete der alte Bäcker, ging zur Tür, schob den Riegel zurück und rief dem schweren Mann zu: „Guten Morgen, Gaston!

Am frühen Morgen regst du dich schon so auf? Das ist ungesund. So kannst du nicht lange leben. Komm herein, Gaston. Aber benimm dich. Laß den Jungen in Ruh! In meinem Laden wird kein Mensch umgebracht."
Der Mann mit der Eisenstange trat ein. Seinen Sohn schaute er gar nicht an. Und er war viel zu erregt, um dem Bäcker antworten zu können. Er wischte sich mit der Hand über die feuchte Stirn und schloß die Augen. Da hörte er den Bäcker sagen: „Komm, Gaston, iß ein Stück Brot; das beruhigt. Und iß es zusammen mit deinem Sohn, das versöhnt. Ich will auch ein Stück Brot essen, um euch bei der Versöhnung zu helfen." Dabei gab er jedem ein Stück Weißbrot. Und Gaston nahm das Brot, auch sein Sohn nahm das Brot. Und als sie davon aßen, sahen sie einander an, und der alte Bäcker lächelte beiden zu. Als sie das Brot gegessen hatten, sagte Gaston: „Komm, Junge, wir müssen an die Arbeit."

Heinrich A. Mertens

Anregungen für ein Gespräch

- Bedenke zunächst:

  Die Ähre
  Ist ein Geschöpf Gottes wie du.
  Das Weizenkorn
  Wächst nicht in der Fabrik.

  Es braucht das Licht,
  Windatem und Ruh,
  Es ist auf dem Acker geboren.

  Bedenke es wohl:
  Nie können Menschen,
  In keiner Not,
  Ein Kornfeld erfinden.

  Frucht trägt die Erde allein.
  Immer ist Gabe Gottes
  Unser tägliches Brot (Walter Franke).

- Brot ist mehr als Brot. Sicher, Brot ist ein Lebens-Mittel, ein Mittel zum Leben. Wir essen es, um satt zu werden. Das Brot enthält viele wichtige Nährstoffe, die wir zum Leben brauchen. Es ist so wichtig, daß es sogar ein Zeichen für die Nahrung überhaupt ist. In der Vater-unser-Bitte „unser tägliches Brot gib uns heute" wird das deutlich. Wir brauchen Nahrung, wenn wir überleben wollen. Die riesige Zahl der täglich in der Welt verhungernden Menschen ist ein grausamer Wahrheitsbeweis. Wer nicht ißt, muß sterben.

- Dennoch wissen gerade wir, die wir täglich genug zu essen haben und satt werden: Essen ist zu wenig; das Satt-werden hilft nicht, um zufrieden zu sein und das Leben zu bestehen. Wenn früher viele Menschen Angst vor dem Tode hatten und heute sich viele vor dem Leben fürchten, dann erkennen wir, wie wenig das irdische Satt-sein ausreicht.

Brot ist mehr als Brot!

- Brot ist ein Hinweis. Die Geschichte aus Paris zeigt uns, daß man das Brot brechen kann, um anderen Menschen zu helfen. Das Teilen kann wichtig sein für den Hungernden: Man gibt von seinem Besitz einen Teil ab, so daß auch er zu essen bekommt. Man kann das Brot aber auch brechen, um einem anderen in seinen seelischen Nöten, in Sorge, Leid und Streit beizustehen. Das Teilen des Brotes wird so zum Zeichen der Sym-pathie, des Mit-Leidens, der Bereitschaft, das Kreuz des anderen mittragen zu wollen. Das Brechen des Brotes mit einem Notleidenden signalisiert, daß man ihn in seiner Not nicht allein lassen will.

- Das Brot beruhigt, es versöhnt zerstrittene Menschen. Beim Brechen des Brotes in der eucharistischen Mahlfeier sprechen wir vom „Opfer der Versöhnung".

- Wir müssen das Brot teilen, um zufriedener zu werden.

Wir müssen das Brot teilen, um glücklich zu sein.

Wie du den Himmel
nicht allein haben kannst,
mußt du das Brot
mit den anderen teilen.
Das Brot ist der Himmel.
Wie der Anblick der Sterne am Himmel
allen gemein ist,
mußt du das Brot mit den anderen
zusammen essen.
Das Brot ist der Himmel.
Kommt das Brot in deinen Mund hinein,
nimmt dein Körper den Himmel auf.
Das Brot ist der Himmel.

Ja, das Brot muß man teilen (Kim Chi Ha).

- Wenn unbekannte Menschen miteinander in Kontakt treten, stellen sie sich vor; sie nennen ihren Namen. Im Laufe der Zeit erzählen sie mehr von sich; sie sprechen über ihren Beruf, ihre Interessen, ihre Schicksale. Der Gesprächspartner darf und soll das wissen. So hat sich auch Gott im Alten Testament vorgestellt, etwa: „Ich bin, der für dich da ist" (Ex 3,14), oder: „Ich bin Jahwe, dein Gott, der dich aus Ägypten, dem Sklavenhaus, herausgeführt hat" (Ex 20,1f). Auch Jesus hat sich mit vielen Namen vorgestellt; einer lautet: „Ich bin das Brot" (Joh 6,35). Das Brot als Name Jesu! Und da der Name oft das Wesen bezeichnet, ist das Brot auch eine Beschreibung für das Wesen Jesu.

- Das Brot ist nie für sich, es ist immer für andere da; es will sich immer verschenken, möchte nur Nahrung für andere sein und vor dem Hunger und dem Tode bewahren. Dieses Brot ist Jesus Christus. Wie das Brot will er nur für andere da sein, sich als Nahrung verschenken und sie vor dem Tode bewahren.
- Alles menschliche Leben scheitert am Tode; er ist der Zerstörer des Menschen. Darum fügt Jesus seinem Brotnamen noch eine Qualifizierung bei: „Ich bin das Brot des Lebens" (Joh 6,35). Dieses Brot wird zum Sieger über den Tod.
- Die Menschen sagen: „Gegen den Tod ist kein Kraut gewachsen". Jesus stellt dagegen: Es gibt ein Lebensbrot; „wer dieses Brot ißt, wird in Ewigkeit leben" (Joh 6,58).
- Die Erzählung von Paris mit der vertieften Deutung durch das Leben Jesu ist eine Aufforderung an uns, füreinander zum Brot zu werden.
- Und gib, daß es mir niemals fehlt
an dem, wonach ihr Herz sich quält:
ein bißchen Brot und viel Erbarmen (Ernst Wiechert).
- Ein Stück Brot
in meiner Hand
mir gegeben
    daß ich lebe
    daß ich liebe
    daß ich Speise bin
    für die anderen (Lothar Zenetti).

Schrifttext

Dann nahm Jesus die Brote, sprach das Dankgebet und teilte an die Leute aus, soviel sie wollten; ebenso machte er es mit den Fischen. Als die Menge satt war, sagte er zu seinen Jüngern: Sammelt die übriggebliebenen Brotstücke, damit nichts verdirbt. Sie sammelten und füllten zwölf Körbe mit den Stücken, die von den fünf Gerstenbroten nach dem Essen übrig waren. Als die Menschen das Zeichen sahen, das er getan hatte, sagten sie: Das ist wirklich der Prophet, der in die Welt kommen soll (Joh 6,11–14).

Gebet

wir brechen das brot
wir teilen das leben
wir üben das geben
    mit männern
    und frauen
    mit alten
    und grauen
    mit mädchen
    und jungen
    mit traurigen
    fragenden
    lachenden
    zagenden
    glücklichen
    klagenden
wir brechen das brot
wir teilen das leben
wir üben das geben
    mit müden
    und matten
    mit armen
    und satten
    mit großen
    und kleinen
    mit wartenden
    hoffenden
    zögernden
    offenen
    wissenden
    schweigenden
wir brechen das brot
wir teilen das leben
wir üben das geben.

Wolfgang Schmölders

Die beiden Tibetaner

Als ich mit einem Tibetaner im Gebirge im Schneesturm wanderte, sah ich einen Mann, der im Schnee den Abhang hinuntergestürzt war. Ich sagte: „Wir müssen hingehen und ihm helfen." Er erwiderte: „Niemand kann von uns verlangen, daß wir uns um ihn bemühen, während wir selber in Gefahr sind umzukommen." ... Er wandte sich ab und ging seines Weges. Ich stieg zu dem Verunglückten hinunter, hob ihn mühsam auf meine Schultern und trug ihn bergan. Durch die Anstrengung wurde mir warm, und meine Wärme übertrug sich auf den vor Kälte steifen Verunglückten. Unterwegs fand ich meinen früheren Begleiter. Müde, wie er war, hatte er sich im Schnee niedergelegt und war erfroren.
Ich hatte einen Menschen retten wollen, aber ich rettete mich selbst.

Dieter Gläsche

Anregungen für ein Gespräch

● Die Liebe lebt vom Opfer. Wer das nicht begreift, wird nicht zur wahren Liebe fähig sein. Bei ihr geht es zunächst um das Du, nicht um das Ich. Wer aber das Du in den Vordergrund stellt, muß sein Ich zurücknehmen; das geht nicht ohne Opfer und Verzicht.
Der eine der beiden Tibetaner hat das begriffen, der andere nicht.

● Die Erzählung weist darauf hin, daß helfende Liebe zuweilen mit einem Risiko verbunden ist. Das weiß der Feuerwehrmann, der Tätige im Seenotrettungsdienst, die Bergwacht, wenn es sich hier oft auch um Berufe handelt. Aber jeder Bürger fühlt sich herausgefordert, wenn er in seiner Umgebung einen Menschen in Not sieht. Rettungsversuche bei Verkehrsunfällen sind dafür überzeugende Beispiele.

● Ein Helfer denkt nicht an seinen eigenen Vorteil; er ist darauf aus, einen in Not geratenen Mitmenschen zu befreien. Berechnung zerstört die Liebe; dennoch aber gibt es einen Segen der Liebe — nicht nur für den Geliebten, sondern auch für den Liebenden. Liebe zahlt sich aus!
Der Helfer hat den Segen der Liebe erfahren dürfen.

● Der abgestürzte Wanderer weist auf alle diejenigen hin, die sich selbst nicht mehr helfen können. Viele kommen aus ihrer irdischen Hölle mit eigener Kraft nicht mehr heraus. Sie bedürfen der Helfer.

● Jesus wurde als der Retter der Welt bezeichnet. Da er vor 2000 Jahren gelebt hat, müssen wir uns darüber klar sein, daß es nicht genügt, aus der Erinnerung zu schöpfen. Das Leben muß heute gelebt und bestanden sein. Jesus hat zum Beginn seines Wirkens seinen Dienst an den Menschen und den Inhalt seiner Botschaft umschrieben (vgl. Lk 4,18f).

- „Den Armen eine gute Nachricht bringen." Wer sind die Armen heute? Sind es diejenigen, die kein Geld haben, denen das Existenzminimum fehlt, oder die, die sich überflüssig vorkommen, die nicht mehr gebraucht werden? Sind die Armen heute die Arbeitslosen?
- „Den Blinden das Augenlicht geben." Wer sind die Blinden heute? Sind es diejenigen, die ihr Augenlicht verloren haben oder vielmehr die Orientierungslosen, Hoffnungslosen, Lebensmüden?
- „Den Gefangenen die Entlassung verkünden." Wer sind die Gefangenen heute? Sind es die Strafgefangenen in den Strafvollzugsanstalten? Sind es die Inhaftierten im Osten, in Afrika oder Südamerika? Oder sind es vor allem für uns die Gefangenen des Wohlstands, des Fortschritts, die Gefangenen ihrer selbst? Sind es diejenigen, die aus Angst vor einer unberechenbaren Zukunft die Gegenwart auskosten wollen? Sind es die Einsamen in den Städten, die Isolierten in ihren Wohnungen?
- Gibt die Erzählung nicht auf, darüber nachzudenken, wie wir denen, die den „Abhang hinabgestürzt" sind, heute helfen können?
- Es gibt ein Wort, das die Welt nicht kennt, das Wort „Barmherzigkeit". Überall, wo es in dieser Welt Barmherzigkeit gibt, wird der Einfluß des Christentums sichtbar. Der unverdächtigte Zeuge Heinrich Böll hat gesagt: „Ich schätze das Christentum über alles — wegen des Wortes Barmherzigkeit."
In der hebräischen Sprache hat das Wort „Barmherzigkeit" die gleiche Wurzel wie das Wort „Mutterleib". Das ist Barmherzigkeit: den anderen Menschen — mit seiner Schuld, mit seiner anderen Auffassung, mit seiner ablehnenden Haltung — in seinem Schoß tragen.
- „Einer trage des anderen Last; so werdet ihr das Gesetz Christi erfüllen" (Gal 6,2), hat der heilige Paulus geschrieben.

Schrifttext

Der Geist des Herrn ruht auf mir; denn der Herr hat mich gesalbt. Er hat mich gesandt, damit ich den Armen eine gute Nachricht bringe; damit ich den Gefangenen die Entlassung verkünde und den Blinden das Augenlicht; damit ich die Zerschlagenen in Freiheit setze und ein Gnadenjahr des Herrn ausrufe (Lk 4,18f).

Gebet

Eine Brücke laßt uns bauen,
von hier bis an des Himmels Rand,
eine Brücke aus Vertrauen,
jedem Menschen, jedem Land.

Wie stark soll unsere Brücke sein?
Sie soll alle Menschen tragen, alle Menschen, die es wagen,
zur Gewohnheit nein zu sagen: so stark soll unsre Brücke sein.
Eine Brücke laßt uns bauen ...

Wie breit soll unsre Brücke sein?
Daß Hand in Hand die Menschen schreiten, daß man Blinde kann geleiten,
daß man Lahme kann begleiten: so breit soll unsre Brücke sein.
Eine Brücke laßt uns bauen ...

Wie lang soll unsre Brücke sein?
Daß sie den Abgrund überwindet, daß jedermann den Himmel findet,
daß sie die Welt mit Gott verbindet: so lang soll unsre Brücke sein.
Eine Brücke laßt uns bauen ...

Josef Reding

Die Legende von der Verkündigung des Lichts

Nach dem siebten Jahr sprach der Meister zu seinen drei Söhnen: „Lange genug habe ich eure Flamme in der Einsamkeit gespeist, nun aber ist die Fackel in meiner Hand niedergebrannt, und ihr Feuer vermag euch keine Wärme mehr zu geben. Darum geht hinaus und tragt das Licht in die Finsternis der Menschen, wie euch gesagt ist. Nach abermals sieben Jahren aber sollt ihr hier wieder zusammenkommen, um Rechenschaft abzulegen über Gutes und Schlechtes, über Getanes und Ungetanes."
Und sie nahmen das Feuer und gingen aus der Einsamkeit des Lichtes fort in die Welt der Finsternis. Der Blick des Meisters aber folgte ihnen.
So wartete er, bis sich das Jahr zum siebten Male gewendet hatte, dann trat er unter die Tür seiner Klause und schaute nach seinen drei Söhnen aus. Die Sonne stand noch früh im Aufgang, da erblickte der Meister im Osten eine ferne Gestalt, und nach einer Weile erkannte er, daß es sein jüngster Sohn war. Er trug

eine ärmliche Kleidung, seine Wangen waren eingefallen; aber seine Augen waren froh und hatten einen unbekümmerten Glanz. Als er die niedrige Klause erreicht hatte, trat er vor den Meister hin, verneigte sich demütig und sprach: „Vater, die sieben Jahre sind um, und ich kehre wieder heim zu euch. Ich komme schon früh am Morgen, denn ich habe nichts, was mich bei den Menschen noch hält, und sie brauchen mich nicht mehr. Als ich auszog, suchte ich, und die ich würdig fand, liebte ich und machte sie hell mit meinem Licht. Als sie aber das Licht erkannt hatten, ließ ich sie ziehen, und nun tragen sie es weiter und lassen ihre Auserwählten das Erfahrene wissen. Ich aber bin unerkannt geblieben, und nun komme ich zurück, und meine Hände sind leer. Sagt, habe ich eure Weisung nach eurem Willen erfüllt?"
Der Meister aber hörte seine Rede und schwieg. –
Als die Sonne im Mittag stand, erblickte der Meister im Süden wiederum eine ferne Gestalt, und nach einer Weile erkannte er, daß es sein zweiter Sohn war. Sein Kleid war einfach, aber von gutem Tuch, seine Wangen waren bleich und wie von Fieber überflackert, und in seinen Augen brannte ein fremdes Feuer. Mit Verwunderung blickte er auf seinen jüngeren Bruder und dessen armselige Kleidung, dann aber trat er vor den Meister hin, begrüßte ihn und sprach: „Vater, die sieben Jahre sind verflossen, nun bin ich gekommen und will euch Rechenschaft geben. Als ich auszog, suchte ich, und die ich würdig fand, machte ich meinem Willen untertan. Ich zeigte ihnen das Licht, und nun verehren sie mich und folgen mir nach, wohin ich sie immer führe. Darum bitte ich euch: Wenn ihr euer Urteil gesprochen habt, so lasset mich wieder ziehen, denn meine Jünger sagten bei meinem Fortgang: 'Herr, was sind wir ohne dich, und wohin sollen wir gehen, wenn du uns den Weg nicht zeigst? Komme wieder!' Und sie gerieten in Trauer und wollten mich halten. Darum, Vater, kam ich erst am Mittag, denn sie ließen mich erst, als ich ihnen versprach, wieder zurückzukehren. Jetzt sagt: Habe ich eure Weisung gerecht und nach eurem Willen erfüllt?"
Der Meister aber hörte seine Rede und schwieg. –
Als die Sonne schon spät im Untergang stand, da erblickte der Meister im Westen abermals eine ferne Gestalt, und als er sie sah, wußte er, daß es sein ältester Sohn war. Dieser aber war reich geschmückt und trug Kleider aus feinstem Stoff. Seine Wangen waren gesund und üppig, doch der Glanz seiner Augen war stumpf und wie erloschen.
Als er an der Klause anlangte, blickte er zuerst geringschätzig auf seinen jüngsten, dann mit Verwunderung auf seinen mittleren Bruder, schließlich aber trat er auf den Meister zu und sprach: „Entschuldigt, daß ich erst spät am Abend zu euch komme, aber ich hatte viel Arbeit, und mein Weg war weit. Nun hört, wie ich eure Worte befolgt habe: Als ich fortzog und zu den Menschen ging, fand ich manche, die sehen wollten und nicht sahen, und viele, die sahen und

nicht sehen wollten. Allen zeigte ich das Licht, doch ich merkte, daß die vielen das Licht nicht ertrugen und durch seinen Strahl geblendet wurden. Da verhüllte ich den Glanz, und die Flamme verbrannte nicht mehr, sondern sie leuchtete nur noch. Nun aber folgten sie dem milden Schein, und ich ging in alle Städte und kündete das Licht. Überall, wo ich war, reden die Menschen von diesem Licht und mühen sich, es zu erkennen. Sie feiern Feste des Lichtes und vollbringen Taten in seinem Zeichen. Ich aber habe ihre Ehrungen und Liebe genossen und habe sie empfangen für euch, Vater. Darum sagt: Habe ich eure Weisung gerecht und gut nach eurem Willen erfüllt?"

Der Meister aber hörte seine Rede und schwieg. –

Als die Sonne versunken war, kehrte er sich zu seinen Söhnen und sprach folgendermaßen: „Seid mir nach eurer Wanderung willkommen. Ich habe eure Worte gehört und werde zur rechten Stunde das Meinige sagen. Erst aber geht in die Hütte, wo Speise und Trank zu eurer Stärkung stehen. Dort sollt ihr warten, bis ich wiederkomme."

Als der Meister so gesprochen hatte, verließ er sie und ging nach Norden und die Nacht verhüllte ihn.

Die Söhne aber betraten die Hütte, nahmen Speise und Trank und warteten auf den Meister. Da die Stunde der Mitternacht gekommen war, kehrte der Meister wieder zurück, entzündete die Lampe und sprach: „So sollt ihr hören, was ich in der Einsamkeit erfahren habe."

Und er ging zum ältesten Sohn und begann zu sprechen: „Als du fortgingst, gab ich dir das Licht in seiner ganzen Fülle, als aber die Menschen nicht zu dir heraufsahen, bist du zu ihnen hinabgestiegen, und um der Menschen willen hast du die Reinheit des Lichtes getrübt. Wie ein Gaukler auf dem Jahrmarkt hast du das Heilige preisgegeben, hast dich umschreien und umjubeln lassen. Den Unwürdigen hast du deine getrübte Wahrheit geschenkt, die sie nicht begreifen konnten. Sieh, in deinem Namen folgen sie nun ihrem kleinen Irrtum und entweihen Heiligtümer. Denn wisse: Nicht lehren sollst du, sondern wissen lassen; das Niedrige kann den Stern nicht verstehen und nur die Reinen können die Flamme ertragen, ohne darin zu verbrennen. An meinem Wort bist du zum Scharlatan geworden. – Geh! Ich erkenne dich nicht mehr." –

Danach kehrte sich der Meister zu seinem zweiten Sohn und sprach ebenso: „Auch dir gab ich das Licht, und du hast meine Weisung schon besser verstanden. Du hast das Licht nicht verhüllt, sondern es strahlen lassen in seiner ganzen Helle. Und doch bist du noch mehr mit Schuld beladen als jener: Um deinetwillen hast du vergessen, daß auch du nur ein Diener des Lichtes bist. Nicht an das Licht hast du die Menschen gebunden, sondern an dich selbst. Wo du geben solltest, wolltest du besitzen, und wo du dienen solltest, wolltest du selber Gott sein. Nicht für die Wahrheit hast du gewirkt, sondern für deinen kleinen eitlen Ehrgeiz. Sieh deine Jünger an, die du dem Licht geraubt und der Wahrheit entzogen hast, und wisse auch du: Nicht dem Holze solltest du dienen, sondern der Flamme. Du aber bist an meinem Wort zum Verräter geworden. – Geh! Ich erkenne dich nicht mehr!" –

Dann ging der Meister zu seinem jüngsten Sohn, umarmte ihn und sprach: „Du aber bist mein wahrer Sohn. Du hast das Licht weder verhüllt noch verraten, selbstlos hast du dich hingegeben, und die du hell gemacht hast, hast du nicht in der Enge des Herzens gehalten, als sie die Weite wählten. Mit leeren Händen kommst du, darum wirst du die Fülle haben, wie du die Liebe schon hast. An meinem Wort bist du zum Propheten geworden, und weil dich alle verkannt haben, will ich dich erkennen als meinen eigenen Sohn."

Stefan Gräffshagen

Anregungen für ein Gespräch

- Die drei Söhne stehen für die Christen, die in die Welt gesandt sind, den Menschen das Licht Gottes zu bringen, das Licht seiner Botschaft, seiner Liebe. Weil die Menschen in der Finsternis leben, brauchen sie dieses Licht.
Alle drei Söhne erhalten denselben Auftrag von ihrem Meister; aber sie erfüllen ihn unterschiedlich.
- „Die Finsternis der Menschen" ist nicht moralisch gemeint, sondern eine Beschreibung ihrer Existenzsituation; die Menschen leben ohne das Licht ziel- und richtungslos dahin, sie können ihren Weg nicht erkennen.
- „Wenn jemand am Tag umhergeht", sagt Jesus, „stößt er nicht an, weil er das Licht dieser Welt sieht; wenn aber jemand in der Nacht umhergeht, stößt er an, weil das Licht nicht in ihm ist" (Joh 11,9f).
- Man sollte lange darüber sprechen, warum und wo in der Welt Finsternis ist. Auch wenn die eigene Umgebung hell erscheint, sollte man sich den Blick für die Finsternis nicht verstellen lassen. So wie der Dichter sagt:

> Wenn der Frühling grünes Gras
> wachsen läßt im Wind,
> frage, ob nicht hinterm Zaun
> tote Wiesen sind.
>
> Wenn der Sommer Kirschen gibt,
> weil die Sonne scheint,
> frage, ob im andern Land
> man vor Hunger weint.

Wenn im Herbst die Lichter glühn,
abends in der Stadt,
frage, ob der Nachbar auch
helle Fenster hat.

- Das Licht spielt in der Bibel und im Munde Jesu eine große Rolle: „Ich bin das Licht der Welt. Wer mir nachfolgt, wird nicht in der Finsternis gehen, sondern er wird das Licht des Lebens haben" (Joh 8,12).

Jesus sagt aber auch: „Ihr seid das Licht der Welt" (Mt 5,14), und in dieser Berufung muß es zu den Menschen getragen werden. Das Evangelium spricht bei diesem Auftrag gleichzeitig vom „Zeugnis geben". Je mehr die Gesendeten in der Nachfolge Jesu stehen, um so mehr wird das Licht leuchten, um so mehr werden sie überzeugen können.

- Die drei Söhne zeigen die Gefahren auf, denen die Lichtträger in der Welt ausgesetzt sind.

Der älteste Sohn hat Kompromisse geschlossen. Das Zeugnis aber muß wahr, das Licht muß leuchtend bleiben; die Botschaft darf nicht verwässert werden. Das kann ein schwieriger Dienst sein, weil die Hörer die Radikalität der Botschaft nicht vernehmen wollen; sie wünschen eine verdünnte Ausgabe, die leichter zu leben ist. Jeder, der die Last der Verkündigung zu tragen hat, muß die Gratwanderung von „Barmherzigkeit und Treue" (Hebr 4,16) aushalten. Man sollte die Kirche nicht schelten, weil sie die Botschaft in ihrer ganzen Fülle verkündigt und die Prinzipien des Evangeliums hochhält. Barmherzigkeit ist hinterher ein zweiter Schritt.

- Der zweite Sohn hat sich selbst verkündigt, nicht das Licht des Meisters. Er hat auf seinen eigenen Glanz, auf seine eigenen guten Taten und Verdienste hingewiesen. Er hat vergessen, daß das Licht Gottes nicht aus uns selbst kommt, sondern durch uns hindurchscheint. Wer sich selbst in den Vordergrund schiebt, verbaut den Menschen den Weg zum wahren Licht. Wir Menschen sind lediglich das Holz für das Feuer, wir sind wie ein buntes Kirchenfenster, durch das die Sonne strahlt.

- Der dritte Sohn war ein Diener des Lichtes. Er hat durch seine Bescheidenheit und Armut, durch seine Gesinnung des Dienens das Licht zum Leuchten gebracht. Er hat die Menschen nicht an sich gebunden, sondern an Gott. Er hat ihnen Selbständigkeit und neue Beauftragung im Sinne des Lichtes gegeben.

Vielleicht braucht Gott die leeren Hände, die Erfolglosigkeit seiner Diener, um deutlich zu machen, daß es auf ihn und nicht auf uns ankommt. Bei Gott zählen nicht Sieg und Erfolg, sondern Glauben und Vertrauen.

Der dritte Sohn überläßt das „Auf einmal" dem, der ihn gesandt hat:

Auf einmal fängt das Dunkel an zu tönen:
Sieh her, ich bin vom Licht gebenedeit.

Auf einmal wächst im Hassen ein Versöhnen,
die Hand zu geben, bin ich jäh bereit.

Auf einmal trägt die Not ein stilles Glänzen:
Ich bin nicht arm, ich bin unendlich reich.
Auf einmal hat die Enge keine Grenzen,
und alle Härte wird wie Wachs so weich.

Auf einmal kann sich jedes Herz verstehen.
Ein jeder trägt das Bruderangesicht.
Auf einmal wird die Flucht zum Heimwärtsgehen,
auf einmal wird zur Gnade das Gericht (Friedrich Minckwitz).

Schrifttext

Niemand zündet ein Licht an und stellt es in einen versteckten Winkel oder stülpt ein Gefäß darüber, sondern man stellt es auf einen Leuchter, damit alle, die eintreten, es leuchten sehen. Dein Auge gibt dem Körper Licht. Wenn dein Auge gesund ist, dann wird auch dein ganzer Körper hell sein. Wenn es aber krank ist, dann wird dein Körper finster sein. Achte also darauf, daß in dir statt Licht nicht Finsternis ist. Wenn dein ganzer Körper von Licht erfüllt und nichts Finsteres in ihm ist, dann wird er so hell sein, wie wenn die Lampe dich mit ihrem Schein beleuchtet (Lk 11,33—36).

Gebet

Trage
des anderen schwere Last
durch unsre Tage.
Trage mit das schwere Kreuz,
trag es über Kontinente,
über Ozeane.
Wage es,
für andere zu tragen.

Trage an der Last
der vollen Tische.

Sattheit muß uns lästig sein.
Trag hinweg die Last
aus Wohlstandsdenken.
Mach uns
solcher Bürden frei.

Trage für andere die Last
aus Hunger und aus Leid,
aus Not und Ungerechtigkeit.
Trage diese schwere Last
hinein in eine neue Zeit.

Trage die Last
der Nächstenliebe.
Trage hin
zum Nachbarn Friede.
Trage Licht in Dunkelheit,
sei gleich,
sei jetzt dazu bereit.

Paul Reding

Der Co-Pilot springt nicht

Urplötzlich setzten beide Motoren aus. Es gab einen kurzen Knall wie von einer kleinen Explosion. Dann spielten die Instrumente in der Flugzeugkanzel verrückt. Die Maschine verlor an Höhe. Der Pilot riß den Steuerknüppel herüber. Die Instrumente machten nicht mehr mit.
Dann kam die kleine Stichflamme aus dem hinteren Ansatz zwischen Motorverkleidung und Tragfläche.
Eine Notlandung war nicht mehr zu umgehen. Der Flugplatz lag noch gut zehn Flugminuten entfernt. Pilot Hartmann dachte fieberhaft nach, während er die Handgriffe zur Landung automatisch vollzog. Der Co-Pilot versuchte inzwischen, Herr der Instrumente zu werden. Die Sicherung? Oder war die Stromzuführung durch die Explosion unterbrochen? Die Flamme wurde nicht viel größer, schwarzer Qualm entwickelte sich. Vielleicht war eine der Spritleitungen undicht geworden und der Treibstoff war ausgeflossen und ans glühende Motormetall gekommen? Der Co-Pilot arbeitete mit der Präzision einer Maschine, während Pilot Hartmann zur Notlandung manövrierte.
Geradeaus waren der Fluß und die Autobahn. Da ging es nicht. Links lag der

Wald. Nach rechts mußte man die Maschine hinüberdrücken und dann gleiten lassen. Die zweimotorige Maschine verlor schnell an Höhe. Die Flamme an der Tragfläche wurde größer, der Wind fetzte den schwarzen Qualm auseinander. Es wurde kaum etwas gesprochen zwischen den beiden Männern. Außer ihnen war kein Mensch an Bord der Zweimot.
Das brennende Flugzeug fegte über das Waldstück, dann kam die Wiese, auf der sie landen mußten. Es gab keine andere Möglichkeit. Das Fahrgestell mußte drin bleiben. Bei der Unebenheit solcher Wiesen hätte sich die dahinjagende Maschine bei einer regelrechten Landung überschlagen. Es kam nur eine glatte Bauchlandung in Frage, und dann raus. Der Brand würde rasch um sich greifen, eine Spritexplosion auslösen.
Der Pilot schätzte: etwa dreihundert Meter über dem Erdboden, weiter tiefer! Die Maschine stürzte im Gleitflug der Erde entgegen.
Seitenleitwerk herumreißen! In die Kurve legen. Die Wiese war bereits überflogen. Die Maschine gehorchte nicht mehr genau. Eine neue Schleife kreuzte die Autobahn. Noch weiter herum! Da! Ein Fußballplatz mit einer Schneise, die als Anfluglinie genügen würde.
Und dann erkannten beide, daß Kinder auf dem Platz ein Spiel austrugen. Der Co-Pilot spürte kalten Schweiß. Pilot Hartmann biß die Zähne aufeinander. Er hatte selbst Kinder zu Hause. Es gab nur eine Möglichkeit, die letzte Chance: eine Tiefkurve, dann Kreismanöver zu neuem Ansetzen. Die Kinder mußten gewarnt werden. Sie mußten augenblicklich den Platz verlassen. Der Platz war die letzte Landechance.
Hartmann wollte winken. Vergeblich! Dann hatten sie unten auf dem Platz die heranjagende Maschine gesehen, nicht aber die Gefahr erkannt. Sie winkten herauf anstatt wegzurennen. Sie mochten glauben, die Maschine drehe eine Ehrenrunde über dem Spielfeld.
Die Nerven waren aufs äußerste gespannt.
Dann hatte einer der Fußballspieler die Rauchfahne erkannt und auch die herauszüngelnden Flammen. Es entstand eine Panik unter den Spielern, während die Maschine unablässig an Höhe verlor und auf die Erde zustürzte. In ihrer Aufregung warfen sich die spielenden Kinder auf den Boden anstatt wegzurennen und das Feld freizugeben. Damit war die letzte Chance verbaut.
In diesem Augenblick sprang der Co-Pilot auf, riß seinen Kameraden aus dem Sitz, schrie ihm zu: „Laß mich ran! Denk an deine Familie!“ und drückte seinen Kollegen Hartmann zur Seite.
Der Co-Pilot war unverheiratet. Hartmann hatte fünf Kinder. Es gab keine Wahl mehr. Die Bauchlandungschance auf flachem Boden war verbaut.
Der Co-Pilot saß am Steuerknüppel und riß die Maschine verzweifelt hoch. Sie gerieten über den Wald und kreuzten wieder die Autobahn. Alles vollzog sich

im Bruchteil einer Sekunde. Aber für die beiden Männer wurden sie zu Ewigkeiten.
„Abspringen!" schrie der Co-Pilot, und noch einmal: „Abspringen!" Die Maschine war nicht mehr zu retten.
Die beiden Männer machten sich sprungfertig. Der Co-Pilot drängte Hartmann vor und wollte nachspringen. Da tauchte unvermutet hinter dem Waldstück ein Dorf auf, eine kleine Siedlung, auf die die Maschine zujagte.
Der Co-Pilot blieb sitzen, während Hartmanns Schirm sich eben kurz über dem Boden öffnete. Noch ein Druck auf den Steuerknüppel, halbe Rechtskurve. Dann hörte es der Co-Pilot krachen. Es war das letzte.
Eine Stunde später wurde er aus den Trümmern der abgestürzten Maschine, deren linke Tragfläche abgerissen und verbrannt war, tot geborgen.
Das kleine Dorf war gerettet. Und die Kinder auf dem Fußballplatz wußten nicht, daß sich einer für sie geopfert hatte.
Pilot Hartmann, der manche schwierige Situation gemeistert hatte, brach zusammen, als sie den Co-Pilot mit einer Plane bedeckten. Ein Feuerwehrmann fing ihn auf und winkte die eben eingetroffenen Sanitäter heran.

Anregungen für ein Gespräch

● Unter dem Eindruck des schrecklichen Elends am Ende des Zweiten Weltkrieges läßt der Dichter Wolfgang Borchert den Heimkehrer Beckmann verzweifelt und zweifelnd fragen: „Wo bist du, anderer? Du bist doch sonst immer da! Jetzt brauche ich dich, Antworter! Wo bist du denn? Du bist ja plötzlich nicht mehr da! Wo ist denn der alte Mann, der sich Gott nennt? Gibt denn keiner eine Antwort? Gibt denn keiner, keiner Antwort?"
Doch! Der Co-Pilot gibt Antwort! In dem Menschen, der sich für andere opfert, ist Gott gegenwärtig.
● Wir könnten auch auf die unbeschreiblichen Grausamkeiten in deutschen Konzentrationslagern hinweisen. War Gott in Auschwitz?
Gott ist in den Leidenden! Gott ist in denen, die sich opfern! Kann man in Maximilian Kolbe, der für einen verheirateten Familienvater in den Hunger- und Todesbunker ging, nicht den für die Menschen sterbenden Christus erkennen? Ist in ihm nicht Gott gegenwärtig?
● Es gibt nicht nur abstürzende Flugzeuge, Kriegswirren und Konzentrationslager, in denen der eine sich für den anderen opfert, auch sonst können wir im Alltag opferbereites Leben beobachten: Mütter für ihre Kinder, Schwestern für Kranke, Helfer in der Dritten Welt, ihre Karriere aufgebende Schauspieler,

Solidarisierung mit den Armen. Man sollte die Opferbereitschaft vieler gutwilliger Menschen nicht übersehen.

● Und doch ist die Zahl zu klein. Wie wäre sonst eine solche „Verdunstung des Glaubens" (Exeler) möglich, wie wir sie hierzulande erleben. Kurz vor seinem Tode hat Professor Adolf Exeler auf die große Zahl der Religionslehrer und katholischen Erzieherinnen in Kindergärten aufmerksam gemacht, auf immer noch über 20000 Priester, dazu Ordensleute, Laien und Eltern, die alle an der Weitergabe des Glaubens interessiert sind. „Und trotzdem rechnen viele Zeitgenossen ernsthaft damit, daß bis zum Jahre 2000 die Glaubenssubstanz in unserem Volk rapide zusammenschrumpfen wird."
Wie ist eine solche „Verdunstung des Glaubens" aufzuhalten?

● Der englische Kardinal Newman hat gebetet: „Herr, gib, daß ich dich verkünde, auch ohne zu predigen — nicht durch Worte, sondern durch ein Beispiel." Heute ist das glaubwürdige Beispiel gefordert. Mutter Teresa, Martin Luther King, Johannes XXIII., Charles de Foucauld, Karl-Heinz Böhm sind solche Vorbilder.

● Zur Überwindung der Not, zur Weitergabe des Glaubens sind sicher Menschen erforderlich, die sich zur Verfügung stellen. Es müssen Menschen sein, die sich vom Geiste Gottes treiben lassen. Im Letzten ist das alles nicht Menschen-, sondern Gotteswerk. Dazu gehören Gelassenheit und ein langer Atem. In der Bibel heißt es: „Die Geduldigen sind besser als die Starken" (Spr 16,32).

● Bert Brecht fordert die Menschen auf: „Sorgt doch, daß ihr, die Welt verlassend, nicht nur gut wart, sondern verlaßt eine gute Welt."

● Das Sich-Opfern entspringt niemals menschlicher Leistung, sondern der Gnade Gottes. Aber der Mensch muß sich ihr überlassen.

● Die Liebe lebt vom Opfer. Dieser Liebesbegriff müßte sich wieder mehr durchsetzen.

Schrifttext

Es war etwa um die sechste Stunde, als eine Finsternis über das ganze Land hereinbrach. Sie dauerte bis zur neunten Stunde. Die Sonne verdunkelte sich. Der Vorhang im Tempel riß mitten entzwei, und Jesus rief laut: *Vater, in deine Hände lege ich meinen Geist.* Nach diesen Worten hauchte er den Geist aus.
Als der Hauptmann sah, was geschehen war, pries er Gott und sagte: Das war wirklich ein gerechter Mensch (Lk 23,44—47).

Gebet

Seitdem Menschen Götter verehren,
haben sie ihnen Opfer gebracht,
um sie gütig zu stimmen,
um ihre Hilfe zu erhalten,
um ihnen zu danken.

Du, Herr, wolltest weder
das Opferblut von Menschen,
noch Bestechungsversuche,
die deine Gnade
für käuflich hielten.

Du wolltest eine Umkehr
im Denken und Handeln.
Darum hast du in Christus
den Opferbrauch umgekehrt.
Du hast dich für Menschen geopfert.

Du hast nicht gelehrt,
daß es Gott zum Null-Tarif gibt,
daß Opfer überflüssig sind.
Du hast dem Opfer
einen neuen Sinn gegeben.

Opfer ist Tat der Liebe.
Ich soll mich selber geben,
weil ich Gott
und seine Geschöpfe liebe, —
so wie Jesus Christus.

Paul Roth

Das Märchen von den Zeitgutscheinen

Es war einmal ein Mann, der sich durch nichts von seinen Mitmenschen unterschied. Wie die meisten lebte er mehr oder weniger gedankenlos vor sich hin. Eines Tages aber sprach ihn ein Unbekannter an und fragte, ob er „Zeitgutscheine" wolle. Weil der Mann gerade nichts zu tun hatte und ohnehin eine gewisse Langeweile spürte, ließ er sich auf ein Gespräch ein und wollte wissen,

was denn diese Zeitgutscheine seien. Statt einer Antwort zog der Unbekannte ein Bündel verschieden großer Scheine hervor, die wie Banknoten und doch ganz anders aussahen: „Deine Lebenszeit", erklärte der geheimnisvolle Fremde kurz. „Wenn du alle Gutscheine investiert hast, ist es Zeit zu sterben."
Bevor der überraschte Mann eine Frage stellen konnte, war der andere verschwunden. Neugierig und erstaunt blätterte der Alleingelassene in dem Bündel. Zuerst kam ihm der Gedanke, die genaue Dauer seines Lebens zu errechnen, und ihn schauderte, als er die Zahl der Jahre und Tage vor sich hatte. Dann begann er eine Einteilung zu überlegen, und machte kleine Stöße von Scheinen entsprechend seinen Absichten. Zwar wollte er für Kegelabende und Fernsehen eine große Zahl von Stunden-Scheinen bereitlegen, mußte aber zu seinem Bedauern bald feststellen, daß allein durch Essen und Schlafen eine unglaubliche Menge von vornherein gebunden war.
Tagelang war er damit beschäftigt, seine Zuwendungen an Lebenszeit immer neu zusammenzustellen, um sie bestmöglich zu nützen. Jedesmal, wenn jemand ihn dabei störte oder gar etwas von ihm wollte, sah er im Geiste einen seiner kostbaren Scheine verlorengehen und sagte nein; seine Zeit hatte er nicht zu verschenken!
So wachte er eifersüchtig und geizig über die Gutscheine. Als ihm endlich eine perfekte Widmung der Stunden, Tage und Jahre gelungen zu sein schien, war plötzlich der Unbekannte wieder da: Ob er denn von Sinnen sei, fragte er, nahm einen der Scheine, drehte ihn um und hielt ihn dem erstaunten Mann vor die Augen. Zum erstenmal entdeckte dieser einen Hinweis auf der Rückseite, daß die Zeitgutscheine in Ewigkeit umgewandelt werden können. Wer sie jedoch nicht in diesem Sinne umsetze, verspiele sein Leben.
Aber da war der Fremde auch schon wieder verschwunden und der Mann neuerlich allein mit einem erregenden Geheimnis — auf welche Weise war der begrenzte Schatz an Zeit in grenzenlose Ewigkeit zu verwandeln? ...

Anregungen für ein Gespräch

- Die Zeit ist ein seltsames Phänomen. Immer hat der Tag 24 Stunden und doch haben wir den Eindruck, die Zeit würde schneller vergehen als früher. Obwohl die Arbeit weniger und die freie Zeit mehr wird, haben wir das Empfinden, die Zeit würde immer knapper werden.
- Das Märchen von den Zeitgutscheinen ist keine schlechte Idee. So kann man sich die Zeit selbst einteilen und dafür Sorge tragen, daß sie gewinnbringend und glücklichmachend eingesetzt wird. Aber was bringt Gewinn und was macht glücklich?

- Jeder könnte einmal einen Tag genau aufschreiben, wofür er die Zeit in Stunden und Minuten verwandt hat.
- In der Bibel fordert der Apostel die Menschen auf: „Nutzet die Zeit!“ (Eph 5,16).
- Drei Beispiele aus dem Alltag, die einer Zeitschrift entnommen wurden:

— Eine Familie am Frühstückstisch: Der Vater mit seiner Tageszeitung, die Mutter in Gedanken beim Einkaufen, das Kind mit dem Wunsch zu spielen, allein gelassen, abgespeist mit der Antwort: „Ich habe jetzt leider keine Zeit für dich!“

— Menschen in einer Fußgängerzone: eilig, unterwegs, zu Terminen gehetzt. Dazwischen ein Kind mit einer Frage; die Antwort: „Geh mir aus dem Weg, ich habe es eilig!“

— In einem Einkaufszentrum: Frauen und Männer, die ungeduldig warten, bis sie endlich an der Reihe sind. Ein Mädchen, von seiner Mutter zum Einkaufen geschickt, vor einem für sie viel zu hohen Regal. Wer hat für das Kind Zeit bei nur einem Handgriff? „Frage jemand anderen, ich kann jetzt nicht mehr aus der Reihe treten ...“

In allen drei Begebenheiten war keine Zeit, Zeit zu verschenken, und in allen drei Begegnungen war Gelegenheit gegeben, die Zeitgutscheine in Ewigkeit umzuwandeln.

- Der Mann in der Erzählung war der Auffassung, er würde die Zeit sinnvoll verwenden, wenn er sie für sich investiert. Die Geschichte aber macht deutlich, daß das verlorene Zeit ist.
- Wer keine Zeit für andere hat, hat das Evangelium nicht begriffen. Es gibt nicht nur eine wunderbare Brotvermehrung, sondern auch eine wunderbare Zeitvermehrung: Wagt es mit dem Wenigen!
- In Afrika gibt es eine schöne Übersetzung für „lieben“: Ich nehme mein Herz in die Hände und gebe es Dir.

Man könnte auch sagen: ich nehme meine Zeit in die Hände und schenke sie Dir.

- Die Zeitgutscheine sind erst dann sinnvoll angewandt, wenn sie nicht mir, sondern anderen zugute kommen. So erhalten sie Ewigkeitswert.
- Auch Zeit verdoppelt sich, wenn man sie teilt.
- Wir gehen auf tausend Wegen in die Welt, zu vielen Menschen, die uns brauchen. Je mehr wir unsere Zeit an sie verschenken, um so mehr fügen wir die vielen kleinen Zeiten zu einer großen Ewigkeit zusammen.

Ich weiß es wohl, uns ist ein Tag bereitet,
Da wird es klar, wie alles wohl geleitet
und all die tausend Ziele dennoch eins (Annette von Droste-Hülshoff).

- Nicht nur den Menschen, auch Gott kann man seine Zeit schenken, um die „Dimension der Ewigkeit" zu erreichen. Gebet und Gottesdienst sind nie verlorene Zeiten!
- Kann die mangelhafte Verwendung unserer Zeit auch mit der Rastlosigkeit zusammenhängen, die wir heute empfinden? Welches mögen die Gründe für diese Rastlosigkeit sein? Kennen wir nicht mehr den Ursprung und das Ziel unseres Lebens? Haben wir die Balance verloren zwischen Zeit und Ewigkeit? Ist Ewigkeit keine Wirklichkeit mehr für uns? Wissen wir nicht mehr, daß Zeit mit Ewigkeit gefüllt werden muß, wenn wir zur inneren Ruhe finden wollen? Bert Brecht stellt uns in seinem Gedicht „Der Radwechsel" tiefe Fragen:

> Ich sitze am Straßenhang.
> Der Fahrer wechselt das Rad.
> Ich bin nicht gern, wo ich herkomme.
> Ich bin nicht gern, wo ich hinfahre.
> Warum sehe ich den Radwechsel
> mit Ungeduld?

- Wie man Zeitgutscheine in Ewigkeit verwandelt, zeigt das folgende Gedicht aus Südamerika:

> Nur das Wasser
> das wir zu trinken gaben,
> wird uns erfrischen.
>
> Nur das Brot,
> das wir zu essen gaben,
> wird uns sättigen.
>
> Nur das Kleid,
> das wir verschenkten,
> wird uns bekleiden.
>
> Nur das Wort,
> das Leiden linderte,
> wird uns trösten.
>
> Nur der Kranke,
> den wir besuchten,
> wird uns heilen.
>
> Nur der Gefangene,
> den wir befreiten,
> wird uns erlösen (T. Concalvatica).

Schrifttext

Achtet also sorgfältig darauf, wie ihr euer Leben führt, nicht töricht, sondern klug. Nutzt die Zeit; denn diese Tage sind böse. Darum seid nicht unverständig, sondern begreift, was der Wille des Herrn ist. Berauscht euch nicht mit Wein — das macht zügellos —, sondern laßt euch vom Geist erfüllen! Laßt in eurer Mitte Psalmen, Hymnen und Lieder erklingen, wie der Geist sie eingibt. Singt und jubelt aus vollem Herzen zum Lob des Herrn! Sagt Gott, dem Vater, jederzeit Dank für alles im Namen Jesu Christi, unseres Herrn! (Eph 5,15—20).

Gebet

Laß blind mich, Herr, die Wege gehn,
Die Deine sind.
Will Deine Führung nicht verstehn,
Bin ja Dein Kind!

Bist Vater der Weisheit, auch Vater mir.
Führst durch Nacht Du auch, führst doch zu Dir!

Herr, laß geschehn, was Du willst:
Ich bin bereit!
Auch wenn Du nie mein Leben stillst
In dieser Zeit.

Bist ja der Herr der Zeit: Das Wann ist Dein.
Dein ew'ges Jetzt, einst wird es mein!

Mach alles wahr, wie Du es planst
In Deinem Rat.
Wenn still Du dann zum Opfer mahnst,
Hilf auch zur Tat!

Edith Stein

Liebe taut das stärkste Eis

Oschoo war der Sohn braver, fleißiger Fischersleute. Er war ein guter Fischer und half seinen Eltern bei der Arbeit, wo er nur konnte, und als seine Eltern

alt und schwach wurden, war er ihre einzige Stütze. Er schützte sie vor allem Mangel.
Weil er immer freundlich war, kauften alle Leute der Umgegend ihre Fische bei ihm, und jedermann hatte ihn gern. Reicher geworden kaufte er sich oben im Gebirge einige große Teiche mit herrlichen Karpfen. In einem harten strengen Winter aber, als alle Teiche fest zugefroren und dick mit Eis bedeckt waren, erkrankte seine Mutter. Eines Tages sagte sie zu Oschoo: „Ich werde sicher sterben, aber wenn ich nur einen Karpfen aus deinen Teichen hätte, so könnte ich vielleicht noch einmal gesund werden."
Oschoo war sehr traurig über die Worte seiner Mutter. Er wußte, wie dick das Eis auf den Teichen lag; aber er sprach: „Ich gehe sofort, Euch einen Fisch zu holen." Er nahm eine Axt über die Schulter; aber der Wind pfiff so eisig vom Gebirge herunter, daß er wenig Hoffnung hatte, das Eis mit der Axt zu durchschlagen. Oschoo warf sich klagend auf das Eis, und dann fing er an zu wimmern und zu jammern, rang seine Hände und rief den Himmel um Hilfe an. Und siehe, plötzlich fühlte er eine große Wärme seinen Körper durchdringen; rasch streifte er sein Kleid ab und blieb nackt ausgestreckt auf dem Eis liegen, um es mit seiner Körperwärme aufzutauen. Es dauerte gar nicht lange, so taute das Eis auch wirklich, so weit wie sein Körper reichte; ja, es schwand so plötzlich unter ihm, daß er rasch wieder aufsprang und nun mit einigen Hieben die Eisdecke entfernte. Als das geschehen war, strömten von allen Seiten Karpfen herbei, und Oschoo wählte den besten und schönsten aus.
Zu Hause angekommen, kochte er den Fisch für seine Mutter, und sobald sie davon genossen hatte, fühlte sie sich wunderbar gekräftigt. Und noch ehe der Winter zu Ende gegangen, war sie wieder völlig gesund.

Japanisches Märchen

Anregungen für ein Gespräch

- Eine beliebte deutsche Fernsehsendung trägt den Titel „Was bin ich?" Die Aufgabe der Ratenden besteht darin, den Beruf des Kandidaten herauszufinden. Nur mit einer kleinen Handbewegung, die für den Beruf typisch ist, wird ein wenig Hilfe gegeben. Es dauert oft lange, bis die Ratenden den richtigen Beruf gefunden haben.
- Wichtiger als die Frage „Was bin ich?" ist die andere „Wer bin ich?" Hinter dieser Frage steht nicht nur das, was ich tue, sondern das, wer ich im letzten bin. Dabei geht es um meine ganze Person, um meine Herkunft und Zukunft, meine Freuden und Leiden, mein Denken und Fühlen, meinen Verstand und mein Herz, mein Können und Versagen. Die Frage „Wer bin ich?" ist eine Frage an mein Schicksal, an mein Leben oder meinen Tod.

Wenn Liebe über Leben und Tod entscheidet, dann kann die Erzählung nicht als ein moralischer Appell verstanden werden; sie will eine Aussage über das Grundmotiv unseres Lebens machen.

● Liebe sein — das ist die Voraussetzung für Liebe tun — ist nur dem möglich, der sie von einem anderen erfahren, der sie geschenkt bekommen hat. „Gott hat sein schönstes Wort in die Welt hineingesprochen: ich liebe dich" (K. Rahner). Dieses Wort gilt jedem Menschen; darum ist auch jeder zur Liebe berufen und zur Liebe fähig.

● „Unbegangen sind die Wege auf der Steilwand des Himmels" (I. Bachmann). Das klingt pessimistisch, aussichtslos; keiner hat die Wege bewältigt. Die Dichterin hat sicher recht: Wir können zu einem glücklichen Leben nicht kommen, wenn wir selbst die Wege machen müssen. Als Christen aber wissen wir, daß die Wege gebaut sind, allerdings in umgekehrter Richtung. Gott ist uns entgegengekommen; er hat Spuren im Schnee und Haken im Felsen hinterlassen. Nun müssen wir uns der mühsamen Kletterpartie des Lebens unterziehen.

Diese Spuren der Liebe sind Wege ins Glück.

● Manchmal gibt es Menschen, die sich — wie der Sohn in der japanischen Erzählung — von der Liebe Gottes inspirieren lassen, die nach anderen Maßstäben suchen, als die Welt sie anbietet, und die damit auch andere Maßstäbe setzen. In den deutschen Zeitungen wurde von einer 32jährigen Krankenschwester berichtet, die in einem kleinen Krankenhaus im Weserbergland tätig war. Sie war in ihrem Leben nicht auf Rosen gebettet: mit 5 Jahren bekam sie Kinderlähmung, viele Jahre war sie in einem Pflegeheim, erst mit 17 Jahren konnte sie den Rollstuhl zur Seite stellen und eine Ausbildung beginnen. Und dann gewinnt sie im Lotto fast drei Millionen Mark. Endlich hatte sie Gelegenheit, alles nachzuholen, was sie in ihrem bisherigen Leben verpaßt hat. Aber sie hat ganz anders gedacht und gehandelt. Aus Dankbarkeit gegenüber den Menschen, die sie gepflegt haben, und gegenüber Gott, der alles wunderbar gefügt hat, ließ sie von dem Lottogewinn ein Heim für behinderte Kinder bauen.

Es leben Menschen unter uns, die bereits auf dieser Erde göttliche Maßstäbe setzen. So werden Letzte zu Ersten.

● Ein westafrikanischer Bischof hat aus dem Gefängnis geschrieben:

Freunde, bedenkt doch, morgen kommt ein neuer Tag.
Und die Erde wird hell und licht für alle,
die den Frieden miteinander teilen
in Brüderlichkeit und Liebe.
Herr, wie wunderbar ist es,
wenn Menschen zusammenhalten.

Das japanische Märchen erklärt uns, daß die Hilfe oft mit der „Axt“ — mit gutem Willen, Leistung und Technik — nicht möglich ist, sondern zunächst in einem liebenden Herzen entspringen muß. Erst dann führt sie zu Heilung und Rettung.

● Wir sollten in dieser Erzählung nicht die Beschreibung des Verhältnisses zwischen den Generationen, zwischen Mutter und Sohn, das im 4. Gebot Gottes geregelt ist, übersehen. Dieses Gebot verlangt mit keinem Wort den Gehorsam der Kinder gegenüber ihren Eltern, denn es lautet: „Ehre deinen Vater und deine Mutter, damit du lange lebst in dem Land, das Jahwe, dein Gott, dir gibt“ (Ex 20,12). Wer das 4. Gebot zum pädagogischen Instrument für kleine Kinder macht, hat es fehlinterpretiert. Der spezielle Adressat dieses Gebotes ist nicht das kleine Kind, sondern die mittlere Generation. Es verlangt von den erwachsenen Kindern, ihren altgewordenen Eltern, die ihr Erbe an den Sohn abgetreten haben und jetzt von ihm abhängig geworden sind, Ehre zu erweisen. Gott verlangt im Dekalog, den „Generationenvertrag“ einzulösen, weil das Miteinander der Generationen die entscheidende Voraussetzung für das Wohl und Wehe eines Volkes ist. Die Existenz eines ganzen Volkes ist bedroht, wenn die alten Menschen nicht mehr geehrt werden. Es ist nicht zufällig, daß als Kommentar zu diesem japanischen Märchen auf das japanische Sprichwort hingewiesen werden kann: „Die größte Kulturleistung eines Volkes sind die zufriedenen Alten.“

● Es heißt im Gebot: „Ehre Vater und Mutter“, nicht: „gehorche“. Ehren bedeutet im Hebräischen: etwas gewichtig nehmen, ihm das zustehende Gewicht geben. Was hat in meinem Leben Gewicht?
- Daß ich mich nicht selber verdanke, sondern mir von meinen Eltern geschenkt bin.
- Daß ich kein isoliertes Wesen bin, sondern Glied einer ununterbrochenen Kette. Bis in mein hohes Alter bleibe ich meinen Eltern zugewiesen.
- Daß und wie ich von meinen Eltern unterrichtet worden bin, auch über die Heilstaten Gottes, über sein befreiendes Handeln.
- Daß die Verbindung zwischen den Generationen nicht durch die Verhältnisse, sondern durch personale Bezüge bestimmt wird. Das hat mit Tradition zu tun, ohne die der Mensch halt- und wurzellos wird.

Dankbarkeit ist ein wichtiges Element des Ehrens von Vater und Mutter.

● Die Nomadenvölker sollen ihre alten Eltern zum Sterben in die Wüste geschickt haben. Wiederholt sich das heute auf andere Weise? Schicken viele erwachsene Kinder ihre gebrechlichen Eltern zum Sterben in die Wüste?

Schrifttext

Als Judas hinausgegangen war, sagte Jesus: Jetzt ist der Menschensohn verherrlicht, und Gott ist in ihm verherrlicht. Wenn Gott in ihm verherrlicht ist, wird auch Gott ihn in sich verherrlichen, und er wird ihn bald verherrlichen. Meine Kinder, ich bin nur noch kurze Zeit bei euch. Ihr werdet mich suchen, und was ich den Juden gesagt habe, sage ich jetzt auch euch: Wohin ich gehe, dorthin könnt ihr nicht gelangen. Ein neues Gebot gebe ich euch: Liebt einander! Wie ich euch geliebt habe, so sollt auch ihr einander lieben. Daran werden alle erkennen, daß ihr meine Jünger seid: wenn ihr einander liebt (Joh 13,31—35)

Gebet

Wir ebnen unserm Herrn die Wege,
machen grade ausgetretne Pfade,
bauen über Ich-Sucht Brücken,
legen über Bosheit Stege,
fegen fort den Staub von
falscher Tradition.

Wir benetzen alle Wege
mit dem Wasser des Verzeihns.
Mauern und Sperren müssen fallen,
wir sagens allen:
Auch für unsern Frieden
bauen wir am Weg des Herrn.

Wir säen Hoffnung aus und Güte.
Und das sei unsre Bitte:
Daß uns der Herr behüte
beim Bau an diesem guten Weg.
Wir wollen uns bescheiden geben
und wollen für den andern leben.

Wir bereiten unserm Herrn den Weg.

Paul Reding

Die Halle der Welt mit Licht erfüllen

Ein König hatte zwei Söhne. Als er alt wurde, da wollte er einen der beiden zu seinem Nachfolger bestellen. Er versammelte die Weisen seines Landes und rief seine Söhne herbei. Er gab jedem der beiden fünf Silberstücke und sagte: „Füllt für dieses Geld die Halle in unserem Schloß bis zum Abend. Womit, das ist eure Sache." — Die Weisen sagten: „Das ist eine gute Aufgabe."
Der älteste Sohn ging davon und kam an einem Feld vorbei, wo die Arbeiter dabei waren, das Zuckerrohr zu ernten und in einer Mühle auszupressen. Das ausgepreßte Zuckerrohr lag nutzlos umher. — Er dachte sich: „Das ist eine gute Gelegenheit, mit diesem nutzlosen Zeug die Halle meines Vaters zu füllen." — Mit dem Aufseher der Arbeiter wurde er einig, und sie schafften bis zum späten Nachmittag das ausgedroschene Zuckerrohr in die Halle. Als sie gefüllt war, ging er zu seinem Vater und sagte: „Ich habe deine Aufgabe erfüllt. Auf meinen Bruder brauchst du nicht mehr zu warten. Mach mich zu deinem Nachfolger." — Der Vater antwortete: „Es ist noch nicht Abend. Ich werde warten."
Bald darauf kam auch der jüngere Sohn. Er bat darum, das ausgedroschene Zuckerrohr wieder aus der Halle zu entfernen. So geschah es. Dann stellte er mitten in die Halle eine Kerze und zündete sie an. Ihr Schein füllte die Halle bis in die letzte Ecke hinein.
Der Vater sagte: „Du sollst mein Nachfolger sein. Dein Bruder hat fünf Silberstücke ausgegeben, um die Halle mit nutzlosem Zeug zu füllen. Du hast nicht einmal ein Silberstück gebraucht und hast sie mit Licht erfüllt. Du hast sie mit dem gefüllt, was die Menschen brauchen."

Geschichte von den Philippinen

Anregungen für ein Gespräch

- Die Welt mit dem füllen, was die Menschen brauchen! Deshalb ist nicht die Frage „Was kommt gut an?" wichtig, sondern die andere „Was tut not?" Die Erzählung antwortet auf diese Frage: Die Welt braucht Licht.
- Der ältere Sohn demonstriert, mit welch leerem und unbrauchbarem Zeug man die Welt füllen kann. Das „ausgepreßte Zuckerrohr", das nutzlos herumliegt, kann zwar intensiv beschäftigen, es kann uns unterhalten und lange Zeit in Anspruch nehmen, aber es ist keine Lebenshilfe, keine Bereicherung, kein Weg in die Tiefe. Solches „Zeug" hat keine nachhaltige Wirkung auf uns. Zugegeben, der Mensch kann nicht immer auf Hochtouren laufen; er kann nicht nur tiefe Gespräche führen, geistvolle Bücher lesen, anspruchsvolle Got-

tesdienste feiern; er braucht auch den „normalen“ Gang, den Kontrast, das Ausspannen. Wer aber auf Dauer sich mit seichtem Zeug zufrieden gibt, wird oberflächlich, leer und wurzellos.

- Die Erzählung empfiehlt das Licht; ohne Sonne können die Menschen nicht leben. Die Sonne ist Wirklichkeit und Gleichnis zugleich. Selbstbewußt verweist sie auf sich selbst, demütig weist sie über sich hinaus.
- Licht ist nicht gleich Licht. Obwohl die Sonne und die Neonröhre Helligkeit ausstrahlen, sind diese beiden Lichtquellen nicht gleich. Das Sonnenlicht ist warm, das der Neonröhren kalt.
- In einem Jugendgottesdienst wurden alle Lichter der Kirche gelöscht, nur eine Kerze brannte vor dem Altar. Dann wurde gesagt: Das Licht der Kerze spricht eine eigene Sprache; es erhellt die Dunkelheit und ist wie eine Oase in der Wüste der Finsternis. Im Schein der Kerze können wir über Fragen nachdenken, denen wir sonst gern ausweichen:

— Die Kerze spendet das einzige Licht. Um zu sehen, sind wir auf sie angewiesen. Sind wir selbst immer dann Licht, wenn andere auf uns angewiesen sind?

— Eine Kerze spendet gleichmäßig Wärme und Licht. Ein Blitzlicht dagegen gibt kurz und intensiv Helligkeit ab. Sind wir mehr Kerze oder mehr Blitzlicht?

— Die Kerze leuchtet aus eigener Kraft; der Mond braucht die Hilfe der Sonne. Geht es mehr um das eigene Licht oder um den Widerschein eines anderen?

— Wir erleuchten Bergwerke mit Grubenlampen, U-Bahnschächte und finstere Kanäle mit elektrischem Licht. Bedenken wir genug, daß die Menschen vor allem das Licht des Herzens benötigen?

- Es gibt das Licht des guten Wortes, des freundlichen Lächelns, des verzeihenden Blickes. Auch ein Buch, eine Ausstellung, ein Konzert, ein Fest kann ein Licht sein, das Wegweisung und Geborgenheit schenkt.
- Licht in der Welt kann nur sein, wer großes Vertrauen darauf hat, daß Gott wirklich das Licht in der Welt sein will. Ein solches Licht war beispielsweise Martin Luther King, der von der Zukunft sagte:

> Komme, was da mag. Gott ist mächtig. Wenn unsere Tage verdunkelt sind und unsere Nächte finsterer als tausend Mitternächte, so wollen wir stets daran denken, daß es in der Welt eine große, segnende Kraft gibt, die Gott heißt.
>
> Gott kann Wege aus der Ausweglosigkeit weisen. Er will das dunkle Gestern in ein helles Morgen verwandeln — zuletzt in den leuchtenden Morgen der Ewigkeit.

● „In deinem Licht schauen wir das Licht" (Ps 36,10), hat der Psalmist gebetet.

● Mit dem Licht im Dunkel kann ich plötzlich eine Welt, eine Lebenslage, eine Frage oder ein Schicksal verändern. Das kleine Tor von Metulla im Norden Israels ist ein Beweis dafür:

Stacheldraht ist grausam.
Er verletzt, reißt Wunden, trennt:
Du darfst nicht zu mir!
Ich will nicht mehr zu dir!
Wir sind Feinde für immer!

Dann aber ist es geschehen
im Norden von Israel,
an der Grenze zum Libanon bei Metulla:

Eine alte libanesische Frau ist krank,
todkrank, und keiner kann helfen.
Sie müssen schießen und sich verteidigen.
Die Frau kriecht zum Zaun und bittet
die israelischen Soldaten um Hilfe.

Das Wunder geschieht.
Die Wachposten zerschneiden den
Stacheldraht,
der Frau wird in Feindesland geholfen.

Und so ist es geblieben.
Der Zaun hat bis heute ein Loch.
An einer Stelle gibt es keine Stacheln mehr,
unweit von Metulla, im Norden Israels.
Menschen kommen seitdem ins Land:
Hungernde, Kranke, Verwundete, Arme.

Sie kommen durch den „guten Zaun",
finden Arbeit und Hilfe.
Eine Grenze ist durchlässig geworden.
Und eine Blume blüht auf
da, wo man Haß gesät hatte.
Blühe noch lange, kleine Blume Liebe.

Schrifttext

In ihm war das Leben,
und das Leben war das Licht der Menschen.
Und das Licht leuchtet in der Finsternis,
und die Finsternis hat es nicht erfaßt.
Es trat ein Mensch auf, der von Gott gesandt war; sein Name war Johannes. Er kam als Zeuge, um Zeugnis abzulegen für das Licht, damit alle durch ihn zum Glauben kommen. Er war nicht selbst das Licht, er sollte nur Zeugnis ablegen für das Licht.
Das wahre Licht, das jeden Menschen erleuchtet,
kam in die Welt (Joh 1,4—9).

Gebet

Sei unser Gott, der alle Welt
in seiner Liebe leitet,
halt deine Hand so wie ein Zelt
hoch über uns gebreitet.

Sei nah in allem, was geschieht,
und tief in allen Dingen,
sei unser Gott, der alles sieht
und hört, was wir dir singen.

Sei überall, wo Menschen sind,
wo immer Menschen träumen,
so leise wie ein sanfter Wind,
der umgeht in den Bäumen.

Sei Gott, der mit uns zieht
mit seinem großen Segen,
sei unser Leben, unser Lied,
ein Licht auf allen Wegen.

Walter Wolf

Das Leben ist bunt wie eine Wiese

Gespräch auf der Wiese

An einem schönen Sommertag um die Mittagszeit war große Stille am Waldrand. Die Vögel hatten ihre Köpfe unter die Flügel gesteckt und alles ruhte. Da streckte der Buchfink sein Köpfchen hervor und fragte: „Was ist eigentlich das Leben?“ Alle waren betroffen über diese schwierige Frage. Im großen Bogen flog der Buchfink über die weite Wiese und kehrte zu seinem Ast im Schatten des Baumes zurück.

Die Heckenrose entfaltete gerade ihre Knospe und schob behutsam ein Blatt ums andere heraus. Sie sprach: „Das Leben ist eine Entwicklung.“ Weniger tief veranlagt war der Schmetterling. Er flog von einer Blume zur anderen, naschte da und dort und sagte: „Das Leben ist lauter Freude und Sonnenschein.“

Drunten im Gras mühte sich eine Ameise mit einem Strohhalm, zehnmal länger als sie selbst, und sagte: „Das Leben ist nichts anderes als Mühsal und Arbeit.“

Geschäftig kam eine Biene von der honighaltigen Blume auf der Wiese zurück und meinte dazu: „Nein, das Leben ist ein Wechsel von Arbeit und Vergnügen.“

Wo so weise Reden geführt wurden, steckte auch der Maulwurf seinen Kopf aus der Erde und brummte: „Das Leben? Es ist ein Kampf im Dunkeln.“

Nun hätte es fast einen Streit gegeben, wenn nicht ein feiner Regen eingesetzt hätte, der sagte: „Das Leben besteht aus Tränen, nichts als Tränen.“ Dann zog er weiter zum Meer. Dort brandeten die Wogen und warfen sich mit aller Gewalt gegen die Felsen und stöhnten: „Das Leben ist ein stets vergebliches Ringen nach Freiheit.“

Hoch über ihnen zog majestätisch der Adler seine Kreise. Er frohlockte: „Das Leben, das Leben ist ein Streben nach oben.“ Nicht weit vom Ufer entfernt stand eine Weide. Sie hatte der Sturm schon zur Seite gebogen. Sie sagte: „Das Leben ist ein Sichneigen unter eine höhere Macht.“ Dann kam die Nacht. Mit lautlosen Flügeln glitt der Uhu über die Wiese dem Wald zu und krächzte: „Das Leben heißt: die Gelegenheit nutzen, wenn andere schlafen.“ Und schließlich wurde es still in Wald und Wiese. Nach einer Weile kam ein junger Mann des Wegs. Er setzte sich müde ins Gras, streckte dann alle viere von sich und meinte

erschöpft vom vielen Tanzen und Trinken: „Das Leben ist das ständige Suchen nach Glück und eine lange Kette von Enttäuschungen."
Auf einmal stand die Morgenröte in ihrer vollen Pracht auf und sprach: „Wie ich, die Morgenröte, der Beginn des neuen Tages bin, so ist das Leben der Anbruch der Ewigkeit!"

Ein schwedisches Märchen

Anregungen für ein Gespräch

- Die Sehnsucht der Menschen nach Leben ist groß. Der russische Schriftsteller Dostojewski hat sie mit folgenden Worten beschrieben:
„Wenn ich irgendwo auf der Höhe, einem Fels oder einem so schmalen Grat leben müßte, daß ich eben gerade meine beiden Füße darauf stellen könnte, umgeben von Abgründen, vom Meer, ewiger Finsternis, unendlicher Einsamkeit und endlosem Sturmestoben, ich wollte dort stehenbleiben, auf ellenbreitem Raum, mein ganzes Leben lang, tausend Jahre lang, eine Ewigkeit, es wäre besser so zu leben, als sofort zu sterben. Nur leben, leben, leben! Wie man auch leben mag, nur leben, Herrgott, welch eine Wahrheit!"
- Aber: „Was ist Leben?" Diese Frage hat die begabtesten Denker der Menschheitsgeschichte beschäftigt. Je weiter die Forschung voranschreitet, umso mehr scheint man in das Geheimnis einzudringen. In ein Geheimnis eindringen bedeutet aber gleichzeitig, ihm den Charakter des Geheimnisvollen nehmen.
Ist es ein Fortschritt in der Menschheitskultur, wenn die Welt frei von Geheimnissen ist?
- Immer wird menschlicher Geist forschen; immer wird er versuchen, hinter die Schliche der Natur zu gelangen. Dieses Bemühen steckt auch in dem Auftrag Gottes: „Bevölkert die Erde, unterwerft sie euch" (Gen 1,28).
- Ein besonderes Interesse galt der Frage nach dem Ursprung des Lebens. Die Genforschung scheint ganz nahe an eine Lösung herangekommen zu sein. Können unsere Wissenschaftler bald Leben chemisch herstellen? Noch ist es nicht so weit; aber die Frage stellen heißt, ein Unternehmen mit unabsehbaren Konsequenzen beginnen.
- Auch das „Gespräch auf der Wiese" dreht sich um die Frage: „Was ist das Leben?" Alle Tiere, die hier ihre Heimat haben, beteiligen sich an der Unterhaltung.
- Was an den Antworten auffällt ist dies: Jedes Tier beantwortet die Frage aus seiner Sicht. So muß jede Antwort einseitig sein.
Aber weil die Antworten jeweils auch die Lebenswirklichkeiten der Tiere be-

schreiben, haben sie auch ihre Gültigkeit; sie drücken das aus, was der Inhalt ihres Lebens ist.

- Die Erzählung will uns über die Frage, was das Leben sei, noch mehr sagen: Das Leben ist etwas so Gewaltiges, daß man es mit einem Wort nicht umschreiben kann. Das Leben ist „Entwicklung“, „Freude und Sonnenschein“, „Mühsal und Arbeit“, „Wechsel von Arbeit und Vergnügen“, „Kampf im Dunkeln“, „Tränen“; das sind einige Antworten der Tiere.
Man könnte in einer Gesprächsrunde diese Frage ebenfalls stellen; wahrscheinlich würden die Menschen ähnliche Antworten geben.

- Mit der Fülle der Antworten wird das Leben immer gewichtiger, dichter, gehalt- und blutvoller. Jeder Leser und Hörer erfährt, was alles zum Leben gehört, aber auch, wie unbedacht und selbstverständlich wir das Wort gebrauchen und aus seiner Kraft „leben“.

- Ob wir nicht in der Kirche einen verdünnten Lebensbegriff haben? Ob nicht viele Christen auswandern, weil sie sich darin nicht wiedererkennen? Ob die Kirche nicht zu schnell diese Antworten überspringt und auf das kommende Leben — in einer anderen Welt — hinweist?

- Das Verbindende zwischen der Welt vor dem Tode und nach ihm heißt Leben.

- Die Morgenröte in der Erzählung gibt eine theologische Erklärung: Das „ewige“ Leben ist eine Wirklichkeit, auf die wir zugehen und in der wir Vollendung finden. Aber dieses „ewige“ Leben ist schon jetzt in dieser Welt anwesend. Weil es uns hier schon erreicht, darum leben wir.

- Die Theologen nennen das Leben Gott; Christus sagt: „Ich bin das Leben“ (Joh 14,6).

- Leben schaffen kann nur der, der Leben ist. Leben setzt viel früher an, als der erste Augenblick dieser Erde, und Leben überdauert diese Erde um eine Ewigkeit.

- Weil Gott die Fülle ist, darum muß auch auf dieser Erde das Leben die Fülle sein.
Weil menschliches und göttliches Leben zusammenhängen, darum konnte Hilde Domin sagen:

> Mein Herz —
> diese Sonnenblume
> auf der Suche nach Licht.

- Ist nicht alles irdische Leben Anteil am Leben Gottes? Und ist nicht der Tod sogar ein Wegweiser zum Leben?

Wo Leben ist
ist der Tod
sagst du.
Ich sage
wo der Tod ist
ist Leben.

Skelette am Rande
der Karawanenstraße
in der Wüste
sind die einzigen Wegweiser
zur Oase,
zum Leben.

Der Tod
ist das einzige
was uns
ans Leben erinnert (Dietlind in der Au).

Schrifttext

Amen, amen, ich sage euch: Wer mein Wort hört und dem glaubt, der mich gesandt hat, hat das ewige Leben; er kommt nicht ins Gericht, sondern ist aus dem Tod ins Leben hinübergegangen.
Amen, amen, ich sage euch: Die Stunde kommt, und sie ist schon da, in der die Toten die Stimme des Sohnes Gottes hören werden; und alle, die sie hören, werden leben. Denn wie der Vater das Leben in sich hat, so hat er auch dem Sohn gegeben, das Leben in sich zu haben (Joh 5,24–26).

Gebet

Jesus Christus,
er ist das Leben, das ich
leben möchte,
er ist das Licht, das ich
anzünden möchte,
er ist die Freude, die ich
teilen möchte,
er ist der Friede, den ich

geben möchte.
Jesus ist alles in allem für mich. Ohne ihn kann ich nichts tun.

Mutter Teresa

Inventur

Dies ist meine Mütze,
dies ist mein Mantel,
hier mein Rasierzeug
im Beutel aus Leinen.

Konservenbüchse:
Mein Teller, mein Becher,
ich hab in das Weißblech
den Namen geritzt.

Geritzt hier mit diesem
kostbaren Nagel,
den vor begehrlichen
Augen ich berge.

Im Brotbeutel sind
ein Paar wollene Socken
und einiges, was ich
niemand verrate,

so dient es als Kissen
nachts meinem Kopf.
Die Pappe hier liegt
zwischen mir und der Erde.

Die Bleistiftmine
lieb ich am meisten:
Tags schreibt sie mir Verse,
die nachts ich erdacht.

Dies ist mein Notizbuch,
dies meine Zeltbahn,
dies ist mein Handtuch,
dies ist mein Zwirn.

Günter Eich

Anregungen für ein Gespräch

- Der Dichter beschreibt eine geistige und materielle Inventur der Stunde Null. Die Stunde Null ist das Ende des Reiches, der totale Ausverkauf, der verlorene Krieg, das zertretene und ausgeblutete Volk. Das Gedicht nennt die wenigen Utensilien, die übriggeblieben sind; wichtiger aber ist die geistige Inventur, der geschichtliche Hintergrund dieser Szene.
- Viele Menschen haben diese Zeit als Zusammenbruch erlebt. Die Wellen sind wie bei einer Sintflut über ihrem Kopf zusammengeschlagen; die Wellen waren Häuser, Existenzen, Schmerzen über verlorengegangene Kinder, verbaute Wege, hoffnungslose und sinnlose Zukunft. Wieviele Deutsche haben damals gesagt: „Uns ist eine Welt zusammengebrochen"; diese Aussage ist ganz wörtlich zu nehmen. Alles war zu Ende; manche mögen den Tod als Befreiung empfunden haben.
- Für viele andere war das Ende des Krieges und des Dritten Reiches eine solche Situation, wie sie der Dichter beschrieben hat: ganz wenige und kleine Dinge, die sonst im Alltag keine große Rolle spielen und mißachtet werden, waren geblieben: ein Nagel, eine Blechdose, ein Bleistift, eine Decke. Auf einmal bekommen diese unbedeutenden Dinge einen unbeschreiblichen Wert.
- Jeder Soldat, der in Gefangenschaft, jeder Inhaftierte, der im Gefängnis oder KZ war, hat diese Erfahrungen machen müssen. Ich selbst war siebzehn Jahre alt, als ich von den Dingen leben mußte, die der Dichter aufzählt. Dennoch war der seelische Schmerz viel größer: die Unwissenheit über Angehörige, Gefühle der Schuld, Sorge um das weitere Schicksal, fehlendes Vertrauen.
- Der Dichter zeigt uns Menschen im Wohlstand, mit wie wenigen Dingen wir auskommen können. Er zeigt aber auch, wie diese kleinen Utensilien unsere Phantasie beflügeln und neue Akzente in unserem Leben setzen; wir entdecken schöpferische Kräfte in uns, die bisher verschüttet waren.
- Wie bei der Sintflut die Arche mit den Lebenden übrigblieb, so war das wenige, das die Menschen in ihrer tiefsten Not in Händen hielten, der Anfang einer neuen Hoffnung. Die Bibel spricht vom „heiligen Rest", der noch einmal eine Chance bekommt.

● Was einen Menschen in dieser Situation immer wieder beschäftigt, ist die Frage: Wie konnte es soweit kommen? Welche Fehler haben wir gemacht? Wo liegen die Ursachen für solche Entwicklungen?
Ein befreundeter Soldat, der von der russischen Front in Heimaturlaub fahren durfte, erzählte uns, er könne in seinem Leben nicht mehr lachen. Er habe gesehen, wie Juden vor ihren selbstgeschaufelten Gräbern erschossen wurden.
In jedem Menschen ist ein Abgrund! Wehe, wenn er nicht mit Gott gefüllt wird.

● Wir haben erfahren, daß ein Leben ohne Gott Raum schafft für Ideologien. Ideologien sind Teilwahrheiten, die absolut gesetzt und dann gegen den Menschen angewandt werden. Sie sind immer ein Betrug am Menschen, weil sie die ganze Wahrheit verschweigen. „Gut ist, was dem Volke nützt", „Du bist nichts, dein Volk ist alles" — mit solchen Spruchbändern an den Häusern wurde das Volk in die Irre geführt. Ideologien werden als Waffe gebraucht; sie gestatten keine Toleranz.
Wir müssen äußerst kritisch sein gegenüber dem Gebrauch von Ideologien. Die Linken und die Rechten sind Meister in der Verkündigung halber Wahrheiten und in der Unterdrückung von Toleranz!

● Die von Günter Eich beschriebene Situation ist bis heute geblieben. In Südamerika, in Afrika, im Osten, im vorderen Orient, im Iran und an vielen anderen Stellen der Erde sitzen Unschuldige hinter Gittern und Stacheldraht und fristen ihr Dasein. Diese Erfahrung, aus dem Zusammenbruch des Dritten Reiches nichts gelernt zu haben, ist vielleicht die bedrückendste Erkenntnis unserer Zeit. Wenn wir uns erst an das Unrecht gewöhnt haben, gibt es kein Halten mehr. Erich Fried warnt in seinem Gedicht „Ich soll mich nicht gewöhnen":

> Ich soll nicht morden
> ich soll nicht verraten
> Das weiß ich
> Ich muß noch ein Drittes lernen:
> Ich soll mich nicht gewöhnen
>
> Denn wenn ich mich gewöhne
> verrate ich
> die die sich nicht gewöhnen
> denn wenn ich mich gewöhne
> morde ich
> die die sich nicht gewöhnen
> an das Verraten
> und an das Morden
> und an das Sich-gewöhnen

Wenn ich mich auch nur an den
Anfang gewöhne
fange ich an mich an das Ende zu gewöhnen.

● In den Stunden des Entsetzens, der Erschütterung und des Verbrechens hat der Dichter Reinhold Schneider zur letzten Zuflucht, zum Gebet mit den bekannten Versen aufgerufen:

Allein den Betern kann es noch gelingen,
das Schwert ob unseren Häuptern aufzuhalten
und diese Welt den richtenden Gewalten
durch ein geheiligt Leben abzuringen.

Schrifttext

Pilatus ließ Barabbas frei und gab den Befehl, Jesus zu geißeln und zu kreuzigen. Da nahmen die Soldaten des Statthalters Jesus, führten ihn in das Prätorium, das Amtsgebäude des Statthalters, und versammelten die ganze Kohorte um ihn. Sie zogen ihn aus und legten ihm einen purpurroten Mantel um. Dann flochten sie einen Kranz aus Dornen; den setzten sie ihm auf und gaben ihm einen Stock in die rechte Hand. Sie fielen vor ihm auf die Knie und verhöhnten ihn, indem sie riefen: Heil dir, König der Juden! Und sie spuckten ihn an, nahmen ihm den Stock wieder weg und schlugen ihn damit auf den Kopf. Nachdem sie so ihren Spott mit ihm getrieben hatten, nahmen sie ihm den Mantel ab und zogen ihm seine eigenen Kleider wieder an (Mt 27,26—31a).

Gebet

Von guten Mächten treu und still umgeben,
behütet und getröstet wunderbar,
so will ich diese Tage mit euch leben
und mit euch gehen in ein neues Jahr.

Noch will das alte unsre Herzen quälen,
noch drückt uns böser Tage schwere Last,
ach, Herr, gib unsern aufgescheuchten Seelen
das Heil, für das Du uns bereitet hast.

Und reichst Du uns den schweren Kelch, den bittern
des Leids, gefüllt bis an den höchsten Rand,

so nehmen wir ihn dankbar ohne Zittern
aus Deiner guten und geliebten Hand.

Doch willst Du uns noch einmal Freude schenken
an dieser Welt und ihrer Sonne Glanz,
dann wolln wir des Vergangenen gedenken,
und dann gehört Dir unser Leben ganz.

Laß warm und still die Kerzen heute flammen,
die Du in unsre Dunkelheit gebracht,
führ, wenn es sein kann, wieder uns zusammen.
Wir wissen es, Dein Licht scheint in der Nacht.

Wenn sich die Stille nun tief um uns breitet,
so laß uns hören jenen vollen Klang
der Welt, die unsichtbar sich um uns weitet,
all Deiner Kinder hohen Lobgesang.

Von guten Mächten wunderbar geborgen,
erwarten wir getrost, was kommen mag.
Gott ist mit uns am Abend und am Morgen
und ganz gewiß an jedem neuen Tag.

Dietrich Bonhoeffer

Das Sternmädchen

Ein Mann hatte viele Kühe. Morgens trieb er sie auf die Weide, und abends trieb er sie zurück in den Stall. Er molk seine Kühe und freute sich über die viele gute Milch. Einmal aber, als er morgens in den Stall kam, gab keine einzige Kuh auch nur einen Tropfen Milch. Auch am nächsten und am übernächsten Tag gaben die Kühe keine Milch.
Jemand muß sie heimlich melken, dachte der Mann.
An diesem Abend versteckte er sich neben der Stalltür und wartete. Es wurde dunkler und dunkler, die Sterne gingen auf und leuchteten immer heller. Auf einmal senkte sich eine Strickleiter aus geflochtenen Strahlen von den Sternen herab. Auf der Leiter stiegen Mädchen herunter, eines nach dem anderen. Die Sternmädchen gingen in den Stall und fingen zu kichern und zu singen an. Dann setzte sich jedes zu einer Kuh und molk die Kuh ohne Eimer.

Als der Mann das sah, wurde er zornig. Er sprang auf die Sternmädchen los und wollte sie fangen und schlagen. Aber die Sternmädchen waren viel zu flink. Sie huschten dahin und dorthin, sie kicherten und sangen. Dann liefen sie zurück zur Leiter und kletterten zurück in den Himmel. Ein einziges Mädchen war nicht flink genug. Der Mann packte es an den Haaren und ließ es nicht mehr los. Die anderen Mädchen bemerkten nicht, daß eines von ihnen noch auf der Erde war, und zogen die Strahlenstrickleiter ein.
Das gefangene Sternmädchen war so schön, daß der Mann allen Zorn vergaß. „Willst du meine Frau werden?“ bat er. „Ja, ich will deine Frau werden“, sagte das Mädchen. „Du mußt mir aber versprechen, daß du nie in mein Körbchen hineinschaust!“
„Was für ein Körbchen?“ fragte der Mann. Kaum hatte er das gefragt, sah er, daß das Sternmädchen einen kleinen Korb am Arm trug. „Ich bin nicht neugierig“, sagte der Mann, „und ich werde gewiß nie hineinschauen.“
Da wurde sie seine Frau.
Monate vergingen, und der Mann vergaß allmählich, was er versprochen hatte. Das kleine Körbchen war kunstvoll geflochten und hatte einen Deckel, der ganz fest saß. Der Mann sah das Körbchen Tag für Tag und wurde plötzlich neugierig, was drinnen war. Er sagte aber kein Wort davon.
Einmal, als seine Frau nicht daheim war, hob er den Deckel des Körbchens und schaute hinein. Der Korb war leer!
Bald darauf kam seine Frau und sagte traurig: „Du hast in das Körbchen geschaut!“
„Dummes Ding!“ antwortete der Mann.
„Warum hätte ich nicht hineinschauen sollen? Es ist doch gar nichts drinnen.“
Da sah die Frau ihn lange an, dann wandte sie sich um und ging fort.
Der Mann hat sie nie wieder gesehen.
Die Sternmädchenfrau war in den Himmel zurückgekehrt. In ihrem Körbchen hatte sie die schönsten Dinge, die es im Himmel gibt, für sich und ihren Mann aufgehoben. Er aber hatte die schönsten Dinge nicht sehen können.
Für manche Leute sind die schönsten Dinge unsichtbar. Bei einem solchen Menschen aber kann ein Sternmädchen nicht bleiben.

Käthe Recheis

Anregungen für ein Gespräch

- Eine Kuh ist für arme Leute ein Reichtum. Sie liefert das, was man zum Leben braucht, von der Milch bis zum Kuhfladen.

Wer in Afrika, woher diese Erzählung stammt, viele Kühe hat, ist ein reicher Mann.

- Man könnte meinen, reiche Männer dürften in ihrem Haus schalten und walten, wie sie wollen. Aber die Erzählung belehrt uns eines anderen.
- Die Sternmädchen kommen aus einer anderen Welt. Die Märchenerzähler haben sich gern gerade solcher Gestalten bedient, um den Menschen Wichtiges zu sagen. Selbstverständlich sind solche Himmelsmädchen immer auch schön.
- Es liegt nahe, daß der reiche Mann das schöne Mädchen, das er gefangen hat, heiraten will. Damit wird er noch reicher; er bekommt nun alles, wonach sein Herz sich sehnt.
- Jeder Mensch ist ein Individuum, d.h. er ist unteilbar. Man muß ihn deshalb in seiner Ganzheit verstehen und annehmen, mit seinen Vorstellungen und Geheimnissen.
- Warum konnte der reiche Mann das Geheimnis seiner schönen Frau nicht respektieren? Sah er in der Frau einen Besitz, über den er verfügen wollte? Trieb ihn die Neugierde? War er trotz seines Glücks und seines Reichtums immer noch nicht zufrieden?
- Was muß das für eine Enttäuschung gewesen sein, als der Mann in der Abwesenheit seiner Frau heimlich in das Körbchen sah!

Vielleicht war die Enttäuschung bei ihm mehrfach:
- weil er nichts im Korb entdecken konnte (warum dann eine solche Geheimnistuerei?)
- weil er ein Geheimnis seiner Frau nicht respektiert hat
- weil er sein Versprechen nicht einhalten konnte.

Die Enttäuschung über sich selbst kann größer sein als diejenige, die man über andere empfindet.
- Weil der reiche Mann im Körbchen nichts entdecken kann, will er den Wert und die Berechtigung dieses Geheimnisses herunterspielen.

Wer blind ist, kann die „schönsten Dinge des Himmels“ nicht sehen.
- Wer sind die Blinden heute? Sind es diejenigen, die die irdischen Dinge oder die, die die himmlischen Dinge nicht sehen können? Das ist eine lebenswichtige Frage!
- Es gibt Dinge, die nicht ins Auge springen, die man vielleicht nicht einmal mit leiblichen Augen sehen kann. Für vieles braucht man ein Herz, um es erkennen zu können.
- Im kleinen Prinzen von Saint-Exupéry heißt es:

„Adieu“, sagte der Fuchs. „Hier ist mein Geheimnis. Es ist ganz einfach: man sieht nur mit dem Herzen gut. Das Wesentliche ist für die Augen unsichtbar.“
- Viele Menschen glauben nicht an Gott, weil sie ihn nicht sehen können.
- Ein Geheimnis kann nicht bestehen ohne Ehrfurcht und ohne Stille. „Schweigen ist die Sprache der Ewigkeit. Lärm geht vorüber“ (Gertrud von le Fort).

● Der heilige Josef hat das Geheimnis der Menschwerdung in Maria angenommen. Er konnte es nicht begreifen und wollte es nicht zerstören. Bei der Verkündigung des Engels an Maria war nichts zu sehen.
Auch das Geheimnis ist eine Wirklichkeit — wie die zweitausendjährige Geschichte des Christentums beweist.

Schrifttext

Sie kamen nach Jericho. Als er mit seinen Jüngern und einer großen Menschenmenge Jericho wieder verließ, saß an der Straße ein blinder Bettler, Bartimäus, der Sohn des Timäus. Sobald er hörte, daß es Jesus von Nazaret war, rief er laut: Sohn Davids, Jesus, hab Erbarmen mit mir!
Viele wurden ärgerlich und befahlen ihm zu schweigen. Er aber schrie noch viel lauter: Sohn Davids, hab Erbarmen mit mir! Jesus blieb stehen und sagte: Ruft ihn her! Sie riefen den Blinden und sagten zu ihm: Hab nur Mut, steh auf, er ruft dich. Da warf er seinen Mantel weg, sprang auf und lief auf Jesus zu. Und Jesus fragte ihn: Was soll ich dir tun? Der Blinde antwortete: Rabbuni, ich möchte wieder sehen können. Da sagte Jesus zu ihm: Geh! Dein Glaube hat dir geholfen. Im gleichen Augenblick konnte er wieder sehen, und er folgte Jesus auf seinem Weg (Mk 10,46—52).

Gebet

Gib mir
einen reinen Sinn —
daß ich dich erblicke,
einen demütigen Sinn —
daß ich dich höre,
einen liebenden Sinn —
daß ich dir diene,
einen gläubigen Sinn —
daß ich in dir bleibe.

Dag Hammarskjöld

Ein Märchen von Gott und den Königen

Einst wurden die Menschen ihrer Könige so überdrüssig, daß sie beschlossen, an den lieben Gott eine Deputation zu entsenden, um ihn um Beistand gegen jene zu bitten.

Die Deputation wurde an der Pforte des Himmels empfangen und ward auch vorgelassen, als die Reihe an sie kam. Aber als der Wortführer sein Anliegen vorgebracht hatte, da schüttelte der liebe Gott verwundert den Kopf und sagte: „Ich verstehe kein Wort von dem, was du da sprichst. Ich habe euch niemals Könige gegeben."

Da riefen sie alle durcheinander, die Erde wäre ja so voll von Königen, die alle verkündeten, sie herrschten von Gottes Gnaden.

„Davon weiß ich nichts!" erwiderte ihnen Gott. „Ich habe euch alle gleich geschaffen, nach meinem Bilde schuf ich euch. Lebt wohl!"

Die Audienz war damit vorbei. Aber die Deputation setzte sich vor die Pforte des Himmels und weinte bitterlich.

Als nun der liebe Gott das erfuhr, fühlte er Mitleid mit ihnen und ließ sie wieder in den Himmel herein. Er rief einen Erzengel zu sich und sagte zu ihm: „Sieh nach in dem Buche, darin ich die Plagen aufgezeichnet habe, welche ich über die Menschen sandte um ihrer Sünden willen, und sage mir, ob etwas von Königen darin steht."

Es war ein sehr, sehr dickes Buch, so daß der Engel einen ganzen Tag brauchte, um es durchzustudieren. Als er am Abend damit fertig geworden war, meldete er dem Herrn, daß er nichts gefunden habe. Da wurde die Deputation vorgeführt und Gott sprach:

„Ich weiß nichts von den Königen. — Lebet wohl!"

Da ergaben die Armen sich der Verzweiflung, so daß Gott nochmals Mitleid mit ihnen verspürte. Wiederum rief er den Engel zu sich und sagte ihm: „Sieh nach in den Büchern, darin ich all das Elend aufgezeichnet habe, das die Menschen um ihrer törichten Gebete willen befiel, damit sie einsähen, daß mein Ratschluß weiser ist als der ihre. Laß mich wissen, ob etwas von Königen darin steht."

Und der Engel tat, wie ihm befohlen wurde. Doch da es zwölf dicke Bücher waren, dauerte es zwölf Tage, bis er mit der Arbeit fertig wurde. Und er fand nichts.

Da ließ Gott die Deputation zum letzten Male vortreten und sagte zu ihr: „Ihr müßt in der Tat unverrichteter Sache heimreisen. Ich kann nichts für euch tun. Die Könige sind eure eigene Erfindung, und wenn ihr ihrer überdrüssig seid, so müßt ihr selbst sehen, wie ihr sie euch vom Halse schafft."

Karl Ewald

- Das Märchen kommt unverkennbar aus dem sozialistischen Raum. Die Erzieher sollen den Kindern damit deutlich machen, daß es auf dieser Erde keine Über- und Unterordnung geben darf, das Königtum eine verwerfliche und damit zu beseitigende Institution ist, der Weg der Revolution beschritten und Gleichmacherei betrieben werden muß.

Muß das Märchen in dieser Weise gedeutet werden, oder haben wir Christen eine andere Sicht? Wo gibt es Gemeinsamkeiten und wo Unterschiede?

- Jede Gleichmacherei ist vom Übel; sie wird der menschlichen Natur nicht gerecht, weil sie Unterschiede der Veranlagung, der Begabung, des Fleißes, der Kraft, des Geschlechts, des Guten und Bösen übersieht.

Außerdem zerstört sie jegliche Initiative; sie erzieht zu Gleichgültigkeit, Schlendrian, Drückebergerei und Korruption. Gleichmacherei aller Menschen ist kein Weg zu einer humanen Welt.

- Überall gibt es den Drang zum „Königtum". Politiker drängen zur Macht, Sportler zur Spitze, Berufstätige zur Chefetage, Soldaten zum Offizier, Schüler zum Klassenbesten, Letzte zu Ersten. Dieser Drang nach oben ist ein Urtrieb des Menschen.
- In dem Musical Anatevka hat auch der Milchmann Tevje in dem Lied „Wenn ich einmal reich wär" von dem Oben geträumt:

  Herr, du schufst den Löwen und das Lamm;
  sag, warum ich zu den Lämmern kam.
  Wär' es wirklich gegen deinen Plan,
  wenn ich wär' ein reicher Mann?

- Aus dem Drang nach oben sind bedeutsame und wertvolle Impulse für die Menschen in die Welt gekommen.
- Das Verlangen nach oben ruft immer gleichzeitig Neider auf den Plan. Konkurrenten und Rivalen melden sich, die den anderen den ersten Platz streitig machen wollen.
- Diese Rivalität hat heute in vielen Bereichen des Lebens rabiate Züge bekommen. Wir leben in einer leistungsorientierten Gesellschaft, in der der Wettkampf eine beherrschende Funktion einnimmt. Das Ringen um Leistung, Erfolg und Macht hat sich so verstärkt, daß das menschliche Zusammenleben verbissener, rücksichtsloser und unsozialer geworden ist. Das Wort von der Ellbogengesellschaft macht die Runde.
- Wer eine solche Entwicklung auf das politische und wirtschaftliche Leben eingrenzen möchte, wird der Wirklichkeit nicht gerecht.

Gerade im pädagogischen Raum ist mit der Methode der antiautoritären Erziehung oder dem Lernziel, sich durchsetzen zu müssen, ein unübersehbarer Schaden für menschliches Zusammenleben entstanden. Eine solche Erziehung führt zur Rücksichtslosigkeit gegenüber anderen Menschen, die sich bitter rächen wird.

- Wer kann Abhilfe schaffen? Sollen wir aus einer solchen Entwicklung aussteigen? Das wäre kein Weg.

- Das Christentum ist wiederum zur Heilung einer kranken Gesellschaft aufgerufen. Es lehrt eine „Karriere nach unten", indem es sich auf die Einladung Jesu bezieht, Mut zum letzten Platz zu haben. Diese Einladung gilt zwar allen; aber die Forderung ist nicht leicht zu erfüllen, weil sie gegen den Urtrieb des Menschen gerichtet ist, nach oben zu streben und „König" zu werden. Die wenigen indes, die sich für den letzten Platz gewinnen lassen, können andere nachdenklich machen, Wege weisen, Orientierung geben und zur Nachahmung einladen. Dieser letzte Platz kann eine Gesinnung ändern, so daß auch Menschen auf dem ersten Platz ihre Aufgabe und ihren Beruf als Dienst verstehen lernen.

- Das Christentum lehrt nicht, sich die Könige „vom Halse zu schaffen", ihnen also die Hälse abzuschneiden, sondern ihnen eine neue, dienende und helfende Gesinnung zu geben. Biblisch gesprochen kommt es darauf an, dem Wolf die Wolfsnatur auszutreiben.

- Der Weg des Dienens ist auch von vielen großen Menschen beschritten worden. Gestalten wie Mutter Teresa, Papst Johannes XXIII., Kardinal von Galen, die Lepraärztin Ruth Pfau und andere sind die neuen „Könige".

- Heute kommt es darauf an, daß wir unser Dienen vom Ver-dienen befreien. Wir selbst sind gratis in der Welt; darum sollten wir auch gratis anderen dienen.

Schrifttext

Da rief Jesus sie zu sich und sagte: Ihr wißt, daß die Herrscher ihre Völker unterdrücken und die Mächtigen ihre Macht über die Menschen mißbrauchen. Bei euch soll es nicht so sein, sondern wer bei euch groß sein will, der soll euer Diener sein, und wer bei euch der Erste sein will, soll euer Sklave sein. Denn auch der Menschensohn ist nicht gekommen, um sich dienen zu lassen, sondern um zu dienen und sein Leben hinzugeben als Lösegeld für viele (Mt 20,25—28).

Gebet

Endlich einer, der sagt:
„Selig die Armen!"
und nicht: Wer Geld hat, ist glücklich!
Endlich einer, der sagt:
„Liebe deine Feinde!"
und nicht: Nieder mit den Konkurrenten!
Endlich einer, der sagt:
„Selig, wenn man euch verfolgt!"
und nicht: Paßt euch jeder Lage an!
Endlich einer, der sagt:
„Der Erste soll der Diener aller sein!"
und nicht: Zeige, wer du bist!
Endlich einer, der sagt:
„Was nützt es dem Menschen,
wenn er die ganze Welt gewinnt!"
und nicht: Hauptsache vorwärtskommen!
Endlich einer, der sagt:
„Wer an mich glaubt, wird leben in Ewigkeit!"
und nicht: Was tot ist, ist tot!

Josef Dirnbeck/Martin Gutl

Erich Hückniesel und die Fußballfee

Es ist noch gar nicht so lange her, da lebte in unserer Stadt ein junger Mann, der hieß Erich Hückniesel und war von Beruf Schneider. Die ganze Woche über saß er mit gekreuzten Beinen auf dem Tisch und nähte Hosen, am Samstagnachmittag aber trainierte er auf dem Fußballfeld, und am Sonntag spielte er für Eintracht 07. Das heißt, um der Wahrheit die Ehre zu geben, er spielte nicht, sondern er war nur immer Ersatzmann; denn da er die ganze Woche über mit gekreuzten Beinen auf dem Tisch saß und Hosen nähte, hatte er Beine wie geknickte Streichhölzer, und sein Brustkorb war flach und sein Rücken gekrümmt, so daß die Leute ihn den krummen Erich hießen und lachten, wenn er aufs Spielfeld kam, und der Vereinstrainer ihn vertrösten mußte: „Nächstes Mal, Erich, nächstes Mal lasse ich dich vielleicht aufs Feld, aber heute bist du nicht in Kondition.“ Der arme Erich Hückniesel aber wurde immer blasser und stiller und seine Nase immer spitzer, und wenn seine Frau Liesbeth ihn fragte: „Was ist denn nur los mit dir, Erich?“, dann sagte er: „Ach, wenn ich doch nur einmal hören könnte, wie die Leute rufen:

'Hückniesel vor!
Noch ein Tor!'

aber statt dessen heißen sie mich den krummen Erich und lachen über mich, und ich komme nicht einmal ins Spiel.“
Das hörte eine gute Fee, die für Fußballer zuständig war, und am nächsten Sonntag, zwei Stunden vor dem Spiel Eintracht 07 gegen 1. FC Roßmannsdorf, stand sie plötzlich in der guten Stube bei Hückniesels und sagte: „Erich, ich bin gekommen, dir zu helfen.“
„Nanu“, sagte Erich Hückniesel, „wie sind Sie denn ins Zimmer gekommen, Frau Wosniakowsky, wo es doch nicht geklingelt hat und meine Frau gar nicht an der Wohnungstür war und ich auch nicht?“
„Darüber zerbrich dir mal nicht den Kopf, Erich“, sagte die Fee. „Außerdem bin ich nicht Frau Wosniakowsky, ich bin die Fußballfee, und ich bin gekommen, dir zu helfen.“
„Fußballfee!“, sagte Erich Hückniesel. „Sie sehen aber haargenau aus wie die Frau Wosniakowsky, die den Zeitungsstand hat an der Ecke und bei welcher ich immer die Fußballzeitung kaufe mit dem Toto drin, und mir kann sowieso keiner helfen außer dem Trainer, und der will nicht.“
„Doch“, sagte die Fußballfee, „ich kann.“
„Da bin ich aber neugierig“, sagte Erich Hückniesel, „wie das geschehen soll.“
„Ich gebe dir einen goldenen Fuß“, sagte die Fußballfee.
„Einen goldenen Fuß!“ sagte Erich Hückniesel. „Und was wird meine Frau dazu sagen, wenn ich mit einem goldenen Fuß am Bein neben ihr im Bett liege?“
„Sie muß es ja nicht wissen“, sagte die Fußballfee. „Sag ihr einfach, du hast kalte Füße, und behalte die Socken an im Bett.“
„Ja“, sagte Erich Hückniesel, „das ließe sich eventuell machen.“
„Aber es hängt eine Bedingung daran“, sagte die Fußballfee. „Du darfst kein Geld nehmen. Pokale und Kränze und Medaillen und Ehrenbriefe ja, aber kein Geld, sonst ist der goldene Fuß ab und alles wieder wie zuvor. Klar?“
„Klar“, sagte Erich Hückniesel, und bevor er wußte, wie ihm geschah, bückte sich die Fußballfee und berührte mit ihrem kleinen Finger seinen rechten Fuß, und er spürte ein merkwürdiges Kribbeln und Krabbeln darin und ein Ziepen und Ziehen, und dann war er auf einmal allein, und seine Frau Liesbeth stand in der Tür und fragte: „Mit wem hast du denn geredet?“
Erich Hückniesel lüpfte seine Socke ein wenig vom Fuß und lugte verstohlen und sah, daß er tatsächlich einen goldenen Fuß hatte, und sagte: „Mit der Frau

Wosniakowsky, die den Zeitungsstand hat an der Ecke und bei welcher ich immer die Fußballzeitung kaufe mit dem Toto drin."

„Ach", sagte seine Frau Liesbeth, „was hat die Alte denn gewollt?"

„Sie hat mir geraten, die Socken anzubehalten im Bett, sollte ich kalte Füße haben", sagte Erich Hückniesel, „und von jetzt an werde ich alle Spiele gewinnen."

„Hör dir den Mann an!", sagte seine Frau Liesbeth. „Einen krummen Rücken hat er und einen flachen Brustkorb und Beine wie geknickte Streichhölzer, aber von jetzt an will er alle Spiele gewinnen. Du bist ja verrückt, Erich." Und dann machte sie sich fertig und zog ihren alten häßlichen Übergangsmantel an, denn es wurde doch schon empfindlich kühl, sobald die Sonne weg war, und setzte sich ans Steuer des alten klapprigen Autos, das Erich Hückniesel gebraucht gekauft hatte, und fuhr mit ihrem Mann zum Fußballplatz.

Das Spiel Eintracht 07 gegen 1. FC Roßmannsdorf verlief aber sehr schlecht für Eintracht. Bei der Halbzeit stand es schon 4:0 gegen Eintracht und in der 81. Spielminute, mit nur noch neun Minuten zu spielen, gar 7:0, und der Trainer machte ein Gesicht, als hätte er Essig auf der Zunge.

Da faßte Erich Hückniesel sich ein Herz und ging hin zu ihm und sagte: „Laß mich aufs Feld, ich schaff's bestimmt noch, denn ich habe einen goldenen Fuß."

„Einen goldenen Fuß?", sagte der Trainer. „Einen krummen Rücken hast du und einen flachen Brustkorb und Beine wie geknickte Streichhölzer, aber das Spiel ist sowieso nicht mehr zu retten, also geh meinetwegen", und in der 83. Spielminute tauschte er den Libero Konrad Stötzner aus gegen Erich Hückniesel, und die Leute riefen: „Da kommt ja der krumme Erich!" und lachten, aber da rollte der Ball wie zufällig Erich Hückniesel vor den goldenen Fuß, und er trat ihn aus dem Mittelfeld heraus direkt in die obere linke Ecke des Roßmannsdorfer Tors, und die Leute waren auf einmal ganz still, und der Schiedsrichter sagte: „Das darf doch nicht wahr sein", aber es war das erste Tor in dem Spiel für Eintracht 07.

Und nun ging es Schlag auf Schlag. In den nächsten sechs Minuten war Erich Hückniesel überall auf dem Feld, vorn und hinten und rechts und links, und er schoß die abenteuerlichsten Bälle, sogar solche, die mitten in der Luft einen Knick machten, und die Leute wurden immer erregter und tobten richtig vor Begeisterung und riefen:

'Hückniesel vor!
Noch ein Tor!'

und in der 89. Spielminute trat Hückniesel direkt aus der Ecke heraus einen gekurvten Ball, der unhaltbar für den gegnerischen Torwart ins Netz ging und

den Ausgleich brachte, und das 8:7 für Eintracht, das Siegestor, kam genau zehn Sekunden vor dem Abpfiff, natürlich auch von Hückniesel.
Kann man sich einen glücklicheren Menschen vorstellen als unseren Erich? Seine Klubkameraden und die Fans trugen ihn auf den Schultern, und wehe, wenn einer ihn noch den krummen Erich zu nennen wagte, und er bekam einen Ehrenbrief, darauf stand: *Dem Retter von Eintracht 07;* nur seine Frau Liesbeth wunderte sich, warum er immer in Socken neben ihr im Bett schlief, denn wer solche Wunder auf dem Fußballfeld vollbrachte, konnte doch wohl nicht gut an kalten Füßen leiden. Während der Woche aber saß Erich Hückniesel weiter mit gekreuzten Beinen auf dem Tisch und nähte Hosen, und wenn er zu dem Zeitungsstand an der Ecke ging, um seine Fußballzeitung zu kaufen, blinzelte er der Frau Wosniakowsky so recht vertraulich zu, die aber schien das nicht zu bemerken und sagte nur: „Sind Sie das da auf der Vorderseite der Zeitung, Herr Hückniesel?"
Am nächsten Sonntag, gegen Fortuna Priesewitz, war Hückniesel von Anfang an dabei, und Fortuna ging auf eine Art unter, wie es die Leute noch nie gesehen hatten: Von 26 Toren gegen die unglückliche Fortuna schoß Hückniesel 25; das 26., als eine Art Ehrentor, überließ er Konrad Stötzner. Es war klar, daß ein solcher Spieler zu groß war für einen mittleren Provinzverein wie Eintracht 07, und in Anbetracht einer Summe, wie sie der Klubvorsitzende von Eintracht noch nie auf einem Haufen gesehen hatte, wechselte Erich Hückniesel über zu SV Aufwärts, und von da, für eine noch größere Summe in die Vereinskasse, zu VfB Grünweiß, dem Tabellenzweiten der Spitzenliga, den er mit zwei haushoch gewonnenen Spielen alsbald in die Spitzenposition brachte.
Und wenn die Herren von den Vereinen ihn fragten: „Nun, Hückniesel, wieviel möchten Sie denn nun haben?" und die Geschäftsleute, die mit seinem Namen Reklame machten für ihre Waren, von ihm wissen wollten: „Nun, Hückniesel, wie wär's denn mit ein paar Tausendern?" erklärte er bescheiden, nein danke, er wolle nichts, und das sagte er auch dem Besitzer der Fabrik, wo die T-Shirts hergestellt wurden mit seinem Bild drauf und der Inschrift:

„Hückniesel vor!
Noch ein Tor!"

„Und Sie wollen wirklich nichts, Hückniesel?" fragten die Herren ungläubig. „Wirklich ganz und gar nichts?"
„Ich bin doch Schneider", antwortete Erich Hückniesel dann wohl. „Ich sitze die Woche über mit gekreuzten Beinen auf meinem Tisch und nähe Hosen, und außerdem habe ich meinen goldenen Fuß."
„Ja, richtig und wahrhaftig", lachten da die Herren. „Er hat einen goldenen Fuß, was braucht er da unser Geld."
Frau Liesbeth aber war gar nicht dieser Meinung. Sie sagte vielmehr zu ihrem

Mann: „Bist du verrückt, Erich? Wir wohnen noch immer in unserer alten kleinen Wohnung und fahren in unserem alten klapprigen Auto, und ich trag immer noch meinen alten häßlichen Übergangsmantel, während die Vereine, für die du spielst, immer reicher werden und die Geschäftsleute, die mit deinem Namen Reklame machen für ihre Waren, das Geld nur so scheffeln. Die Leute lachen schon über uns und sagen: Mit dem ist doch was nicht richtig."
„Aber sieh doch, liebe Frau", sagte Erich Hückniesel, „die vielen schönen Pokale und Kränze und Medaillen auf dem Brett an der Wand, das ich angebracht habe, und die vielen schönen Ehrenbriefe auf der Tapete an der Wand, die ich angeklebt habe. Bedeutet das etwa nichts?"
„Aber was kann ich mir dafür kaufen?", fragte Liesbeth. „Also entweder du bringst das große Geld ins Haus, und zwar bald, oder ich sag dir Adieu, Erich, und du siehst mich nie wieder."
Da wußte der arme Erich Hückniesel überhaupt nicht, was er tun sollte, und da seine Frau Liesbeth ihn beim Frühstück plagte, wenn er seine Semmel kaute, und beim Mittagessen, wenn er seine Suppe löffelte, und beim Nachtmahl, wenn er sein Bierchen trank, und gar nicht von ihm abließ, so dachte er sich schließlich, wenn er das Geld nehmen würde und es nur recht geheimhielte, so würde es schon gehen. Und als der Vorstand von VfB Grünweiß ihm sagte, daß ein gewisses Interesse für ihn bestünde bei Real Madrid und ob er nicht gern ins Ausland übersiedeln würde mit seiner Frau Liesbeth, und als die Herren ihm gar einen großen Briefumschlag mit vielen schönen Geldscheinen drin über den Tisch zuschoben, da steckte er den Umschlag hastig in die hintere rechte Hosentasche und meinte, die Fee wird's schon nicht merken.
Wie er aber nach Hause kam voller Freude, um seiner Frau Liesbeth das viele Geld zu geben, sagte sie zu ihm: „Die Frau Wosniakowsky vom Zeitungsstand an der Ecke sitzt in der guten Stube, um mit dir zu reden, doch mir sagt sie nicht, was sie will."
„Sie wird schon ihre Gründe haben", sagte Erich Hückniesel, und sein Gesicht wurde plötzlich ganz blaß und seine Nase ganz spitz, „aber kümmere dich nicht darum, und hier ist das Geld, das du immer gewollt hast."
Die Frau Liesbeth nahm den großen Briefumschlag und sah das viele Geld und juchzte auf, Erich Hückniesel aber ging hinein in sein Wohnzimmer und grüßte höflich und fragte die Fußballfee, was sie denn wolle.
„Erich", sagte die Fußballfee, „wo hast du das Geld her, das sich in deiner hinteren rechten Hosentasche befindet?"
„In meiner hinteren rechten Hosentasche befindet sich kein Geld", sagte Erich Hückniesel. „Bitte überzeugen Sie sich selber, Frau Wosniakowsky."
„Dann hast du's deiner Frau Liesbeth schon zugesteckt", sagte die Fußballfee. „Außerdem bin ich nicht die Frau Wosniakowsky, sondern die Fußballfee,

und nun muß ich dir leider deinen goldenen Fuß wieder wegnehmen." Und bevor er wußte, wie ihm geschah, bückte sich die Fußballfee und berührte mit ihrem kleinen Finger seinen goldenen Fuß, und er spürte ein merkwürdiges Kribbeln und Krabbeln darin und ein Ziepen und Ziehen, und dann war er auf einmal allein, und seine Frau Liesbeth stand in der Tür und sagte: „Nanu, die Alte ist doch schon weg, was hat sie denn gewollt?"
Erich Hückniesel lüpfte seine Socke ein wenig vom Fuß und lugte verstohlen und sah, daß er tatsächlich keinen goldenen Fuß mehr hatte, und sagte: „Sie hat mir geraten, die Socken auszuziehen im Bett, sollte ich warme Füße haben, und von jetzt an werde ich alle Spiele verlieren."
„Hör dir den Mann an!", sagte seine Frau Liesbeth. „Wo alle Leute rufen:

'Hückniesel vor!
Noch ein Tor!',

und wir endlich Geld haben. Du bist ja verrückt, Erich."
Und dann machte sie sich fertig und tat das viele Geld in ihre Handtasche und ging einkaufen, und als sie zurückkam nach Hause mit all den schönen neuen Sachen, die sie eingekauft hatte, sah sie, daß ihr Mann schon zu Bett gegangen war und daß er auch seine Socken nicht mehr an den Füßen hatte im Bett, und sie sagte: „Das ist gut Erich, daß du endlich wieder warme Füße hast."
Beim nächsten Spiel von VfB Grünweiß aber enttäuschte Erich Hückniesel die Fans und schoß nicht nur kein einziges Tor, sondern verpatzte auch sämtliche Bälle, die seine Klubkameraden ihm zuspielten, so daß die Leute lachten und ihn wieder den krummen Erich hießen und der Trainer ihn in der zweiten Halbzeit vom Feld nehmen mußte. Und solches Versagen wiederholte sich von nun an ständig, so daß es nicht lange dauerte, bis er wieder zurück war bei Eintracht 07, wo er angefangen hatte, als er noch keinen goldenen Fuß hatte; aber spielen durfte er auch bei Eintracht nicht mehr, denn der Trainer sagte, er sei wohl nicht in Kondition und tauge nur gerade noch zum Ersatzmann.
Und auch das viele Geld, das er bekommen hatte, half ihm nichts, denn seine Frau Liesbeth konnte es nicht zusammenhalten, und sie gab es links aus und rechts aus für lauter Firlefanzereien, und dann war es weg.
Und Erich Hückniesel wurde immer blasser und stiller, und seine Nase wurde immer spitzer, und als ihm seine Frau Liesbeth gar sagte: „Es ist nichts mehr los mit dir, deine Beine sind wie geknickte Streichhölzer, und dein Brustkorb ist flach und dein Rücken gekrümmt, du bist wahrhaftig der krumme Erich", da seufzte er herzzerbrechend und sagte: „Ach wenn ich doch nur noch ein einziges Mal hören könnte, wie die Leute rufen:

'Hückniesel vor!
Noch ein Tor!',

ich würde wohl mein Leben dafür hingeben."

Am nächsten Sonntag aber, beim Spiel Eintracht 07 gegen Kickers Distelbach, als es wieder mal bei der Halbzeit 4:0 und in der 81. Spielminute 7:0 gegen Eintracht stand, bemerkte er plötzlich die Fußballfee neben sich auf der Spielbank.
„Na, wie ist es, Erich", sagte die Fußballfee, „stehst du diesmal zu deinem Wort?"
„Das werde ich wohl", entgegnete Erich Hückniesel, „wenn die Leute nur noch ein einziges Mal rufen:

'Hückniesel vor!
Noch ein Tor!'."

Die Fußballfee bückte sich, und bevor Erich Hückniesel wußte, wie ihm geschah, berührte sie mit ihrem kleinen Finger seinen rechten Fuß, und er spürte ein gar merkwürdiges Kribbeln und Krabbeln darin und ein Ziepen und Ziehen, und wie er seine Socke ein wenig vom Fuß lüpfte und verstohlen lugte und sah, daß er tatsächlich seinen goldenen Fuß wiederhatte, da stand er auf von der Spielerbank und ging hin zu dem Trainer und sagte: „Laß mich aufs Feld, ich schaff's bestimmt noch, denn ich habe meinen goldenen Fuß wieder."
„Du bist ja verrückt, Erich", sagte der Trainer, aber weil das Spiel sowieso nicht mehr zu retten war und er sich erinnerte, wie es damals begonnen hatte mit der Glückssträhne für Eintracht, tauschte er in der 83. Spielminute den Libero Konrad Stötzner aus gegen Erich Hückniesel.
Und nun ging es Schlag auf Schlag. Wie durch ein Wunder kam der Ball immer wieder vor Erich Hückniesels goldenen Fuß, und jedesmal verwandelte er mit den abenteuerlichsten Schüssen zum Tor, und die Leute tobten vor Begeisterung und riefen:

„Hückniesel vor!
Noch ein Tor!",

und in der 89. Spielminute schoß er den Ausgleichstreffer und genau zehn Sekunden vor dem Abpfiff das achte, das Siegestor für Eintracht.
Im Nu war Erich Hückniesel umringt von seinen Klubkameraden und den Fans, und sie wollten ihn auf ihre Schultern heben, aber irgendwie war er nicht recht greifbar, und der Trainer sagte: „Was will denn die Frau Wosniakowsky von dem Zeitungsstand an der Ecke mitten auf dem Spielfeld?", und dann sahen die Leute, wie Erich Hückniesel und Frau Wosniakowsky Hand in Hand nach oben entschwebten, fast als hätten sie einen Raketenantrieb, und immer kleiner wurden, bis sie nur noch Pünktchen waren am Himmel, und schließlich waren auch die weg.
Es wurde viel geredet seinerzeit über das Verschwinden von Erich Hückniesel und viel geschrieben in den Zeitungen, denn je weniger Leute wissen von einer Sache, desto mehr Wind machen sie davon. Wir aber haben ja erlebt, was mit Erich Hückniesel wurde, und wenn ihr des Nachts, bei klarem Wetter, nach

oben schaut, könnt ihr ihn auch ohne Fernrohr erkennen — ein kleines Stück links vom Großen Bären und dann ein kleines Stück schräg hinauf, dort schwebt er in seinem Fußballdress aus kleinen goldenen Sternen und mit seinem goldenen Fuß, und der große goldene Stern, der gerade quer über den Himmel fliegt, das ist der Fußball, und Erich Hückniesel schießt ihn unhaltbar ins Tor.

Stefan Heym

Anregungen für ein Gespräch

- Welcher Fußballspieler ist nicht stolz auf den Applaus der Zuschauer! Wer hätte sich noch nicht in die Rolle eines Stars hineingeträumt! Solche Sehnsüchte helfen bei der Selbstfindung des Menschen. Und wenn sie nie in Erfüllung gehen, muß man sich einfach mit einem Star identifizieren. Sein Erfolg ist auch mein Erfolg!
- Zuweilen bieten Märchen die Möglichkeit, selbst ein großer Star zu werden und sich nicht auf die Identifizierung mit einem Spieler beschränken zu müssen. Stefan Heym erfindet die Fußballfee, die das Unmögliche möglich macht.
- Wie es aber meistens im Märchen ist — an das versprochene Glück werden Bedingungen geknüpft: nichts verraten und kein Geld annehmen. Kleine Opfer im Vergleich zum großen Glück!
- Das schlechte Urteil über einen Spieler ist wie weggeblasen, wenn dieser mit einem Torschuß einen Erfolg erbringt. Alles vorher über ihn Gesagte wird bestritten und für null und nichtig erklärt. Keiner darf den „Held" beleidigen. Fans sind schnell zu begeistern.
- Nach dem Grundsatz „nichts ist erfolgreicher als der Erfolg" multipliziert sich natürlich auch das Glück. Die ständigen Siege führen zum Aufstieg, der Wechsel in immer bedeutsamere Vereine ist eine selbstverständliche Folge, das Ansehen und der Bekanntheitsgrad werden immer größer. Auch der Marktwert des Spielers wächst.

Alle diese Erfahrungen sind uns aus dem Profifußball hinlänglich bekannt.

- Aber dann kommt der Konflikt: die geldlichen Angebote und die Auflage der Fußballfee. Wie sollen diese Widersprüche gelöst werden?
- Der Versuchung des Geldes ist kaum zu widerstehen. Wer sich selbstkritisch beobachtet, wird den großen Fußballstars nicht mehr vorwerfen können, dieser Versuchung erlegen zu sein. Nehmen wir nicht alle, was wir kriegen können?

Das Märchen kann nicht auf den Fußball begrenzt bleiben; es hält uns allen den Spiegel des alltäglichen Lebens vor.

● Besonders bedrückend ist der Vorwurf, verrückt zu sein — nur weil ein „Vertrag“ eingehalten wird, der abgeschlossen wurde. Wer anders lebt als die Masse, wird ein Außenseiter; er kann nicht mehr normal sein.
Wie viele Heilige hat man für verrückt erklärt, weil sie andere Wege gingen als die „normalen“ Menschen: arm, ehelos, dienend.

● Jedes Menschenleben ist mit Geheimnissen durchsetzt, die zu respektieren sind; man darf nicht in sie eindringen. Wer das Geheimnis aufdeckt, zerstört das Glück.

● Auch Gott ist ein Geheimnis; wir sollten nicht so tun, als ob wir ihn erfassen könnten. Er ist weder der große Bekannte noch der große Unbekannte.

● Die Erzählung lehrt, daß Geld nicht das größte Glück auf dieser Erde ist, sondern häufig sogar unglücklich macht. Wie viele Menschen sind am großen Geld zerbrochen!

● So schnell Fans zu begeistern sind, so schnell auch brechen sie den Stab über einen Spieler, wenn er nicht mehr in Form ist.
Wie viele Sportler sind am rücksichtslosen Pfeifkonzert ihrer Zuschauer irre geworden!

● Es gibt Begebenheiten im Leben, die nicht natürlich zu erklären sind. Immer hat das Märchen mit solchen geheimnisvollen Eingriffen Lösungen geschaffen. Weil der Erfolg mit dem goldenen Fuß und die Ablehnung des Geldes auf das Unverständnis der Leute, insbesondere der Frau von Erich Hückniesel stieß, mußte er die Erde verlassen. Wenn er — wie er sagte — für diesen Erfolg „sein Leben hingeben würde“, dann konnte er nur als „star“ am Sternenhimmel spielen — unerreichbar für die Zuschauer. Nur auf diese Weise konnte das Geheimnis der Fußballfee geschützt werden.

Schrifttext

Und er erzählte ihnen folgendes Beispiel: Auf den Feldern eines reichen Mannes stand eine gute Ernte. Da überlegte er hin und her: Was soll ich tun? Ich weiß nicht, wo ich meine Ernte unterbringen soll. Schließlich sagte er: So will ich es machen: Ich werde meine Scheunen abreißen und größere bauen; dort werde ich mein ganzes Getreide und meine Vorräte unterbringen. Dann kann ich zu mir selber sagen: Nun hast du einen großen Vorrat, der für viele Jahre reicht. Ruh dich aus, iß und trink, und freu dich des Lebens! Da sprach Gott zu ihm: Du Narr! Noch in dieser Nacht wird man dein Leben von dir zurückfordern. Wem wird dann all das gehören, was du angehäuft hast? So geht es jedem, der nur für sich selbst Schätze sammelt, aber vor Gott nicht reich ist (Lk 12,16—21).

Gebet

Herr, ich freue mich,
daß ich Sport treiben darf.
Nirgendwo sonst spüre ich
so deutlich,
daß ich nicht einen Leib *habe*,
sondern Leib *bin:*
für diese glückliche Erfahrung
danke ich Dir.

So erlebe ich mich
in Lauf und Bewegung,
in Spiel und Wettkampf,
in Übung und Leistung,
in Sieg und Niederlage.
Immer bin ich ganz beteiligt
mit Körper und Geist,
mit Leib und Seele,
mit Herz und Hand.

Deshalb bitte ich Dich:
Halte mich in Höhen und Tiefen.
Hilf mir zu Maß und Zucht.
Gib mir Bereitschaft und Ausdauer.
Bewahre mir Freude und Gesundheit.
Schenke mir Zuversicht und Frieden.
Laß mich am Ende meines Lebens
den Siegespreis erringen,
den du allem fairen Mühen und Kämpfen
verheißen hast. Amen.

Gebet eines Sportlers

Drei goldene Figuren

Um den König seines Nachbarreiches auf seine Klugheit und Unterscheidungsfähigkeit und den Scharfsinn dessen Volkes zu prüfen, sandte in alten Tagen ein König ihm drei goldene Figuren. Diese Figuren hatten das gleiche Aussehen

und besaßen das gleiche Gewicht. Dennoch sollten diese drei Figuren einen unterschiedlichen Wert haben. Welche Figur die wertvollste sei, sollte der König feststellen.
Zusammen mit seinem Hofstaat betrachtete der König die Figuren, ohne auch den geringsten Unterschied feststellen zu können. Auch die Weisesten in seinem Reich wollten ihre Hand dafür ins Feuer legen, daß kein Unterschied zwischen den Figuren bestünde. Die drohende Blamage, ein Reich zu haben, in dem niemand genügend erleuchtet sei, daß er den unterschiedlichen Wert der Figuren beurteilen konnte, stimmte den König trübsinnig. Das ganze Land nahm an diesem Geschehen teil, und alle gaben ihr Bestes.
Als man schon die Hoffnung aufgeben wollte, meldete sich ein junger Mann aus einem Gefängnis. Er wolle schon den Unterschied feststellen, wenn man sie ihm nur zur Untersuchung überlassen wolle. Der König befahl den jungen Mann in den Palast und ließ ihm die goldenen Figuren überreichen. Der junge Mann betrachtete sie ganz genau. Schließlich stellte er fest, daß alle Figuren ein kleines Loch im Ohr hatten. Prüfend führte er einen dünnen Silberdraht hinein. Er stellte fest, daß bei der ersten Figur der dünne Silberdraht wieder aus dem Mund herauskam. Bei der zweiten kam der Silberdraht aus dem anderen Ohr heraus. Bei der dritten endlich kam der Draht aus dem Nabel des Bauches zum Vorschein. Nach kurzem Nachdenken wandte er sich an den König. „Hoheit“, sagte er, „ich glaube, die Lösung des Rätsels liegt wie ein offenes Buch vor uns. Wir sollten nur versuchen, dieses Buch zu lesen. Seht her, so wie jeder Mensch anders ist als die anderen, ist auch jede dieser Figuren für sich einzigartig. Die erste Figur erinnert an Menschen, denen man etwas sagt und die kaum, daß sie es gehört haben, sich beeilen, das Gehörte weiterzuerzählen. Die zweite Figur ähnelt den Menschen, denen, wenn man ihnen etwas sagt, es in das eine Ohr hinein und zum anderen wieder hinausgeht. Die dritte Figur hingegen gleicht in vielem den Menschen, die etwas, was sie hören, für sich behalten und in ihrem Herzen bewegen. Herr! Beurteile danach den Wert der Figuren. Wen wolltest du zu deinem Vertrauten? Den, der nichts bei sich behalten kann, den, dem deine Worte soviel bedeuten wie der vorüberstreichende Wind, oder den, der ein vertrauenswürdiger Hüter deiner Worte ist?“

Ein Gleichnis

Anregungen für ein Gespräch

- Als erstes fällt auf, daß die „Experten“ des Reiches versagen. Ein Mann aus dem Volke, sogar Gefangener, muß befragt werden, um hinter das Geheimnis zu kommen.

Nachdem wir in den letzten Jahrzehnten aufgrund der nie erwarteten Erfindungen unbeschreiblich expertenhörig geworden sind, begreifen wir mehr und mehr, daß das Expertenwissen für die Gestaltung der Welt nicht ausreicht. Ganz besonders ist uns das in der Umweltfrage bewußt geworden. Nicht die Experten, sondern die einfachen Menschen haben die Sensibilität für das ökologische Thema bewirkt. Das alte römische Sprichwort „Stimme des Volkes — Stimme Gottes" kommt wieder zu Ehren.

● Der oberflächliche Betrachter kann nicht hinter das Geheimnis kommen. Das gilt von allen Geheimnissen dieser Welt, von denen der Natur und von denen des Glaubens. Flüchtiges Hinsehen bleibt an der Oberfläche.

● Auch der Schwätzer kann sich in einem goldenen Gewande darstellen. Wer keine Menschenkenntnis besitzt, wird leicht hereinfallen. Mitarbeiter muß man sorgfältig studieren, bevor man sie zu Vertrauten und Freunden macht.
Oder wer möchte einen Freund, der alles vertraulich Mitgeteilte auf den Markt trägt?

● Auch das Zuhören kann man vortäuschen. Das Gesagte wird nicht aufgenommen, wenn es das Herz nicht erreicht. Wer seine Ohren auf Durchzug stellt, verdient nicht, etwas mitgeteilt zu bekommen.
Meistens gilt dann auch das umgekehrte Wort: „Was sie reden, tun sie nicht" (Mt 23,3).

● Ein russischer Bauer fragte seinen Freund:
„Sag mir, Iwan, liebst du mich?"
„Natürlich liebe ich dich!"
„Weißt du auch, was mir weh tut?"
„Wie kann ich wissen, was dir weh tut?"
„Wenn du nicht weißt, was mir weh tut,
wie darfst du dann sagen, daß du mich liebst?"

● Je mehr die Menschen standpunkt- und orientierungslos werden, je mehr Werte an Wert verlieren, je mehr alles Gültige im Leben relativiert wird, um so mehr wachsen Menschen wie die beiden ersten goldenen Figuren heran. Auch die Fülle der Meinungen, die uns heute über Zeitungen, Illustrierten, Bücher, Rundfunk- und Fernsehsendungen erreichen, tragen zu einer Relativierung der Wertvorstellungen bei. „Worauf sollen wir hören, sag uns worauf?" (L. Zenetti).
Das ist die Kehrseite der Medaille.

● So wie die drei goldenen Figuren stehen auch viele Menschen vor Gottes Wort. Die einen nehmen es auf und geben es gedankenlos weiter; bei anderen geht es in das Ohr hinein und sofort aus dem anderen wieder heraus. Für die

dritte Gruppe gilt: „Ein Wort ist wahr“ (Zenetti); sie bewegen es in ihrem Herzen und versuchen, danach zu leben.
Jesus sagt: „Wenn meine Worte in euch bleiben“ (Joh 15,7).

- Es gibt auch die Möglichkeit, sich vom Worte Gottes gar nicht treffen zu lassen. Christa Reinig hat das in einem Gedicht beschrieben, in dem sie dem Schweigen des Menschen die Hörensbereitschaft der Schöpfung gegenüberstellt:

Ich rufe den wind
wind antworte mir
ich bin sagt der wind
bin bei dir

ich rufe die sonne
sonne antworte mir
ich bin sagt die sonne
bin bei dir

ich rufe die sterne
antwortet mir
wir sind sagen die sterne
alle bei dir

ich rufe den menschen
antworte mir
ich rufe — es schweigt
nichts antwortet mir

Schrifttext

Was meint ihr? Ein Mann hatte zwei Söhne. Er ging zum ersten und sagte: Mein Sohn, geh und arbeite heute im Weinberg! Er antwortete: Ja, Herr!, ging aber nicht.
Da wandte er sich an den zweiten Sohn und sagte zu ihm dasselbe. Dieser antwortete: Ich will nicht. Später aber reute es ihn, und er ging doch. Wer von den beiden hat den Willen seines Vaters erfüllt? Sie antworteten: Der zweite. Da sagte Jesus zu ihnen: Amen, das sage ich euch: Zöllner und Dirnen gelangen eher in das Reich Gottes als ihr. Denn Johannes ist gekommen, um euch den Weg der Gerechtigkeit zu zeigen, und ihr habt ihm nicht geglaubt; aber die Zöllner und die Dirnen haben ihm geglaubt. Ihr habt es gesehen, und doch habt ihr nicht bereut und ihm nicht geglaubt (Mt 21,28—32).

Gebet

Herr, gib uns Mut zum Hören auf das, was du uns sagst.
Wir danken dir, daß du es mit uns wagst.

Herr, gib uns Mut zum Leben, auch wenn es uns bedrückt.
Wir danken dir: du hast den Tod besiegt.

Herr, gib uns Mut zur Arbeit, auch wenn sie nicht gefällt.
Wir danken dir, wo du uns hingestellt.

Herr, gib uns Mut zum Dienen, dort, wo es nötig ist.
Wir danken dir, weil du ja bei uns bist.

Herr, gib uns Mut zur Stille, die uns so nötig tut.
Wir danken dir, daß alles in dir ruht.

Herr, gib uns Mut zum Glauben an dich, den einen Herrn.
Wir danken dir; denn du bist uns nicht fern.

Kurt Rommel

Blumen aus Plastik

ein mann
hatte einen vorgarten
darin standen in reih und glied
100 gelbe
100 rote
100 weiße
plastik-rosen

auch
100 schneeglöckchen
das ganze jahr
100 maiglöckchen
das ganze jahr
100 violette krokusse
das ganze jahr
alle aus plastik
abwaschbar

die standen da das ganze jahr
in reih und glied
immer aufrecht
immer sauber
und adrett
immer in höchster blüte
immer
tot

die leute lachten über den mann
und sagten
ein bild des todes
blumen
die nicht wachsen
die nicht knospen
die nicht blühen
nicht sterben
nicht leben

und auch der mann
sah bald so aus
wie aus plastik
er dachte wie ein
mensch aus plastik
er redete wie ein
mensch aus plastik
er bewegte sich wie ein
mensch aus plastik
wie eine gliederpuppe
sauber
adrett
gleichmäßig

er konnte nicht sterben
und nicht leben

und die nachbarn sagten
der mann kann nicht sterben
er ist immer eben jung
immer eben alt

er ist tot
und läuft herum
er kann nicht sterben
und kann nicht leben

Wilhelm Willms

Anregungen für ein Gespräch

● Wir leben im Zeitalter des Plastiks. Fast alles, was wir im Alltag benötigen, kann aus diesem Material hergestellt werden, von der Brille über künstliche Gelenke bis zum Auto. Plastik hat die Eigenschaft, sich nicht aufzulösen und zu verfallen. Darum sind Plastiktüten und -becher in der Landschaft schlimme Umweltverschmutzer.

● Mit Plastik kann man auch Blumen herstellen, jede Art mit jeder gewünschten Farbe, naturgetreu. Solche Blumen, die man kaufen kann, begegnen uns zuweilen in Geschäften und Eßlokalen als Schmuck; sie sind immer frisch, halten sich ohne Wasser, blühen zu jeder Jahreszeit und sogar in der Dunkelheit. Wenn sie verstaubt sind, können sie wieder gewaschen werden, so daß sie sich im alten Glanz präsentieren. Wegen dieses einfachen Verfahrens sind sie sehr preiswert; nur die einmaligen Anschaffungskosten sind aufzubringen. Dann halten sie ein ganzes Menschenleben und die folgenden Generationen aus.

● Viele Menschen aber mögen keine Plastikblumen, obwohl sie doch soviele Vorteile einbringen. Solchen Menschen genügt nicht der äußere Schein; für sie ist eine Blume mehr als ihre Erscheinungsform. Eine Blume ist etwas Lebendiges, die duftet und wächst; eine Blume ist verletzlich, sie kann eingehen; eine Blume lebt in einer Umwelt, die Bedingungen schafft und anbietet, die für die Blumen hinderlich oder förderlich sein können. Eine Blume hat keinen Ewigkeitswert; sie kommt und vergeht. Gerade wenn sie ihre volle Entfaltung zeigt — in ihrer Blüte und in ihrer Schönheit —, verschenkt man sie gern. Solange sie strahlend lebt, soll sie einen anderen — einen Geliebten, Kranken oder Erfolgreichen — beglücken; mit ihrem Sterben spricht sie gleichzeitig vom Sterben der gesamten Schöpfung. Auch diese Erkenntnis gehört zum Leben.

● Plastikblumen sind genormt, eine sieht wie die andere aus. Eine Maschine mit einer bestimmten Form kann die Blumen pressen — 100 oder 1000 oder eine Million.

Die Natur aber schafft nur Originale; jedes Marienblümchen, jede Rose sieht anders aus. Einige sind verunstaltet, andere kommen nie zur vollen Blüte. Mal ist die Natur ganz verschwenderisch, mal ist sie sparsam.

- Die Plastikblume ist ein Betrug, weil sie Leben vortäuscht; sie ist nicht echt. Immer tut sie so, als ob es ihr gut ginge, sie kennt keinen Schmerz und kein Leid. Die Plastikblume spielt Theater, obwohl sie tot ist.
„Man staubt Papierblumen ab, wo man Rosen züchten könnte" (H. Küng).
- Gibt es auch Menschen aus Plastik? Der Dichter zielt auf diese Fragestellung, wenn er den „Rosenzüchter" beschreibt. Ist er ein Einzelfall? Ist nur derjenige „plastik"-gefährdet, der solche Blumen in seinem Vorgarten hält? Oder stecken tiefe Fragen in diesem Rosenbeet aus Plastik?
- Mao hat gefordert: „Laßt hundert Blumen blühen." Damit wollte er sagen: Das Leben ist Vielfalt. Standardisierte, schablonisierte, uniformierte Menschen haben das Schöpfungswerk Gottes verfälscht, weil sie keine Originale mehr sind; ihnen ist ein Gesicht oder eine Meinung eingepreßt. Früher sprach man über das „Gesicht von der Stange" — die Einheitsgesichter waren wie Einheitsanzüge, die beide künstlich hergestellt sind und wie auf einer Stange hängen.
Viel schlimmer aber ist die Einheitsmeinung, die als einzige geduldet wird oder der man sich unterwirft.
- Monopole, Massenmedien, Ideologien können die großen Menschenzüchter aus Plastik sein, die nur eine einzige Meinung gelten lassen, sie immer wieder bekanntgeben und damit die Hörer manipulieren.
- Das Leben hat einen Anfang und ein Ende, Höhen und Tiefen, Freude und Leid, Glanz und Behinderung, Entwicklung und Fortschritt, Beständigkeit und Wandel, Sicherheit und Risiko, Trauer und Glück. Diese Lebensäußerungen dürfen nicht hinter einer Fassade verschwinden, weil dadurch der Blick in das Herz verhindert und der Dienst am Nächsten unmöglich gemacht wird.
- Gott schafft nicht zweimal dasselbe Ding. Wer es nicht glaubt, sollte sich Fingerabdrücke ansehen und dabei über die Phantasie Gottes nachdenken.
- „Der Geist ist es, der lebendig macht" (Joh 6,63). Wer sein Leben reflektiert, wer die Entwicklung von Natur zur Kultur betreibt, wer dem Geiste Jesu folgt, wer geist-voll sich seine Meinung bildet, kann niemals ein Plastikmensch werden.

Schrifttext

Ihr seid wie die Gräber, die außen weiß angestrichen sind und schön aussehen; innen aber sind sie voll Knochen, Schmutz und Verwesung. So erscheint auch ihr von außen den Menschen gerecht, innen aber seid ihr voll Heuchelei und Ungehorsam gegen Gottes Gesetz (Mt 23,27b—28).

Gebet

Wir wollen dir dienen auf mancherlei Weise
in Stille, im Trubel, im Dunkel, im Licht,
mit Wort und Gesängen, mit Farben und Formen,
in Domen, Baracken, wo immer wir sind.

Verwehre uns, Herr, uns zum Maßstab zu setzen,
mit dem man die Gabe der anderen verkennt.
Hilf, daß wir uns fördern und nicht nur behindern,
dein Wort zu verkünden in vielfältigem Dienst.

Wir wollen dich loben mit Orgeln und Trommeln,
im Wachen und Träumen, bei Arbeit und Tanz,
mit Lächeln und Tränen, im Lieben und Leiden.
Nimm unsre Versuche, in Gnaden, Herr, an.

Die sieben Stäbe

Ein Vater hatte sieben Söhne, die öfter miteinander uneins waren. Über dem Zanken und Streiten versäumten sie die Arbeit. Ja, einige böse Menschen hatten im Sinne, diese Uneinigkeit zu benutzen, um die Söhne nach dem Tode ihres Vaters um ihr Erbteil zu bringen.
Da ließ der alte Mann alle sieben Söhne zusammenkommen, legte ihnen sieben Stäbe vor, die fest zusammengebunden waren, und sagte: „Dem von euch, der dieses Bündel Stäbe zerbricht, zahle ich hundert große Taler." Einer nach dem andern strengte alle seine Kräfte an, und jeder sagte nach langem vergeblichem Bemühen: „Es ist gar nicht möglich!" „Und doch", sagte der Vater, „ist nichts leichter!" Er löste das Bündel auf und zerbrach einen Stab nach dem andern mit geringer Mühe. „Ei", riefen die Söhne, „so ist es freilich leicht, so könnte es ein kleiner Knabe!"
Der Vater aber sprach: „Wie es mit diesen Stäben ist, so ist es mit euch, meine Söhne. Solange ihr fest zusammenhaltet, werdet ihr bestehen, und niemand wird euch überwältigen können. Wird aber das Band der Eintracht, das euch verbinden soll, aufgelöst, so geht es euch wie den Stäben, die hier zerbrochen auf dem Boden umherliegen."

Christoph von Schmid

- Noch gut kann ich mich an meine Gymnasialzeit erinnern, in der wir den römischen Schriftsteller Livius lesen mußten. In einem seiner Bücher berichtet er über einen Streit zwischen den Patriziern und Plebejern. Die Plebejer seien im Jahr 494 v.Chr. aus Rom ausgezogen, weil sie sich vernachlässigt fühlten. Sie erhoben den Vorwurf, ständig arbeiten zu müssen, während die vornehmen Leute, die Patrizier, genüßlich davon leben würden. In dieser Situation habe sich ein angesehener Mann namens Menenius Agrippa in das Lager der Plebejer begeben und dort folgende Fabel erzählt: Die Glieder eines Körpers regten sich einmal darüber auf, daß sie nur für den Magen arbeiten sollten. Sie führten ihm Speise zu, während er unbeweglich und faul in der Mitte des Körpers sich bedienen ließ. So beschlossen sie, die Hände sollten keine Nahrung mehr zum Mund führen und die Zähne nichts mehr kleinkauen. Doch schon nach kurzer Zeit stellten die Glieder fest, daß ihre Kraft nachgelassen hatte, weil der Magen keine Speisen mehr in die verschiedenen Organe des Körpers verteilte. Um nicht an Auszehrung zugrunde zu gehen, stellten die einzelnen Glieder das ursprüngliche gemeinschaftliche Verhältnis wieder her. Agrippa schloß nun seine Rede so: „Diese Geschichte zeigt uns, daß der Leib nur gesunden kann, wenn die Glieder untereinander einig sind. Und so steht es auch mit dem Staat: Nur wenn die Höhergestellten, die Patrizier, und die einfachen Leute, die Plebejer, zusammenwirken, kann der römische Staat gedeihen."
- Weder die Erzählung von den sieben Stäben noch die Rede des Menenius Agrippa dürfen zu der irrigen Vorstellung verleiten, eine Gemeinschaft — eine Familie, eine Gruppe, ein Staat oder die Kirche — müsse wie ein monolithischer Block sein, in dem unterschiedliche Auffassungen keinen Platz haben. Bei einer solchen Vorstellung könnte ein demokratisches Staatswesen nicht existieren; auch die Kirche kann so nicht denken.
- Jede Gemeinschaft wird von zwei Gefahren bedroht: vom Einheitsmythos und von der Zersplitterung. In der einen Gefahr werden die Meinungen der einzelnen Glieder unterdrückt, in der anderen kommen sie zur Herrschaft, lassen sich aber nicht mehr zu einem Ganzen zusammenfügen. Beide Extreme sind tödlich für die Gemeinschaft.
- Eine Gemeinschaft ist sicher mehr als die Summe ihrer Glieder; aber es ist wichtig, daß sich jedes Glied mit seinen eigenen Vorstellungen und Wünschen einbringt, dabei aber die gemeinsame Basis akzeptiert.

— Wer sich um nichts kümmert, kann auch nicht mitgestalten.
— Wer sich überflüssig vorkommt, zieht sich zurück.
— Wer ständig Angebote, Pläne und Vorschläge unterbreitet, die nicht aufgegriffen werden, fühlt sich nicht ernst genommen.

— Wer sich diejenigen, mit denen er zusammenarbeiten will, exklusiv auswählt, verliert das Ganze aus dem Auge.
— Wer nur seine eigene Meinung gelten läßt, trägt zur Zersplitterung bei.
— Wer sich nur mit schwachen Leuten umgibt, um dadurch selbst herrschen zu können, schwächt die Gemeinschaft.

● Jede Gemeinschaft braucht ein gemeinsames geistiges Fundament, auf dem sie aufbaut. Dieses Fundament kann je nach Dichte der Gruppierung breiter oder schmaler sein. Aber ohne einen Konsens in Grundfragen ist menschliches Zusammenleben nicht möglich; das gilt für alle Völker und Menschen. Diese Gemeinsamkeit hat Conrad Ferdinand Meyer in seinem Gedicht „Zwei Segel" eindrucksvoll beschrieben:

Zwei Segel erhellend
Die tiefblaue Bucht!
Zwei Segel sich schwellend
Zu ruhiger Flucht!

Wie eins in den Winden
Sich wölbt und bewegt,
Wird auch das Empfinden
Des andern erregt.

Begehrt eins zu hasten,
Das andre geht schnell,
Verlangt eins zu rasten,
Ruht auch sein Gesell.

● Aus dem geistigen Fundament einer Gruppierung erwachsen Prinzipien, die vertreten werden müssen. Sie können im Laufe der Zeit aber leer werden oder ihren Sinn verlieren. Immer muß deshalb der Mensch als Maßstab angelegt werden, damit sie sich niemals gegen den Menschen wenden. Er soll sich entfalten können, geschützt werden, Sinn finden, glücklich sein. Weil jeder Mensch ohne Maß maß-los wird und ohne Wegweisung in die Irre geht, verweisen wir Christen auf ein Modell vom Menschen, von dem wir sagen, daß es bis ins Letzte gelungen sei: auf Jesus von Nazaret. So erhält die Mitte eine Mitte.

● Wenn die Glieder einer Gemeinschaft auseinandergerissen werden, ist sie zerstörbar — wie die Erzählung lehrt. Was ist das Auge ohne den Kopf, was die Hand ohne den Arm? Je mehr die Glieder ihr geistiges Fundament verlassen, um so eher kommt die „Eintracht" in Gefahr.

Dann hast du die Teile in der Hand,
fehlt leider nur das geist'ge Band,

hat Goethe im „Faust" gesagt.

- In jedem Organismus haben alle Teile ihre Funktionen: der Magen und der Kopf, die Hände und die Füße; oder im Verein: die Vorsitzenden und die Mitglieder, die Funktionsträger und die zahlenden Passiven. In einem großen Verband sollte man nicht die verschiedenen Ebenen gegeneinander ausspielen: das Bundesministerium gegen die Stadtverwaltung oder die Bundesebene gegen die Vereinsebene.
Alle Ebenen und alle Organe müssen sich auf das „geist'ge Band" besinnen, alle haben ihre Bedeutung.
- Jeder Sohn in der Erzählung hat sicher seinen eigenen Auftrag; jeder hat das Recht, sein eigenes Leben zu leben. Es soll uns aber ebenso gesagt werden, wie wichtig es für jeden der Söhne ist, auch für die anderen Brüder dazusein. Heute greift bei vielen Menschen ein „Sinnlosigkeitsgefühl" (V. Frankl) um sich. Für sie ist die Erfahrung wichtig, daß der Sinn im Leben wächst, je mehr man für andere da ist. Ein Wort, das uns helfen soll, können wir uns nicht selber sagen; es muß von anderen — von den Freunden, aus der Gemeinschaft — kommen.
- Man kann unter dem Bündel aus sieben Holzstäben eine Gemeinschaft verstehen. Man kann es aber ebenso auf eine Botschaft anwenden, die unverkürzt weitergegeben werden muß. Auch sie darf man nicht auseinanderschnüren, um nur das auszuwählen, was einem gerade ins Konzept paßt. Darüber hat Marie-Luise Kaschnitz gesagt:

  Ein Erbe verloren — laß fahren;
  eine Botschaft verloren — weh!

Auch eine entstellte Botschaft ist eine verlorene Botschaft.

Schrifttext

Denn wie der Leib eine Einheit ist, doch viele Glieder hat, alle Glieder des Leibes aber, obgleich es viele sind, einen einzigen Leib bilden: so ist es auch mit Christus.
Durch den einen Geist wurden wir in der Taufe alle in einen einzigen Leib aufgenommen, Juden und Griechen, Sklaven und Freie; und alle wurden wir mit dem einen Geist getränkt. Auch der Leib besteht nicht nur aus *einem* Glied, sondern aus vielen Gliedern. Wenn der Fuß sagt: Ich bin keine Hand, ich gehöre nicht zum Leib!, so gehört er doch zum Leib. Und wenn das Ohr sagt: Ich bin kein Auge, ich gehöre nicht zum Leib!, so gehört es doch zum Leib. Wenn der ganze Leib nur Auge wäre, wo bliebe dann das Gehör? Wenn er nur Gehör

wäre, wo bliebe dann der Geruchssinn? Nun aber hat Gott jedes einzelne Glied so in den Leib eingefügt, wie es seiner Absicht entsprach (1 Kor 12,12—18).

Gebet

Laßt uns beten
um die Einheit
aller Erdteile

daß der Friede kommt
wie ein Sturm
im Frühling

daß die Erfrorenen
auftauen,
daß ihr Herz Wasser wird

daß die Verkrampften
sich entfalten,
daß ihr Geist wach wird

daß diese Erde
aufblüht,
daß sie Früchte trägt

für alle Menschen
an beiden Ufern
der Meere, die sie scheiden

ja, laßt uns beten
daß die Erde
durch ein großes Passa
dem Sommer entgegengeht

mit langen Tagen Liebe
mit warmen Nächten Versöhnung

damit das Lebenslicht
das über uns
aufgegangen ist
nicht verdunkelt wird.

Willem Barnard

Nicht vom Geben, sondern vom Behalten werden wir krank

Die Schildkröte hat Geburtstag

Die Schildkröte hatte Geburtstag. Als sie im klaren Morgenlicht aufwachte, dachte sie: Heute habe ich Geburtstag! Ob ich Geschenke bekomme? Am liebsten möchte ich einen großen, grünen, saftigen Salatkopf haben! Hoffentlich denkt einer daran.

Zuerst kam der Löwe. „Einen fröhlichen Geburtstag, Schildkröte!" rief er. „Ich habe dir etwas Schönes mitgebracht! Ein Stück Fleisch!" Die Schildkröte freute sich, daß der Löwe an ihren Geburtstag gedacht hatte. Sie war auch eine höfliche Schildkröte.

„Vielen Dank, lieber Löwe", sagte sie, „es ist nett von dir zu kommen. Aber ich esse nicht gern Fleisch. Ich esse am liebsten grünen Salat. Iß es selbst auf, und wir plaudern ein bißchen dabei."

„Du weißt wirklich nicht, was gut schmeckt", sagte der Löwe und verspeiste das Fleisch mit großem Appetit. Bevor er ging, erzählte er noch von seinen mutigen Abenteuern.

Der nächste Besuch war der Elefant. „Einen fröhlichen Geburtstag, Schildkröte!" sagte er. „Ich habe dir einen Eimer Wasser zum Planschen mitgebracht!"

„Das war sehr liebenswürdig von dir", sagte die Schildkröte, „aber Wasser habe ich nicht gern — nur vielleicht ein paar Tropfen Tau auf einem grünen Salatblatt."

„Du kannst dich mit dem Rüssel duschen!" sagte der Elefant. „Es macht großen Spaß!"

„Dann dusch du dich doch bitte", sagte die Schildkröte, und der Elefant duschte sich tüchtig, bis das Wasser alle war. Dann sagte er auf Wiedersehen und ging.

Nach ihm kam der Pelikan. „Einen fröhlichen Geburtstag, Schildkröte!" sagte er. „Ich habe eine Überraschung für dich! Guck mal in meinen Schnabel hinein!"

Darin lag ein großer Fisch. „Vielen Dank", sagte die Schildkröte, „aber Fische esse ich nicht. Iß du ihn selbst auf und erzähle mir, wie du ihn gefangen hast."

Der Pelikan verschluckte den Fisch und erzählte, wie ihm ein Blauwal um Haaresbreite entkommen war. Dann flog er nach Hause.

Nach einer Weile kam das Nashorn. „Einen fröhlichen Geburtstag, Schildkröte!" schnaufte es. „Ich habe dir ein Schlammbad mitgebracht!"

„Vielen Dank", sagte die Schildkröte, „aber Schlamm habe ich nicht gern — nur wenn ein junger Salatkopf darin wächst. Willst du nicht selbst ein Bad zur Erfrischung nehmen?" Das Nashorn kletterte fröhlich hinein. „Es wäre sonst schade darum", sagte es und rollte sich darin, bis es ganz dreckig war. „Das war sehr beruhigend", sagte es, „aber jetzt muß ich nach Hause. Es ist schon spät." Die Sonne ging langsam unter, und die Schildkröte wurde ein bißchen traurig. Mein Geburtstag ist fast vorbei, dachte sie. Es war nett von meinen Freunden, mich zu besuchen und so viele Geschenke zu bringen. Aber ich hätte so gerne nur einen ganz kleinen Salatkopf bekommen. Vielleicht im nächsten Jahr! Eine Träne rollte ihre Wange hinunter. Plötzlich hörte sie eine kleine Stimme. „Schildkröte! Bist du noch wach?" Es war die Maus mit einem großen Paket. „Einen fröhlichen Geburtstag!" piepste sie. „Ich komme leider sehr spät, aber das Paket war so schwer zu schleppen."

„Was kann nur darin sein!" rief die Schildkröte. Sie machte es auf. Darin lag ein Salatkopf. Groß. Grün. Saftig. Mit ein paar Tropfen Tau auf den inneren Blättern. „Liebe Maus!" rief die Schildkröte. „Genau das, was ich mir wünschte! Woher hast du es nur gewußt? Bitte setz dich. Ich werde dir ein Lied vorsingen, weil ich so glücklich bin." Sie sang:

„Groß ist der Elefant, der Löwe hat Mut,
geschickt ist der Pelikan, das Nashorn meint's gut.
Aber nur die kleine Maus hat wirklich nachgedacht.
Darum hat sie gefunden, was mir viel Freude macht! —

Du bist meine allerbeste Freundin, weil du mich verstehst", sagte die Schildkröte und gab ihr einen Kuß. Die Maus ging nach Hause, und die Schildkröte aß den ganzen Salatkopf auf. Er schmeckte ihr großartig. „Das war ein wunderbarer Geburtstag", sagte sie zum Mond. Dann zog sie ihren Kopf in den Panzer zurück — und schlief glücklich ein.

Elizabeth Shaw

Anregungen für ein Gespräch

- Man freut sich doch über Geschenke! Vielleicht weniger wegen des materiellen Wertes als vielmehr wegen der persönlichen Wertschätzung und der Anerkennung der Arbeit.
- Die Überreichung eines Geschenkes gebietet, dankbar und höflich zu sein. Es ist kaum möglich, über ein Geschenk, das nicht gefällt, seinen Unwillen auszudrücken. Zunächst ist ja zu unterstellen, daß der Schenkende den Beschenkten erfreuen wollte.

- Immer wieder aber wird beim Schenken ein fundamentaler Fehler begangen: Die Geber wählen als Geschenk das aus, was ihnen selbst gefällt. Sie gehen von der irrigen Auffassung aus, daß das, was einem selbst Freude macht, auch auf den Beschenkten zutreffen würde.
- Alle Tiere, die in der Erzählung ein Geschenk machen wollten, haben es schließlich selbst behalten oder für sich in Anspruch genommen. Es gibt Menschen, die wählen ganz bewußt das als Geschenk aus, woran sie selbst interessiert sind. Zu ihnen zählen nicht nur die Väter, die ihren kleinen Kindern eine elektrische Eisenbahn schenken!
- Die Tiere verlassen bald wieder das Geburtstagskind. Ob sie mit einem schlechten Gewissen weggehen? Ob sie gemerkt haben, daß sie das falsche Geschenk ausgewählt hatten?
- Das einzige, was zählt, ist der Besuch der Tiere. Sie haben wenigstens an den Geburtstag der Schildkröte gedacht.
- Allein die kleine Maus trifft das richtige Geschenk für das Geburtstagskind. Sie war der einzige Gratulant, der nachgedacht hatte.

Das Schenken gelingt nicht, ohne sich in den anderen hineinzudenken und nach seinen Interessen und Bedürfnissen zu fragen.
- Nur das richtige Schenken schafft Freunde.
- Gerade das Schenken ist ganz auf das Du angelegt. Überall, wo sich zu sehr das Ich einschleicht, verliert das Schenken seinen Glanz.
- Falsches Schenken kann traurig machen; der Beschenkte spürt bald, ob der Gratulant sich Gedanken gemacht hat oder ob er sich einer lästigen Pflicht entledigen wollte.

Noch schlimmer ist es, wenn man das verschenkt, was man nicht mag und loswerden möchte.
- Kyrilla Spieker hat gesagt:

> Greifen und Festhalten kann ich seit der Geburt.
> Teilen und Schenken muß ich lernen.
> Jetzt übe ich das Lassen.

- Geschenke müssen nicht materiell sein: Schokolade, Kette, Cassettenrecorder.

> Die eigentlichen Geschenke des Lebens
> werden zumeist in der Stille überreicht
> Freundschaft und Liebe
> Geburt und Tod
> Freude und Schmerz
> Blumen und Sonnenaufgänge

und das Schweigen als eine tiefe Dimension
des Verstehens (Margot Bickel).

Was man alles schenken kann, das zeigt das abschließende Gebet.

Schrifttext

Als die Sterndeuter den Stern sahen, wurden sie von sehr großer Freude erfüllt. Sie gingen in das Haus und sahen das Kind und Maria, seine Mutter; da fielen sie nieder und huldigten ihm. Dann holten sie ihre Schätze hervor und brachten ihm Gold, Weihrauch und Myrrhe als Gaben dar (Mt 2,10f).

Gebet

wußten sie schon
daß die nähe eines menschen
gesund machen
krank machen
tot und lebendig machen kann
wußten sie schon
daß die nähe eines menschen
gut machen
böse machen
traurig und froh machen kann
wußten sie schon
daß das wegbleiben eines menschen
sterben lassen kann
daß das kommen eines menschen
wieder leben läßt
wußten sie schon
daß die stimme eines menschen
einen anderen menschen
wieder aufhorchen läßt
der für alles taub war
wußten sie schon
daß das wort
oder das tun eines menschen
wieder sehend machen kann

einen
der für alles blind war
der nichts mehr sah
der keinen sinn mehr sah in dieser welt
und in seinem leben
wußten sie schon
daß das zeithaben für einen menschen
mehr ist als geld
mehr als medikamente
unter umständen mehr
als eine geniale operation
wußten sie schon
daß das anhören eines menschen
wunder wirkt
daß das wohlwollen zinsen trägt
daß ein vorschuß an vertrauen
hundertfach auf uns zurückkommt
wußten sie schon
daß tun mehr ist als reden
wußten sie das alles schon
wußten sie auch schon
daß der weg vom wissen über das reden
zum tun
interplanetarisch weit ist

Wilhelm Willms

Die Perlmuschel

Die Prinzessin Ai Ho war eine der schönsten Frauen im Lande. Ihr Vater Kung überhäufte sie mit Geschenken seiner Liebe, alle Frauen beneideten sie heimlich, und allen Männern war sie Gegenstand offener Verehrung.
Da erkrankte die Prinzessin, und die Krankheit wehte ihre Schönheit fort wie der Herbstwind die Blätter der Bäume. Als Ai Ho wieder gesund war und ihr Gesicht im Spiegel sah, wurde sie so traurig, daß sie nicht einmal weinen konnte. Sie ließ die Vorhänge vor den Fenstern zuziehen und weigerte sich, Nahrung zu sich zu nehmen. Weder das Zureden der Mutter und Geschwister noch

die Bitten des liebenden und von ihr geliebten Vaters vermochten sie umzustimmen.

Da schickte Kung in seiner Verzweiflung zu dem berühmten Weisen Mengtse und ließ ihn bitten, den Versuch zu machen, seine Tochter von dem neuen Übel zu befreien und sie dem Leben wiederzugewinnen.

Mengtse kam zu der Prinzessin und ließ sich an ihrem Lager in dem verdunkelten Zimmer nieder. Lange Zeit saß er schweigend bei ihr, den Blick unverwandt auf sie gerichtet. Dann fragte er: „Kennt Ihr mich, Prinzessin?" Ai Ho schwieg.

„O, wie schade", sagte Mengtse, „die Krankheit hat nicht nur Eure Schönheit verschattet, sie ist auch im Begriff, ihren Schatten über Euren Geist auszubreiten, dann werdet Ihr vollends häßlich sein."

„So erscheine ich Euch noch nicht völlig häßlich?" fragte Ai Ho.

„Ihr seid nicht häßlich, solange Ihr Seele und Geist hell erhaltet."

„Alter Mann", sagte die Prinzessin, „Ihr gebt einem Hungernden Steine statt Brot."

„Ihr habt recht. Wer den andern untätig bemitleidet, gleicht dem Mann, der einem Hungernden Steine statt Brot gibt. Ich will Euch aber Brot geben, nur müßt Ihr es selber essen, das kann ich nicht für Euch tun."

„Eure Worte sind dunkel", erwiderte die Prinzessin.

„So wollen wir die Vorhänge hochziehen", sagte Mengtse, stand auf und gab dem Licht den Weg ins Zimmer frei.

„Als ob das Eure Worte erhellen könnte", spottete Ai Ho.

„Wenn ich Euch etwas geben will, so müßt Ihr es auch nehmen wollen. Ihr müßt mir mit Eurem Willen entgegenkommen auf halbem Wege, dann werdet Ihr statt Steine Brot erhalten."

„Wie das?" fragte die Prinzessin neugierig und gespannt.

Da zog Mengtse aus dem weiten Ärmel seines Gewandes eine unansehnliche, flache, graue Muschel hervor.

„Haltet Ihr das für schön?" fragte er, indem er die Muschel auf der flachen Hand der Prinzessin hinhielt.

„Nein", sagte die Prinzessin, „die Schale ist rauh und schmutzig und sie riecht schlecht."

Mengtse zog die Hand zurück, brach die Schalen der Muschel auseinander und hielt die so geöffnete Muschel der Prinzessin hin. Eine wundervolle schimmernde Perle bot sich ihren Blicken auf perlmutternem Grund.

„Und das?" fragte er.

„Ja", rief Ai Ho entzückt, „das ist wahrhaft schön!" Die Prinzessin schwieg nachdenklich.

„So laßt es mich Euch sagen. Wir finden die Perle schön und sie ist wertvoll, weil sie den Sieg des Guten über das Böse sichtbar zum Ausdruck bringt."
„Wie meint Ihr das?" fragte die Prinzessin. „Wo ist denn hier Gut und Böse?"
„Krankheiten zählen wir unter die Übel, weil sie das Leben bedrohen und sogar vernichten. Seht, ein Fremdes verschaffte sich Eingang in die Muschel. Dadurch wurde sie krank. Aber das Leben wehrte sich gegen diese Bedrohung und überwand sie. Die Muschel umkleidete das ihr Leben bedrohende Fremde mit dem köstlichen Schmelz, der die Schönheit der Perle ausmacht. Sie wandelte Böses in Gutes. Die Perle ist das Sinnbild der Überwindung des Todes durch das Leben. Darum lieben wir sie, darum ist sie uns wert."
„Was soll das mir?" fragte die Prinzessin. „Ihr verspracht, mir meine Schönheit wiederzugeben."
„Ich gab sie Euch", antwortete Mengtse.
„Wollt Ihr meiner spotten!?"
„Das sei ferne von mir. Ihr wart wie ein Verhungernder, ich gab Euch Brot. Essen müßt Ihr es selber, das sagte ich schon."
„Ihr meint, daß ich —?"
„Handelt wie die unscheinbare Perlmuschel. Wandelt das Böse, das Euch zerstören will, in Eurem Herzen zum Guten um, und Ihr werdet liebenswerter sein als zu der Zeit, wo Ihr nur äußerlich schön wart."
„Meister", seufzte die Prinzessin, „Ihr verlangt Schweres von mir."
„Es wird uns vieles geschenkt, aber damit es wahrhaft ein Geschenk wird, müssen wir das Unsere dazutun. Seid wie die Perlmuschel, dann seid Ihr schön ..."
So tat Ai Ho und wurde, trotz des Verlustes ihrer Schönheit, die liebenswerteste Frau ihrer Zeit.

Eine Gleichniserzählung aus dem alten China

Anregungen für ein Gespräch

- Der Pädagoge Hartmut von Hentig hat vier Verhaltensformen genannt, die typisch für unsere Zeit sind: die Angst, das Aussteigen, der Sinnverlust und der Zerfall der Werte. Auf die Frage, was man dagegen tun könne, erwidert er: „Ich denke, man kann nur mit Verneinungen antworten", also nicht aussteigen, sich keine Ersatzreligion schaffen, sich nicht die Zeit von Medien füllen lassen.

Während die vier genannten Verhaltensformen bedenkenswert sind, erscheinen seine vorgeschlagenen Gegenmaßnahmen dürftig. Auf Verneinungen kann man kein Leben aufbauen. Die Menschen müssen positive Begründungen für ihr Leben finden.

- „Du wirst den Frieden nicht finden, wenn du nichts verwandelst", hat Saint-Exupéry gesagt. Um dieses Thema dreht sich die Erzählung.
- Sich zurückziehen, das Zimmer verdunkeln, Nahrung verweigern sind negative Lebensäußerungen, die keine Krankheit beseitigen können.

„Jede große Reise beginnt mit dem ersten Schritt", heißt ein chinesisches Sprichwort. Ein erster Schritt für die Gesundung des Mädchens war die Befreiung aus dem Gefühl einer völlig verlorenen Schönheit. „So erscheine ich euch noch nicht völlig häßlich?" Einem Verzweifelten kann schon durch ein kleines Wort der Anerkennung wieder fester Boden unter die Füße geschoben werden.

- Es gibt keine Heilung ohne eigene Mitarbeit. Das wird jeder Arzt bestätigen.
- Das Leben der Muschel ist ein Beispiel für positive Lebensgestaltung und Mitarbeit. Als der Fremdkörper in sie eingedrungen war, hat sie nicht in Ablehnung verharrt, sondern ihn angenommen und mit „köstlichem Schmelz" umgeben. Dadurch entstand etwas Neues und Schönes.
- Solange wir Leid, das uns getroffen hat, verneinen, solange wir es nicht annehmen, bleiben wir krank. Wenn wir es bejahen und annehmen, werden wir heil.
- Die äußere Schale der Muschel ist rauh und häßlich; aber ihr Inneres ist schön. Es ist äußerst gefährlich, vom Äußeren auf das Innere eines Menschen zu schließen; die Versuchung dazu ist allerdings groß.
- „Wer nur für sich Schätze sammelt", sagt Jesus, „kann vor Gott nicht reich sein."
- Die Erzählung lehrt auch, Aufgaben anzunehmen, die uns vor die Füße gerollt werden. Sie sind Gottes Boten. Immer dann, wenn sie unangenehm sind, verlangen sie von uns Einschränkungen, Abgeben.

„Man wird uns das Brot aus dem Munde nehmen, wenn wir nicht lernen, es zu teilen" (Kardinal Döpfner).

Schrifttext

Wer euch aufnimmt, der nimmt mich auf, und wer mich aufnimmt, nimmt den auf, der mich gesandt hat. Wer einen Propheten aufnimmt, weil es ein Prophet ist, wird den Lohn eines Propheten erhalten. Wer einen Gerechten aufnimmt, weil es ein Gerechter ist, wird den Lohn eines Gerechten erhalten. Und wer einem von diesen Kleinen auch nur einen Becher frisches Wasser zu trinken gibt, weil es ein Jünger ist — amen, ich sage euch: Er wird gewiß nicht um seinen Lohn kommen (Mt 10,40—42).

Gebet

In dieser Zeit,
wo viele nur in Ängsten leben
und der Hoffnung kaum eine Chance geben,
in dieser Zeit,
wo mancher glaubt, daß alles verloren,
da bist Du, mein Kind, geboren:

Komm, lebe Du mit uns aus der Hoffnung,
komm, lebe Du mit uns aus der Liebe,
komm, lebe Du mit uns für ein Morgen,
lebe Du mit uns!

In dieser Zeit,
für die wir nicht mehr leiden wollen
und vergessen, daß wir sie lieben sollen,
für diese Zeit,
für die die Liebe uns scheint vergebens,
für die bist Du die Hoffnung des Lebens!

In dieser Zeit
sind Friede und Gerechtigkeiten
nur leere Worte, wenn wir darüber streiten.
In dieser Zeit
fehlt uns der Glaube an das Leben,
das auch Dir der Herr hat gegeben!

In dieser Zeit,
in der wir oft den Sinn nicht sehen,
und wir uns fragen: „Wie wird es weitergehen?“
In dieser Zeit,
in der es schwerfällt, Mut zu fassen,
wollen wir uns von Dir anstecken lassen!

Chris Herbring

Alles, was das Herz begehrt

Es war einmal ein junger Mann, der galt als sehr reich. Aber was er auch tat und unternahm, er wurde seines Lebens nicht wirklich froh. Er erwarb viele Güter und konnte sich an ihnen doch nicht erfreuen. Ob ich wohl ein kranker Mensch bin? fragte er sich oft, wenn er allein inmitten seines Reichtums saß. Nun besitze ich so viele Dinge und bin mit ihnen doch nicht glücklich. Was mag mit mir nur sein?

Der junge Mann suchte viele Ärzte auf in der Hoffnung, daß sie ihm helfen könnten. Aber sie vermochten keine Krankheit festzustellen. „Sie sind kerngesund, junger Mann", sagten sie, „Ihrem Körper fehlt nichts. Ihre Organe arbeiten vortrefflich." Und sie entließen den Patienten hoffnungsloser, als er gekommen war.

Schließlich wußte er sich keinen Rat mehr, und er ging zu einem Weisen, der einen großen Ruf genoß und bei dem sich schon viele Menschen eine Antwort auf ihre Fragen geholt hatten.

„Ich weiß nicht, was mit mir ist", sagte der junge Mann zu ihm. „Ich bin im Grunde meines Herzens traurig und müßte doch der glücklichste Mensch von der Welt sein, denn ich besitze alles, was das Herz begehrt."

„Alles, was das Herz begehrt?" fragte der Weise nachdenklich und sah den Besucher lange schweigend an. Dann öffnete er einen Schrank und entnahm ihm einen Kasten, der voller Spiegel war. „Nun wollen wir einmal sehen, wo die Ursache Ihres Leidens zu suchen ist. Besitzen Sie ein Haus?"

„Nicht nur eins", erwiderte der junge Mann stolz. „Ich habe drei Häuser, und sie bringen mir gute Miete ein."

Der Weise nickte und heftete wortlos einen Spiegel an eine Wand des Raumes.

„Gehören Ihnen Ländereien?" erkundigte er sich darauf.

„O ja, ich habe mehrere große Äcker, und ihr Boden ist fruchtbar", antwortete der junge Mann.

Der Weise nahm einen zweiten Spiegel und befestigte ihn an der Wand.

„Nun, ein Auto fahren Sie gewiß auch, nicht wahr?"

„Eins? Zwei habe ich!" entgegnete der junge Mann mit Nachdruck. „Neulich habe ich mir erst einen teuren Sportwagen gekauft. Er ist das beste Modell, das auf dem Markt ist."

Der Weise entnahm dem Kasten einen weiteren Spiegel, den er an die Wand neben die anderen hängte.

„Ich verfüge auch über eine große Bibliothek", ergänzte der junge Mann. „Zweitausend Bücher nenne ich mein eigen."

Der Weise ergriff schweigend einen neuen Spiegel und wies ihm einen Platz an der Wand zu.

„Ich reise viel“, ereiferte sich der Besucher. „Ich kenne fast alle Länder der Welt.“ Und er fuhr fort in der Aufzählung der Dinge, die er besaß, und der Weise wurde nicht müde, einen Spiegel nach dem anderen aufzuhängen, so daß sie bald alle Wände des Raumes füllten. Endlich war kein Platz mehr, auch nur einen Spiegel unterzubringen.

„Schauen Sie, besitze ich nicht alles, was das Herz begehrt? Und doch bin ich nicht glücklich“, seufzte der junge Mann, und eine kleine Traurigkeit lag auf seinem Gesicht.

„Nun sehen Sie sich um“, sagte der Weise zu dem jungen Mann. „Was erkennen Sie?“

„Ich sehe mich“, antwortete der junge Mann.

„Und dort?“

„Mich.“

Der Weise nickte. „Und was sehen Sie auf jener Seite?“ fragte er und deutete mit der Hand auf die gegenüberliegende Wand des Raumes.

„Mich“, lautete die Antwort.

„Blicken Sie sich in Ruhe in meinem Zimmer um. Entdecken Sie noch etwas?“ fragte der Weise lächelnd.

„Nein“, entgegnete der junge Mann. „Alle Spiegel an den Wänden zeigen mein Bild.“

Da seufzte der Weise und sagte: „Damit, junger Freund, haben wir die Ursache Ihres Leidens erkannt. Bei allem, was Sie bisher getan oder sich erworben haben, haben Sie stets nur sich im Blick gehabt. Sie haben nur an sich selbst gedacht. Davon aber kann kein Mensch leben. Horchen Sie auf die Stimme Ihres traurigen Herzens. Denn das Herz begehrt mehr, als was Sie sich an Häusern und Äckern zugelegt haben. Das Herz bedarf mehr als nur käuflicher Dinge. Es ist dazu geschaffen, zu lieben; es besitzt einen Schlüssel zu den Herzen anderer Menschen, die es erfreuen und beglücken möchte — und sei es mit einem guten Wort. Mein Freund, Sie können von Ihrer Krankheit geheilt werden, wenn Sie lernen, nicht nur an sich zu denken. Der Mensch ist nicht für sich selbst geschaffen — sondern für den anderen, den Nächsten, den Mitmenschen. Suchen Sie *sein* Bild in den Spiegeln an diesen Wänden und behalten Sie *ihn* und nicht sich vor Augen. Nur dann besitzen Sie wirklich alles, was das Herz begehrt.“

Hermann Multhaupt

- Eine solche Feststellung, wie der junge Mann in der Erzählung sie trifft, ist gar nicht so selten. „Ich habe alles, was das Herz begehrt; dennoch bin ich todunglücklich."
- Ist eine solche Aussage nicht ein Beweis dafür, daß der Mensch mehr ist als Materie, daß er mehr braucht als Essen und Trinken, Wohnen und Kleiden und daß sein Leben über das irdische Leben hinausweist?
- Kein Arzt kann einem Kranken helfen, wenn es ihm nicht gelingt, die richtige Diagnose zu stellen. Gerade in unserer Zeit kommen viele Kranke ungetröstet und ungeheilt von ihrem Arzt, weil sie nicht am Leibe, sondern an der Seele krank sind. Daher wächst die Zahl der Psychotherapeuten in unserem Lande ständig.
- Das Ich im Mittelpunkt ist wie ein falsches Weltbild, nach dem die Erde der Mittelpunkt ist, um den die Sonne kreist. Eine falsche Prämisse führt notwendig zu falschen Konklusionen.
- Ein wie in der Erzählung beschriebenes Ich, das sich selbst in die Mitte stellt, kann keinen Raum lassen für Gott. Damit wird alles Leben falsch wie in einem falschen Weltbild. J.P. Sartre hat diesem Gedanken einen klassischen Ausdruck verliehen: „Das Reich des Menschen ist angebrochen. Ich werde allein sein mit dem leeren Himmel über mir, weil ich nur so mit allen sein kann" (Der Teufel und der liebe Gott). Dahinter verbarg sich die Vorstellung, man könne sich erst dann den Menschen ganz zuwenden, wenn man sich vom Himmel befreit hat.

Die Erzählung aber sieht die Isolation des jungen Mannes noch stärker. Weil er nur sich selbst sieht, sein eigenes Geschäft, seinen eigenen Erfolg, seinen eigenen Reichtum, kann er andere Menschen nicht mehr sehen. Wo er auch hinschaut, er sieht immer nur sein eigenes Gesicht.

- Eine der schlimmsten Krankheiten in der Kinderpsychologie, die wir heute kennen, ist der sogenannte „Autismus". Es handelt sich um Kinder, die völlig unfähig sind, mit der Außenwelt Kontakt zu haben. Sie zeigen niemals irgendeine Reaktion; sie können nicht lachen und nicht weinen. Alles läßt sie unbeeindruckt; es sieht so aus, als ob sie nur in sich selbst hineinschauten. Die Eltern solcher Kinder sind verzweifelt darüber, daß all ihr liebevolles Bemühen keine Antwort erfährt.
- Das isolierte Ich macht traurig. Das Ich, das auf der einen Seite so wichtig ist und auch stark sein muß, stirbt andererseits ab, wenn es den Rang des Absoluten erhält, das von anderen Menschen losgelöst existieren will. Diese Selbstisolation ist ein vorweggenommenes Sterben. Darum kann ein Verzweifelter beten:

Warum, o Herr, gabst Du uns Augen, wenn wir immer nur uns selbst sehen?
Warum, o Herr, gabst Du uns Hände, wenn wir nur uns selbst darauf tragen?
Warum, o Herr, gabst Du uns Füße, wenn wir immer nur uns selbst nachlaufen?
Warum, o Herr, gabst Du uns Liebe, wenn wir immer nur uns selbst umfassen? (Ursula Borsdorf)

- Alles, was einen Menschen total in Anspruch nimmt, kann zu dieser Ich-Krankheit führen: Reichtum, Geschäft, Beruf, Hobby, Leidenschaft, Interessen. Immer kann man darüber das Du aus dem Auge verlieren.
- Es ist sogar möglich, in der Begegnung mit anderen Menschen wiederum nur sich selbst zu sehen. Wer den anderen nicht als Eigenpersönlichkeit und Eigenwert gelten läßt, sondern ihn für sich und seinen Vorteil in Anspruch nimmt, der entdeckt ebenfalls im Spiegel nur sein eigenes Ich. Damit ist gesagt, daß auch das menschliche Miteinander der Spiel-Regeln bedarf und diese für ein glückliches Leben von Bedeutung sind. Nicht der Kontakt, sondern das Wie des Kontaktes mit anderen ist ausschlaggebend.
- Alles das wird zusammengefaßt in dem Begriff „Herz". Und das Herz kann nur leben, wenn es liebt, wenn es die Möglichkeit erhält, für den anderen Gutes zu tun.
- Wie weise die christliche Lehre ist, die darin besteht, den Menschen von seiner Ichsucht zu erlösen und ihn für die Begegnung mit anderen Menschen zu befähigen!
- Wenn man bedenkt, daß man im Bild des anderen immer auch Gottes Bild sieht, das uns durch den Menschen Heil und Glück zukommen läßt, dann versteht man auch das herrliche Augustinus-Wort: „Gott ist mein Heimweh".
- Mit dem jungen Mann können auch die reichen Länder der Erde gemeint sein, die nur sich selbst sehen und trotz ihres Reichtums nicht recht glücklich werden.

Schrifttext

Während Jesus so mit ihnen redete, kam ein Synagogenvorsteher, fiel vor ihm nieder und sagte: Meine Tochter ist eben gestorben; komm doch, leg ihr deine Hand auf, dann wird sie wieder lebendig. Jesus stand auf und folgte ihm mit seinen Jüngern. Als er in das Haus des Synagogenvorstehers kam und die Flötenspieler und die Menge der klagenden Leute sah, sagte er: Geht hinaus! Das Mädchen ist nicht gestorben, es schläft nur. Da lachten sie ihn aus. Als man die Leute hinausgedrängt hatte, trat er ein und faßte das Mädchen an der Hand; da stand es auf. Und die Kunde davon verbreitete sich in der ganzen Gegend (Mt 9,18f; 9,23—26).

Gebet

Westwärts,
der Sonne nach,
hinter dem Ziel her,
greifen nach Licht —
unfaßbar.

Westwärts,
der Sonne nach,
ein Leben lang
bleibt sie
am Horizont.
Und komm ich ans Meer,
versinkt sie im Wasser.

Aber dahinter,
hinter dem Meer,
hinter dem Wasser,
hinter der Sonne,
da ist noch was.

Dort will ich wohnen.

Altes Pilgerlied

Wiederkäuer

Im übersättigten
Hungerjahrhundert
kaue ich die Legende
Frieden
und werde nicht satt

Kann nicht verdauen
die Kriege sie liegen
mir wie Steine im Magen
Grabsteine

Der Frieden
liegt mir am Herzen
ich kaue
kaue
das wiederholte Wort
und werde nicht
satt

Rose Ausländer

Anregungen für ein Gespräch

- Die Einstellung der Menschen zu den Geschehnissen in der Welt hat sich in den letzten Jahrzehnten grundlegend geändert. Drei Entwicklungen haben dazu beigetragen: die totale Information, der nichts mehr entgehen kann; Demokratisierungsprozesse, die das Gefühl vermitteln, man könne Einfluß nehmen auf das Geschehen der Welt; das gewachsene Selbstbewußtsein der Bürger, das mit Bildung und besserer Durchsicht durch die Ereignisse verbunden ist.
- Viele Menschen sehen die Ereignisse nicht isoliert, sondern im Zusammenhang mit großen Entwicklungen in der Welt. Wir haben gelernt, auch kleine Begebenheiten mit ihren Ursachen und Konsequenzen zu beobachten und sie im Weltmaßstab zu betrachten.
- Wegen solcher Veränderungen des Bewußtseins kämpfen wir gegen Ungerechtigkeiten in Südamerika und Menschenrechtsverletzungen im Osten, protestieren gegen die Aufstellung von Raketen und bemühen uns um den Frieden.

Insgesamt ist das eine positive Entwicklung.

- Auch Rose Ausländer setzt sich mit ihrem Gedicht für den Frieden ein. Aber er scheint weit weg zu sein; sie spricht von der Legende Frieden; er ist keine Wirklichkeit für sie.
- Eigentlich sind doch die Voraussetzungen für einen Frieden günstig und die Mahnungen durch die gemachten Erfahrungen deutlich. Dramatisch ist der Widerspruch gleich im ersten Vers, in dem die Dichterin Hunger und Übersättigung nebeneinanderstellt. Den Wohlstand zu erhalten und den Hunger zu beseitigen, müßte das Interesse der Menschen sein.
Auch die Gräber der vielen Millionen Toten in den letzten Kriegen sind Mahnmale, sich für den Frieden einzusetzen.
- Solange wir aber eine Legende Frieden und keine Wirklichkeit Frieden kauen, können wir nicht satt werden. Auch das ständige Wiederholen des Wortes Frieden reicht nicht aus; im Gegenteil: Je mehr man vom Frieden spricht, um so entfernter scheint er zu sein.
- Wenn uns der Frieden am Herzen liegt, müssen wir alle dafür eintreten. Das ist schon deshalb wichtig, weil er Wurzeln braucht, die ihn halten und nicht bei jedem kleinen Sturm umwehen. Die Wurzeln aber sind fein; sie bestehen im Friedensbeitrag der kleinen Leute. Der Einsatz für die großen Ereignisse der Welt braucht einen stabilen Sockel; sonst wird er hohl und bricht zusammen.
- Damit ergeben sich Fragen an uns:
  - Wie soll der Egoismus der Völker, der Großgrundbesitzer und anderer Mächtiger überwunden werden, wenn wir unserem eigenen Egoismus im Alltag freien Lauf lassen?
  - Wie soll die Ungerechtigkeit in der Welt beseitigt werden, wenn wir uns überall, wo wir es können, einen ungerechtfertigten Vorteil verschaffen, uns Vorfahrten erzwingen, uns rücksichtslos durchsetzen?
  - Wie sollen Diktatoren gestürzt werden, wenn wir selbst kleine Diktatoren in Familie und Beruf sind? Wie sollen Diktaturen überwunden werden, wenn wir Abhängigkeitsverhältnisse bedenkenlos ausnutzen?
  - Wie soll der Friede auf Erden wachsen, wenn wir nicht in der Familie damit beginnen durch Rücksichtnahme, Ehrfurcht, Freundlichkeit und Hilfsbereitschaft?
- Es macht nachdenklich, daß heute verschiedene Friedensbewegungen und -gruppierungen untereinander in Konflikt geraten. Ähnlich ist es auch zwischen Völkern und Staaten, die sich nach dem Frieden sehnen. Scheinbar suchen sie nicht *den* Frieden, sondern *ihren* Frieden, der allein ihre eigenen Interessen berücksichtigt und ihre Vorteile sichert. Das ist ein partikulärer Friede, der nicht weiterhilft. Friede ist unteilbar. Man kann nicht da Frieden schaffen, wo man das Glück eines anderen zertritt.

- Lew Kopelew hat in seiner Rede bei der Verleihung des Friedenspreises des Deutschen Buchhandels 1982 gesagt: „Es ist höchste Zeit, die Kunst des Friedenstiftens, die Ästhetik und das Heldentum des Friedens zu erkennen; denn heute wissen wir, daß den Frieden zu meistern viel schwieriger, viel komplizierter ist, als einen Krieg zu führen."
- Das Konzil hat gesagt, wir müssen die Menschen als „anderes Ich" ansehen.
- Zum hl. Franz von Sales kam einmal ein Schüler und fragte ihn: „Herr Bischof, was kann ich in der Welt von heute für den Frieden tun?" Der Bischof antwortete: „Mach bitte die Tür etwas leiser zu."

Schrifttext

Wer in den kleinsten Dingen zuverlässig ist, der ist es auch in den großen, und wer bei den kleinsten Dingen Unrecht tut, der tut es auch bei den großen (Lk 16,10).

Gebet

Friede,
nimm meine Hand;
kreise in jeder Zelle,
jeder,
mit dem Brot, das dich speist.
Laß dich weiterreichen
von Hand zu Hand
Amen

Friede,
nimm meinen Mund;
keime in jedem Wort,
jedem,
mit dem Wort, das dich schuf.
Laß dich weitersagen
von Mund zu Mund
Amen

Friede,
nimm meinen Fuß;
lebe in jedem Schritt,

jedem,
mit dem Ziel, das dich ruft.
Laß dich weitergehen
von Weg zu Weg
Amen

Friede,
nimm auch mein Herz;
atme in jedem Schlag,
jedem,
mit dem Geist, der uns liebt.
Laß dich weiterlieben
von Mensch zu Mensch
Amen

Christa Peikert-Flaspöhler

Das Kind mit den großen Händen

Es war einmal ein Kind, dem mangelte es an nichts. Was es sich auch wünschte und wonach es verlangte — die Eltern trachteten, es ihm zu erfüllen. Denn sie sagten sich: Unser Kind soll es einmal besser haben als wir. Sie stammten aus armem Hause und hatten die Not hautnah zu spüren bekommen. Dank des Fleißes des Vaters und der Opferbereitschaft der Mutter hatten sie es zu einem gewissen Wohlstand, ja, bescheidenen Reichtum gebracht, und davon gaben sie ihrem Kind, wann immer es einen Wunsch äußerte.
Das Kind hatte viele Wünsche. Wenn es mit den Eltern durch die Straßen der Stadt ging und in den Schaufenstern die köstlichen Süßigkeiten und schönen Spielsachen sah, streckte es seine Hand aus und sagte nur: „Dies!" oder „Das!" Und schon betraten Vater oder Mutter den Laden, um das Gewünschte zu kaufen. In seinem Kinderzimmer war bald kein Platz mehr für die vielen erfüllten Wünsche.
Das ging so manches Jahr. Das Kind wuchs heran, aber schneller als seine Gestalt wuchsen seine Hände. Ja, sie schienen gleichsam in einen Wettlauf des Wachsens getreten zu sein. Schließlich vergrößerten sie sich von Tag zu Tag um einen Millimeter; man kann sich leicht ausrechnen, wieviel sie von Monat zu Monat an Größe zunahmen. Es dauerte nicht lange, da berührten die Fingerspitzen die Kniekehlen, und bald konnte das Kind seine Schuhe im Stehen öffnen.

Die Eltern waren über die Entwicklung ihres Kindes recht besorgt. Sie suchten einen Arzt nach dem anderen auf, um sich raten zu lassen. Die Ärzte untersuchten das Kind vom Kopf bis zu den Füßen, aber keiner konnte die Ursache des schnellen Wachstums erklären.

Die Leute in den Straßen blickten verwundert auf das Kind mit den großen Händen, manche starrten ihm nach und einige lachten sogar. So große Kinderhände hatte bisher niemand von ihnen gesehen. Das Kind schämte sich seiner gewaltigen Gliedmaßen, es hielt die Hände oft auf dem Rücken verschränkt, damit sie niemand sähe, und nur wenn es einen Wunsch hatte, sich ein Spielzeug oder irgendeine Süßigkeit wünschte, nahm es die rechte Hand nach vorn und zeigte: „Dies!“ oder „Das!“

Schließlich kam das Kind in ein Krankenhaus, wo es viele Wochen zubringen mußte. Die Ärzte beobachteten das Wachstum seiner Hände, forschten und stellten Versuche an, jedoch die Ursache des Leidens entdeckten sie nicht. Seltsamerweise kam aber das ungewöhnliche Wachsen mit der Zeit zum Stillstand, ohne daß sich ein erkennbarer Grund dafür abgezeichnet hätte. Kaum war das Kind jedoch aus dem Krankenhaus entlassen und wieder mit seinem gewohnten Tagesablauf vertraut, da begann wieder das unerklärliche Zerren in den Gliedmaßen, das Dehnen und Strecken, für das niemand eine Erklärung finden konnte. Handfläche und Fingerspitzen reichten nun fast auf den Erdboden hinab, und das Kind mußte achtgeben, sie beim Gehen nicht zu verletzen.

Die besorgten Eltern wußten sich keinen Rat mehr, und in ihrer Verzweiflung erfuhren sie von einem alten, weisen Mann, der weit von der Stadt entfernt am Rande eines kleinen Dorfes lebte.

Der Weise hörte sich die Geschichte von den rasch wachsenden Händen genau an und dachte lange darüber nach. Schließlich sagte er: „Die Wurzel allen Übels und aller Krankheit liegt im Menschen selbst. Euer Kind hat etwas sehr Wesentliches nicht gelernt, und vielleicht ist es überhaupt das Wichtigste, was ein Mensch lernen kann: das Geben! Es hat eine Unzahl von Wünschen ausgesprochen und daher immer nur genommen. Je größer und zahlreicher seine Wünsche wurden, um so schneller sind seine Hände gewachsen. Wie große schöpfende Schalen sehen sie nun aus. Aber es sind Gefäße, die nur nehmen und nicht geben können, die gierig raffen und nicht verteilen. Ihr habt eurem Kind viel geschenkt — aber das Wichtigste versäumt. Es muß nachholen, was ihr ihm zu vermitteln nicht imstande wart.“

Darauf sagten die Eltern: „Aber wir haben doch immer das Beste für unser Kind gewollt. Unser Kind sollte es einmal besser haben als wir in unseren Kindertagen.“

„Wer das Leben lehrt, muß auch seine Not lehren und die Hilfe, die andere nö-

tig haben", entgegnete der Weise. „Habt ihr nicht beides in jungen Jahren erfahren?"
Und der Weise blickte die Eltern lange nachdenklich an, und seine Augen wurden schwer vor Traurigkeit. Endlich fuhr er fort: „In dem Maße, wie euer Kind lernt zu geben, werden seine Hände ihre Unförmigkeit verlieren und wieder klein und demütig werden. Denn Demut ist ‚Dien-Mut', das heißt: Mut, zu dienen — und gibt es eine schönere Aufgabe für Hände als diese?"
Jetzt geht durch die Stadt und achtet auf Menschen, die ihre Hände verborgen halten und sie verstecken, weil sie zu groß geworden sind. Oder besser: Betrachtet eure eigenen Hände, ob sie nicht ein klein wenig zu groß geraten sind ...

Hermann Multhaupt

Anregungen für ein Gespräch

- Reichtum kann eine Gefahr sein, wie man ihn auch immer verstehen mag — als Geld, Besitz, Macht oder Herrschaft. Nicht, daß der Reichtum in sich selbst schlecht und verwerflich wäre, sondern gefährlich ist er dann, wenn er nicht gebändigt wird. Wo der Reichtum sich verselbständigt, entstehen Prasserexistenzen, die den anderen Menschen — den Armen und Bedürftigen — nicht mehr wahrnehmen. In der letzten Konsequenz ist dieses Desinteresse ein Vorbeigehen am Nächsten mit der Vorstellung: „Du existierst nicht." So kann Reichtum Beziehungslosigkeit und Isolation schaffen — für sich und für andere.
- Vielleicht kann man den Reichtum am besten bewältigen, indem man auf den Armen zugeht und ihm zu verstehen gibt: „Du existierst für mich; ich lebe nicht kalt und gedankenlos an dir vorbei." Es gibt viele reiche Menschen in unserem Land, die sich so verhalten und dadurch auch innerlich glückliche Reiche sind.
- Schlimmer noch als Besitz ist das ungezügelte Verlangen, immer mehr und schließlich alles haben zu wollen, wie das im Märchen beschriebene Kind es praktiziert. Viele Eltern meinen, sie könnten ihre Kinder glücklicher machen, wenn sie ihnen jeden Wunsch erfüllen. Das ist ein Irrtum mit für die Kinder verheerenden Folgen. Die wachsenden Hände des Kindes im Märchen sollen dieses Unglück beschreiben.
- Es wäre ein schwerer Fehler, wenn wir dieses Märchen nur auf die Kinder hin deuten würden. In dieser Zeit des Wohlstandes muß sich hierzulande auch jeder Erwachsene fragen, ob er ebenfalls von der Mentalität des Immer-mehr-haben-Wollens erfaßt ist und wie er ihr zu widerstehen versucht.

- Der Mentalität des „Alles-besitzen-Wollens“ liegt das Schicksal des unerlösten Menschen zugrunde, der sich im Mittelpunkt der Welt sieht, alles auf sich bezieht, alle für sich in Anspruch nimmt, nur an sich selbst denkt, nur für sich sorgt und sich damit selbst zerstört. An jedem Menschen muß das Werk einer „Umkehr zum Leben“ vollzogen werden.

- In einer Unterrichtsvorlage zum Bußunterricht für Erstkommunionkinder heißt es: „Der Mensch kann ein Ich-Mensch oder Du-Mensch sein“. Schärfer noch könnte man formulieren: Jeder Mensch kommt als Ich-Mensch zur Welt, und jeder steht vor der Aufgabe, sich zum Du-Menschen zu entwickeln. Das ist nicht möglich ohne Anleitung und Erziehung. Der allein gelassene Mensch bleibt ein Ich-Mensch. Insofern trifft im Märchen die Schuld nicht das Kind, sondern die Eltern.

- Jesus ist ein Du-Mensch. Er denkt sich in den anderen hinein, versucht ihn zu verstehen, erkennt, was der andere braucht; er fühlt mit ihm — und dadurch verwandelt sich der Mensch.

- Zur Erziehung vom Ich-Menschen zum Du-Menschen gehören Widerspruch, Nichterfüllung von Wünschen, Hinführung an Grenzen. Wer das nicht erfährt, wird nicht lebenstüchtig gemacht — wie es in den großen Händen des Kindes ausgedrückt wird.

- Hände sind mehr zum Geben als zum Nehmen da. Oder anders ausgedrückt: Man kann Gott nicht mit seinem Besitz oder seiner Leistung, sondern nur mit seiner Liebe imponieren.

- Wie man vom Ich-Menschen zum Du-Menschen wird, das kann man von der Gestalt und Botschaft Jesu lernen. Jesus ist die sichtbar gewordene Liebe Gottes zum Menschen. Pascal hat in das Rockfutter seines Anzugs das Wort eingenäht: „Nur auf den Wegen, die das Evangelium lehrt, ist der Gott Jesu Christi zu finden.“

- In der gemeinsamen Gebetsstunde zum Weltfriedenstag 1985 wurde von Jugendlichen und Erwachsenen gebetet:

> Christus hat keine Hände, nur unsere Hände,
> um seine Arbeit heute zu tun.
> Er hat keine Füße, nur unsere Füße,
> um Menschen auf seinen Weg zu führen.
>
> Christus hat keine Lippen, nur unsere Lippen,
> um Menschen von ihm zu erzählen.
> Er hat keine Hilfe, nur unsere Hilfe,
> um Menschen an seine Seite zu bringen.

Wir sind die einzige Bibel,
die die Öffentlichkeit noch liest.
Wir sind Gottes letzte Botschaft,
in Taten und Worten geschrieben.

Jesus hat keine Hände mehr.
Wir aber haben Hände.
Nur unsere Hände hat Jesus.

Schrifttext

Was nützt es einem Menschen, wenn er die ganze Welt gewinnt, dabei aber sein Leben einbüßt? Um welchen Preis kann ein Mensch sein Leben zurückkaufen? Der Menschensohn wird mit seinen Engeln in der Hoheit seines Vaters kommen und jedem Menschen vergelten, wie es seine Taten verdienen (Mt 16,26f).

Gebet

Bei der Versicherungsgesellschaft
habe ich mich besonders für die
Versicherung von Händen interessiert.

Was ist der Wert —
von Künstlerhänden?
von Ärzte- und Pflegerinnenhänden?
von Athletenhänden?
von Schriftstellerhänden?

Was ist der Wert —
ja, das möchte ich wissen —
von Händen, die Almosen heischen,
und von solchen, die sie geben,
von Händen, die beten,
von Händen, die dich, Herr,
emporheben?

Dom Helder Camara

Wer ist der Sünder?

Es waren einmal zehn Bauern, die gingen miteinander über das Feld. Sie wurden von einem schweren Gewitter überrascht und flüchteten sich in einen halb zerfallenen Tempel. Der Donner aber kam immer näher, und es war ein Getöse, daß die Luft ringsum erzitterte. Kreisend fuhr ein Blitz fortwährend um den Tempel her. Die Bauern fürchteten sich sehr und dachten, es müsse wohl ein Sünder unter ihnen sein, den der Donner schlagen wolle. Um herauszubringen, wer es sei, machten sie aus, ihre Strohhüte vor die Tür zu hängen; wessen Hut weggeweht werde, der solle sich dem Schicksal stellen.
Kaum waren die Hüte draußen, so ward auch einer weggeweht, und mitleidlos stießen die andern den Unglücklichen vor die Tür. Als er aber den Tempel verlassen hatte, da hörte der Blitz zu kreisen auf und schlug krachend ein.
Der eine, den sie verstoßen hatten, war der einzige Gerechte gewesen, um dessentwillen der Blitz das Haus verschonte. So mußten die neun ihre Hartherzigkeit mit dem Leben bezahlen.

Chinesisches Märchen

Anregungen für ein Gespräch

- Wer heute ins Flugzeug steigen will, muß sich mehrfache Kontrollen gefallen lassen. Jedes Gepäckstück wird durchleuchtet, der Anzug wird abgetastet, der Körper mit einem Warngerät auf metallene Gegenstände untersucht. Solche Kontrollen sind lästig, aber unter Umständen Leben rettend. Auf den Flughäfen werden Geräte eingesetzt, die mit Röntgenaugen versteckte Sprengkörper aufspüren sollen.
- Wie gern möchten wir Augen haben, mit denen wir andere Menschen durch-schauen könnten. Dadurch hätten wir die Kraft herauszufinden, wer die Wahrheit oder die Unwahrheit sagt, wer ein Gerechter oder ein Sünder ist.
- In dem chinesischen Märchen nehmen die zehn Bauern die Natur zu Hilfe. Sie wird nach ihrer Meinung verläßlich sagen, wer der Sünder ist, weil Gott hinter ihr steht; danach können sie den Göttern opfern. Die Völkerkunde schildert häufig Begebenheiten, in denen bei einem Seesturm derjenige ins Meer geworfen wurde, der vermutlich den Sturm verschuldet und das ganze Schiff in Gefahr gebracht hat. So erging es auch dem Propheten Jona (1,3—16).
- Eine solche Auffassung ist heidnisch. Noch im Alten Testament hatte man geglaubt, daß derjenige ein Sünder sein müsse, dem es schlecht geht. Das Buch

Ijob aber beginnt damit, diese irrige Auffassung zu überwinden. Und Jesus lehrt, daß das Kreuz nicht Zeichen der Strafe, sondern der Liebe sein kann.

- Immer wieder hat es Zeiten in der Kirchengeschichte gegeben, in denen dieses heidnische Denken wieder durchgebrochen ist. Hexenprozesse etwa kamen dadurch zustande, daß von der Natur gezeichnete Frauen auffielen und den Zorn des Volkes auf sich zogen. Viele Menschen sahen in der Außergewöhnlichkeit einer langen Nase oder eines Buckels den Fingerzeig Gottes auf einen Sünder. Bis heute bricht dieses Denken in abergläubischen Vorstellungen immer wieder durch.
- Nur wer das Gottesbild übernimmt, das Jesus von Nazaret uns vermittelt hat, kann letztlich solche Vor-urteile beseitigen.
- Ist eigentlich im Leben immer klar zu erkennen, was gut oder schlecht ist? Ist Kernkraft gut oder schlecht? Ist Rüstung gut oder schlecht? Was der eine für gut hält, sieht der andere ganz anders. Beide handeln vielleicht in bester Absicht. Auf welche Seite soll sich Gott schlagen? Würden wir nicht vielleicht furchtbar enttäuscht sein, wenn er das wahre Böse ausrisse, das wir gerade für gut gehalten haben? Würde er in unseren Augen nicht als ungerecht erscheinen?
- Gibt es nicht überall Glauben im Unglauben, Menschlichkeit im Haß, Hoffnung in der Verzweiflung, Versöhnung in der Feindschaft, Christliches im Heidnischen, Gutes im Bösen?
- Solche Fragen wären an die neun Bauern zu richten, die unbarmherzig und selbstgerecht den „Schuldigen" aus dem Hause stießen.

Gott schaut ins Herz. Er urteilt anders als die Menschen, weil er andere Beurteilungskriterien hat — wie die wunderbare Rettung im Märchen zeigt.

- Die Erzählung erinnert uns auch an das Feilschen Abrahams mit Gott über das Schicksal der Stadt Ninive. „Wenn nur wenige Gerechte in der Stadt sind — wirst du dann Ninive verschonen?" (Gen 18,22—33).
- Daß Gott warten kann, ist unser Glück.

Schrifttext

Und Jesus erzählte ihnen noch ein anderes Gleichnis: Mit dem Himmelreich ist es wie mit einem Mann, der guten Samen auf seinen Acker säte. Während nun die Leute schliefen, kam sein Feind, säte Unkraut unter den Weizen und ging wieder weg. Als die Saat aufging und sich die Ähren bildeten, kam auch das Unkraut zum Vorschein. Da gingen die Knechte zu dem Gutsherrn und sagten: Herr, hast du nicht guten Samen auf deinen Acker gesät? Woher kommt dann das Unkraut? Er antwortete: Das hat ein Feind von mir getan. Da sagten die Knechte zu ihm: Sollen wir gehen und es ausreißen? Er entgegnete: Nein, sonst reißt ihr zusammen mit dem Unkraut auch den Weizen aus. Laßt beides wachsen bis zur Ernte. Wenn dann die Zeit der Ernte da ist, werde ich den Arbeitern sagen: Sammelt zuerst das Unkraut und bindet es in Bündel, um es zu verbrennen; den Weizen aber bringt in meine Scheune (Mt 13,24—30).

Gebet

Du, der über uns ist,
Du, der einer von uns ist,
Du, der *ist* —
auch in uns;
daß alle dich sehen — auch in mir,
daß ich den Weg bereite für dich,
daß ich danke für alles, was mir widerfuhr.
Daß ich dabei nicht vergesse der anderen Not.
Behalte mich in deiner Liebe,
so wie du willst,
daß andere bleiben in der meinen.
Möchte sich alles in diesem meinem Wesen
zu deiner Ehre wenden,
und möchte ich nie verzweifeln.
Denn ich bin unter deiner Hand,
und Kraft und Güte sind in dir.

Dag Hammarskjöld

Ein guter Mensch am Höllentor

Die Hölle war total überfüllt, und noch immer stand eine lange Schlange am Eingang. Schließlich mußte sich der Teufel selbst herausbegeben, um die Bewerber fortzuschicken. „Bei mir ist alles so überfüllt, daß nur noch ein einziger Platz frei ist", sagte er. „Den muß der ärgste Sünder bekommen. Sind vielleicht ein paar Mörder da?" Und nun forschte er unter den Anstehenden und hörte sich deren Verfehlungen an. Was auch immer sie ihm erzählten, nichts schien ihm schrecklich genug, als daß er dafür den letzten Platz in der Hölle hergeben

mochte. Wieder und wieder blickte er die Schlange entlang. Schließlich sah er einen, den er noch nicht befragt hatte. „Was ist eigentlich mit Ihnen — dem Herrn, der da für sich allein steht? Was haben Sie getan?"
„Nichts", sagte der Mann, den er so angesprochen hatte. „Ich bin ein guter Mensch und nur aus Versehen hier. Ich habe geglaubt, die Leute ständen hier um Zigaretten an."
„Aber Sie müssen doch etwas getan haben", sagte der Teufel. „Jeder Mensch stellt etwas an."
„Ich sah es wohl", sagte der 'gute Mensch', „aber ich hielt mich davon fern. Ich sah, wie Menschen ihre Mitmenschen verfolgten, aber ich beteiligte mich niemals daran. Sie haben Kinder hungern lassen und in die Sklaverei verkauft; sie haben auf den Schwachen herumgetrampelt. Überall um mich herum haben Menschen von Übeltaten jeder Art profitiert. Ich allein widerstand der Versuchung und tat nichts."
„Absolut nichts?" fragte der Teufel ungläubig. „Sind Sie sich völlig sicher, daß Sie das alles mitangesehen haben?"
„Vor meiner eigenen Tür", sagte der 'gute Mensch'.
„Und nichts haben Sie getan?" wiederholte der Teufel.
„Nein!"
„Komm herein, mein Sohn, der Platz gehört dir!"
Und als er den 'guten Menschen' einließ, drückte sich der Teufel zur Seite, um mit ihm nicht in Berührung zu kommen.

nach Calderon

Anregungen für ein Gespräch

● In einer arabischen Fabel wird von einem kleinen, frierenden Mädchen gesprochen, das ohne Essen und ohne Hoffnung auf der Straße dahergeht. Ein Mann, der das sieht, sagt zornig zu Gott: „Wie kannst du das zulassen? Warum tust du nichts dagegen?" — Eine Zeitlang sagte Gott nichts; aber in der darauffolgenden Nacht gab er doch eine Antwort: „Ich habe wohl etwas dagegen getan: ich habe dich geschaffen."
Diese Antwort hätte Gott auch dem 'guten Menschen' in unserer Erzählung geben können. „Ich habe dich geschaffen, aber du hast nichts getan."

● In allen Religionen haben sich das Gute und das Böse gegenübergestanden und damit auch Himmel und Hölle. Aber es gibt keinerlei Erkenntnisse über die Zahl der Menschen, die an dem einen oder anderen Ort sind, die gerettet werden oder verloren gehen. Auch Jesus hat darüber keinerlei Auskunft gegeben.

- Immer haben die Theologen darüber spekuliert, wer in den Himmel und wer in die Hölle kommt. Welche Schuld, welche Sünde führt in den nie endenden Tod? Vor der grenzenlosen Barmherzigkeit Gottes und der Unergründbarkeit menschlicher Seelen sind solche Fragen müßig.
- In der Erzählung ist das anders; sie ist in der Gestaltung frei und in der Aussage präzise. Sie darf sagen, was die schlimmste Verfehlung auf dieser Erde ist. Selbst die Mörder fallen nicht darunter, da sie besondere Umstände zu ihrer Entlastung anführen können.
- Viele Menschen halten sich aus allem heraus. Dadurch bekommen sie keinen Ärger, sie machen sich die Finger nicht schmutzig und werden nicht in Unannehmlichkeiten hineingezogen.

Wer nichts tut, kann auch nichts falsch machen; wer sich nicht einschaltet, kann auch nicht schuldig werden.
- Das ist der große Irrtum, der auch unter Christen sehr verbreitet ist. Gern sitzen sie hinter der Fensterscheibe und beobachten die Wirren und Unruhen der Straße; aber auf die Straße gehen sie nicht gern — zum Protest oder zur Demonstration. Die Straße überlassen sie den anderen: den Kommunisten, Chaoten oder Radauschlägern.
- Die Erzählung ist eine Anklage gegen diejenigen, die nicht bereit sind, Partei zu ergreifen. Christen müssen Partei ergreifen — für Arme, Schwache, Unterdrückte. Wer in dieser Welt keine Lobby hat, müßte sie in den Christen finden.
- Wer nichts tut, kann in seiner Umgebung sehr angesehen sein; weil er mit keinem Streit hat, kann er als ein 'guter Mensch' gelten.
- Wir dürfen nicht Zuschauer, wir müssen Zeugen sein!
- Nicht derjenige ist der schlechteste Mensch, der schlecht handelt, sondern der, der sich aus allem heraushält und nicht handelt.
- Bei der Prüfung unseres Gewissens ist die Frage „Was habe ich nicht getan, obwohl ich hätte tun müssen?“ viel wichtiger als die andere: „Was habe ich falsch gemacht?“

Weniger die Tat-, sondern mehr die Unterlassungssünden klagen uns an. Für diese Erkenntnis muß ein neues Empfinden entwickelt werden.
- Das Sündenbekenntnis reicht nicht aus: „Ich habe nicht betrogen; ich habe nicht unterdrückt; ich habe niemanden verfolgt; ich habe meine Kinder nicht hungern lassen.“ Es muß vielmehr heißen: „Ich habe Betrug, Unterdrückung, Verfolgung und Hunger zugelassen. Das ist meine Schuld.“
- Der Dichter Hans Erich Nossack hat in seinem Gedicht „Rief da ein Mann?“ die Situation dessen beschrieben, der sich der Herausforderung nicht stellt:

Zur Nacht, weil alle Menschen schliefen,
rief da ein Mann? O wie er rief!
Zweimal! Zwei Rufe, die mich riefen.
O Trägheit, daß ich weiter schlief.

Vom Flusse her ein wildes Klingen
zweimal, und dann war wieder Nacht.
Und ich verschlief das Hilfebringen
zweimal und bin nicht aufgewacht.

Bin nicht vom Lager aufgesprungen
zur Tür und fragen, was es sei.
Ich schlief, ich schlief, bis es verklungen.
O der du nach mir riefst, verzeih!

Heut morgen kommen sie und fragen:
Wer rief und hat die Nacht gestört?
Rief man nach Gott? Und ich muß sagen:
ich schlief und habe nichts gehört.

Es war nicht Gott, dem es gegolten,
ich war es, den ein andrer rief.
Zwei Rufe, die zum Bruder wollten
vom Bruder, und der Bruder schlief.

Es rief, damit es mich erwecke,
zur Nacht zweimal vom Flusse her:
o Mensch, wie liebst du deine Decke,
dein Bett und deinen Schlaf so sehr.

Wie dumpf und stumpf ist dein Gewissen,
wie satt und matt du im Erhörn!
Ach, daß erst Schüsse fallen müssen,
aus deinem Schlaf dich aufzustörn.

Ja, ich bin träg und taub geschaffen
und ließ dich letzte Nacht allein.
Heut nacht werd ich gewiß nicht schlafen;
denn heute muß ich selber schrein.

Hans Erich Nossack

Schrifttext

Dann wird er sich auch an die auf der linken Seite wenden und zu ihnen sagen: Weg von mir, ihr Verfluchten, in das ewige Feuer, das für den Teufel und seine Engel bestimmt ist! Denn ich war hungrig, und ihr habt mir nichts zu essen gegeben; ich war durstig, und ihr habt mir nichts zu trinken gegeben; ich war fremd und obdachlos, und ihr habt mich nicht aufgenommen; ich war nackt, und ihr habt mir keine Kleidung gegeben; ich war krank und im Gefängnis, und ihr habt mich nicht besucht. Dann werden auch sie antworten: Herr, wann haben wir dich hungrig oder durstig oder obdachlos oder nackt oder krank oder im Gefängnis gesehen und haben dir nicht geholfen?
Darauf wird er ihnen antworten: Amen, ich sage euch: Was ihr für einen dieser Geringsten nicht getan habt, das habt ihr auch mir nicht getan. Und sie werden weggehen und die ewige Strafe erhalten, die Gerechten aber das ewige Leben (Mt 25,41—46).

Gebet

Atme in mir, du Heiliger Geist, daß ich Heiliges denke.
Treibe mich, du Heiliger Geist, daß ich Heiliges tue.
Locke mich, du Heiliger Geist, daß ich Heiliges liebe.
Stärke mich, du Heiliger Geist, daß ich Heiliges hüte.
Hüte mich, du Heiliger Geist, daß ich das Heilige nimmer verliere.

Augustinus

Seid gütig und barmherzig!
Laßt keinen je zu euch kommen,
ohne daß er besser und glücklicher wieder geht!
Seid lebendiger Ausdruck der Güte Gottes:
Güte in eurem Gesicht,
Güte in euern Augen,
Güte in euerm Lächeln,
Güte in euerm warmen Gruß!
In der Welt sind wir das Licht
der Güte Gottes für die Armen.
Den Kindern, den Armen,
allen, die leiden und einsam sind,
gebt immer ein glückliches Lächeln! —
Gebt ihnen nicht nur eure Fürsorge,
gebt ihnen auch euer Herz!

Mutter Teresa

Man wandelt nur, was man annimmt

Das Pfand

Der Rabbi kam aus dem Bethaus. Er vermißte seine beiden Söhne. Mehrmals fragte er seine Frau, wo die Knaben seien. Sie gab ausweichende Antworten. Später sprach sie: „Vor etlicher Zeit kam ein Fremder zu mir und gab mir ein Pfand, damit ich es bewahre. Es waren zwei kostbare Perlen von großer Schönheit. Ich hatte meine Freude an ihnen, als wären sie mein.
Heute, als du im Bethaus warst, ist der Fremde gekommen und hat sein Pfand zurückverlangt. Soll ich es ihm wiedergeben?"
Streng rügte der Rabbi: „Welch eine Frage? Wie kannst du zögern, anvertrautes Gut zurückzugeben?"
Da nahm die Frau ihn bei der Hand und führte ihn in die Schlafkammer. Sie hob die Decke vom Bett. Da lagen die Knaben, still und schön. Beide waren tot. Der Rabbi schrie laut auf und warf sich über seine Söhne. Sie aber sprach: „Hast du nicht gesagt, das Pfand müsse zurückgegeben werden? Der Herr hat es gegeben, der Herr hat es genommen. Der Name des Herrn sei gelobt."

Jüdische Legende

Anregungen für ein Gespräch

- Es gibt wohl kaum größeres Leid im Leben von Eltern, als ein Kind zu verlieren. Manchmal dauert es Jahre, bis die Wunde einigermaßen geheilt ist. Ganz verschwindet der Schmerz nie. So ist auch der Schrei des Rabbi zu verstehen.
- Die Frau des Rabbi will ihren Ehemann schonend vorbereiten. Sie weiß, wie belastbar er ist; vielleicht empfindet sie in diesem Augenblick auch den Unterschied zwischen dem, was ein Rabbi predigt, und der Art und Weise, wie er mit einer harten Wirklichkeit, die ihn selbst trifft, fertig wird.
- Die jüdische Legende lehrt, daß Kinder kein Eigentum und kein Besitz der Eltern sind. Darum können sie auch nicht frei über sie verfügen. Die Kinder hören zwar auf Eltern, aber sie ge-hören ihnen nicht. Sie bleiben Eigentum eines anderen.
- Aber dieses Eigentum wird Menschen geliehen und anvertraut. Die Konsequenz daraus lautet: Eltern dürfen ihre Kinder dem Eigentümer nicht ent-

fremden; sie dürfen nicht an die Stelle Gottes treten. Für Kinder sind Eltern Hinweis zu Gott, Abbilder eines Urbildes.

- Eltern müssen das Pfand, das Gott ihnen gegeben hat, sorgfältig hüten und pflegen. Einmal wird es vom Eigentümer zurückgefordert. Gerade in einem solchen Augenblick zeigt sich, ob und wie die Eigentumsverhältnisse geregelt sind.

Heute sorgen sich viele Eltern über den Zustand des ihnen anvertrauten Pfandes. Es liegt nicht allein in ihrer Hand, wie sich Kinder entwickeln; die Einflüsse von außen sind gewaltig. Viele Kinder trennen sich frühzeitig schon von ihren Eltern, so daß wenig Einflußmöglichkeit verbleibt. Man kann auch vor dem Tode der Kinder schon sie an Gott zurückgeben und dadurch ausdrücken, wer der eigentliche Eigentümer ist.

- Die gestorbenen Kinder würden ihren weinenden Vater trösten können, wenn ihnen noch einmal das menschliche Sprechen erlaubt wäre. Sie würden bei der Beschreibung ihres jetzigen Zustandes ins Schwärmen geraten und erklären: Eure wenigen herrlichen und unvergeßlichen Augenblicke, zu denen ihr sagen würdet, „verweile doch, du bist so schön", sind schwache Hinweise auf das, was euch hier erwartet.

Sie würden feststellen: der Verheißung glauben — das macht heilig.

- Leid kann den Menschen auferstehungsreif machen.
- Es gibt das Sterben eines Menschen auf dieser Erde, das alle Tode tötet; das ist das Geheimnis des Christustodes. Wer in diesen Tod „hineingetauft" (Röm 6,3) ist, der stirbt mit ihm den Tod ins Leben.
- Die Legende lehrt auch: Man kann das Leben teilen, aber nicht den Tod.
- In der DDR werden Osterkarten verkauft mit der Aufschrift: „Der Tod kam in unser Haus, aber er hat nicht das letzte Wort."
- Im Tode eines geliebten Menschen Gott zu preisen — das ist Vollkommenheit. Papst Johannes XXIII. stärkt die Menschen mit dem Wort: „Tausend Ängste können die Hoffnung nicht zerstören."

Schrifttext

In Kafarnaum lebte ein königlicher Beamter; dessen Sohn war krank. Als er hörte, daß Jesus von Judäa nach Galiläa gekommen war, suchte er ihn auf und bat ihn, herabzukommen und seinen Sohn zu heilen; denn er lag im Sterben. Da sagte Jesus zu ihm: Wenn ihr nicht Zeichen und Wunder seht, glaubt ihr nicht. Der Beamte bat ihn: Herr, komm herab, ehe mein Kind stirbt. Jesus erwiderte ihm: Geh, dein Sohn lebt! Der Mann glaubte dem Wort, das Jesus zu ihm gesagt hatte, und machte sich auf den Weg. Noch während er unterwegs war, kamen ihm seine Diener entgegen und sagten: Dein Junge lebt. Da fragte er sie genau nach der Stunde, in der die Besserung eingetreten war. Sie antworteten: Gestern in der siebten Stunde ist das Fieber von ihm gewichen. Da erkannte der Vater, daß es genau zu der Stunde war, als Jesus zu ihm gesagt hatte: Dein Sohn lebt. Und er wurde gläubig mit seinem ganzen Haus (Joh 4,46b—53).

Gebet

Nicht
daß von jedem Leid verschont du mögest bleiben,
noch daß dein künftiger Weg
stets Rosen für dich trage,
und keine bittere Träne über deine Wange komme,
und niemals du den Schmerz erfahren sollst:
Dies alles
nein
das wünsche ich dir nicht.

Mein Wunsch für dich ist vielmehr dieser:
Mögst dankbar du und allezeit bewahren
nur in deinem Herzen die kostbare Erinnerung
der guten Ding' in deinem Leben,
daß jede Gottesgabe in dir wachse
und mit den Jahren sie dir helfe
die Herzen jener froh zu machen,
die du liebst.
Daß immer einen wahren Freund du hast,
der Freundschaft wert,
der dir Vertrauen gibt,
wenn's dir an Licht gebricht und Kraft,
daß du dank ihm den Stürmen standhältst
und so die Höhen doch erreichst,
und daß in Freud' und Leid das Lächeln voller Huld
des menschgeword'nen Gottessohnes mit dir sei
und du allzeit innig IHM verbunden,
wie ER's für dich ersehnt.

Alter irischer Segenswunsch

Der Himmel

Es war einmal ein kleiner Heiliger, der hatte viele Jahre ein glückliches und zufriedenes Leben geführt. Als er eines Tages gerade in der Klosterküche beim Geschirrabwaschen war, kam ein Engel zu ihm und sprach: „Der Herr schickt mich zu dir und läßt dir sagen, daß es an der Zeit für dich sei, in die Ewigkeit einzugehen."

„Ich danke dem Herrgott, daß er sich meiner erinnert", erwiderte der kleine Heilige. „Aber du siehst ja, was für ein Berg Geschirr hier noch abzuwaschen ist. Ich möchte nicht undankbar erscheinen, aber läßt sich das mit der Ewigkeit nicht noch so lange hinausschieben, bis ich hier fertig bin?"

Der Engel blickte ihn nach Engelsart weise und huldvoll an, sprach: „Ich werde sehen, was sich tun läßt", und verschwand. Der kleine Heilige wandte sich wieder seinem Geschirrberg zu und danach auch noch allen möglichen anderen Dingen. Eines Tages machte er sich gerade mit einer Hacke im Garten zu schaffen, da erschien auf einmal wieder der Engel. Der Heilige wies mit der Hacke gartenauf und gartenab und sagte: „Sieh dir das Unkraut hier an! Kann die Ewigkeit nicht noch ein bißchen warten?" Der Engel lächelte und verschwand abermals.

Der Heilige jätete den Garten fertig, dann strich er die Scheune. So werkte er fort und fort, und die Zeit ging dahin ... Eines Tages pflegte er im Hospital die Kranken. Er hatte eben einem fiebernden Patienten einen Schluck kühlen Wassers eingeflößt, da sah er, als er aufblickte, wieder den Engel vor sich.

Dieses Mal breitete der Heilige nur mitleidheischend die Arme aus und lenkte mit den Augen des Engels Blicke von einem Krankenbett zum anderen. Der Engel verschwand ohne ein Wort.

Als der kleine Heilige sich an diesem Abend in seine Klosterzelle zurückzog und auf sein hartes Lager sank, sann er über den Engel nach und über die lange Zeit, die er ihn nun schon hingehalten hatte. Mit einemmal fühlte er sich schrecklich alt und müde, und er sprach: „O Herr, könntest du deinen Engel doch jetzt noch einmal schicken, er wäre mir sehr willkommen."

Kaum hatte er geendet, stand der Engel schon da ... „Wenn du mich noch nimmst", sagte der Heilige, „so bin ich nun bereit, in die Ewigkeit einzugehen!"

Der Engel blickte den Heiligen nach Engelart weise und huldvoll an und sprach: „Was glaubst du wohl, wo du die ganze Zeit gewesen bist?"

Albert Schweitzer

● Mit Himmel ist nicht das Himmelsgewölbe, der Ort der Sterne und der Wolken gemeint. Der Hl. Schrift ist nicht daran gelegen, Belehrungen über kosmische Fragen zu erteilen. Himmel ist nicht einmal ein Ort, sondern eine Lebensweise. Darum darf die Aufforderung des hl. Paulus „trachtet nach dem, was droben ist" (Kol 3,2) nicht als Ortsorientierung mißverstanden werden.

● Der Himmel ist da, wo Gott ist; und Gott ist da, wo die Liebe ist. Wer also die Liebe tut, der lebt in Gott und ist somit im Himmel.

Albert Schweitzer, der Arzt, Theologe und Liebhaber der Menschen, der selbst in den Urwald gegangen ist, um den ärmsten Eingeborenen in ihren leiblichen und seelischen Nöten beizustehen, wollte diesen Gedanken mit seiner Erzählung herausstellen.

● Zu Petrus hat Jesus gesagt: „Dir will ich die Schlüssel des Himmelreiches geben" (Mt 16,19). Wir könnten zu dem Fehlschluß kommen, daß nur ein Pförtner die Schlüssel besitzt oder der Hausbesitzer allein Schlüsselgewalt hat. Der hl. Augustinus aber hat in einer Predigt am Feste Peter und Paul darauf aufmerksam gemacht, daß nicht ein einzelner Mensch, sondern die Kirche die Schlüssel erhalten habe. „Petrus stellt die Gesamtheit und Einheit der Kirche in seiner Person dar. Er bekommt das, was allen anvertraut ist."

● Mit der Liebe den Himmel gegenwärtig machen — das ist die Aufgabe der Christen.

● Die Erzählung hilft uns, diese Liebe nicht eng zu interpretieren. Auch Geschirr spülen, Unkraut jäten, Scheunen anstreichen können Werke der Liebe sein, die Gott für so wichtig hält, um ein Menschenleben zu verlängern. Daß der aufopferungsvolle Dienst am Kranken dazugehört, macht die wortlose Reaktion des Engels deutlich.

Wie anders könnte der graue Alltag mit seinen ungeliebten Verpflichtungen, Arbeiten und Plagen aussehen, wenn sie so selbstverständlich und hingebungsvoll getan würden? Die Hölle könnte zum Himmel werden.

● Die Erzählung lehrt uns, zur rechten Zeit am rechten Ort zu sein. Wo uns die täglichen Aufgaben wie Steine vor die Füße rollen, da sollen wir sie aufnehmen. Irgendwie sind die vielen kleinen Schicksale, denen wir begegnen, uns geschickt! Wer so den Alltag annimmt, entdeckt in ihm ein Gesicht.

● Es kann aber auch ganz anders kommen. Der Engel, der von Gott geschickt wird, kann unseren Dienst radikal verändern. Für die Challenger-Expedition hatten sich elftausend Lehrerinnen beworben, die Millionen von Kindern aus dem Weltraum eine Unterrichtsstunde erteilen wollten. Nur eine wurde ausgewählt; sie erklärte ihre Wahl mit den Worten: „Man muß eine Menge Glück haben und dann zur rechten Zeit am rechten Ort sein." Welch eine Ironie des Schicksals! Als die Raumfähre einige Sekunden nach dem Start explodierte und alle sieben Raumfahrer den Tod fanden, bekamen die vielen Millionen Kinder und Zuschauer eine ganz andere „Unterrichtsstunde" erteilt. Wer bestimmt das Thema der Stunde, wer den Dienst im Alltag, wer den Ort und die Zeit für die Ewigkeit? Alles das hat mit Himmel zu tun, weil Gott die Hand im Spiel hat. Diese Hand Gottes, der sich der kleine Heilige anvertraut, gibt allein Sicherheit.

- Die Erzählung ist ein Loblied auf die kleinen und unbedeutenden Dienste des Lebens, die die Erde zum Himmel machen. Sie ist ein Zeichen dafür, daß Himmel und Erde nicht in verschiedene Welten zu zerlegen sind. Der jenseitige Gott ist diesseitig; der Himmel ist schon auf dieser Erde gegenwärtig.
- Wo die Liebe, wo die Güte — da ist Gott.

Schrifttext

Dann wird der König denen auf der rechten Seite sagen: Kommt her, die ihr von meinem Vater gesegnet seid, nehmt das Reich in Besitz, das seit der Erschaffung der Welt für euch bestimmt ist. Denn ich war hungrig, und ihr habt mir zu essen gegeben; ich war durstig, und ihr habt mir zu trinken gegeben; ich war fremd und obdachlos, und ihr habt mich aufgenommen; ich war nackt, und ihr habt mir Kleidung gegeben; ich war krank, und ihr habt mich besucht; ich war im Gefängnis, und ihr seid zu mir gekommen (Mt 25,34—36).

Gebet

Dir neigen

ich will nicht über dir sein
wie ein mächtiger Fels,
wie ein fallender Stein,
wie ein Kenner,
der seinen Schatz bewacht,
wie ein Reicher,
der sein Gut überdacht,
ich will nicht über dir sein

ich will *für* dich sein
wie Atemluft

wie Wolke und Duft
wie Sonne und Erde
wie Brot und Wein
ich will *für* dich sein

ich will mich dir neigen
mit allen Zweigen
am Baum meines Lebens;
ins Wagnis des Schwebens,
willst du es mir zeigen,
will ich mit dir steigen

ich will dir mein Hoffen
und Glauben vererben,
meine Träume und Scherben,
mein Fehlen und Dulden;
ich will mich dir schulden
bis in mein Sterben.

Christa Peikert-Flaspöhler

Nacht der Wandlung

Das übermächtige Heer des Königs Assarhaddon hatte über König Lailie und seine Streitmacht gesiegt. In einem Chaos von Trümmern, Rauch und Asche, in einem Leid von Wunden, Blut und Tränen stöhnte das eroberte, zerschlagene Land. Seine Bewohner wurden gefoltert, verschleppt, ermordet, seine Städte und Dörfer geplündert und verbrannt und dem Erdboden gleichgemacht. Große Teile der Lailie-Armee wurden von den Siegern niedergemetzelt. Den Rest führte man in eine schwere, langjährige, entehrende Gefangenschaft. Dem Sieger war es auch gelungen, den König Lailie selber zu greifen. Man sperrte ihn in einen Eisenkäfig, damit er hier sein Urteil erwarte.
Als sich der Schleier der Nacht über die tausend Wunden des unterlegenen Landes breitete, ruhte der Sieger, König Assarhaddon, auf seinem seidenen Lager im Feldherrnzelt. Grimmig und voller Rachedurst sann er darüber nach, auf welch qualvolle Weise er seinen Gegner Lailie hinrichten könne. Plötzlich sah er einen würdevollen, weißhaarigen Greis an sein Ruhebett treten, und er hörte ihn sprechen: „Ich bin gekommen, König Assarhaddon, um für den besiegten Lailie um Gnade zu bitten!"

Mit kalten, hohnvollen Worten erwiderte Assarhaddon: „Gnade? Morgen wird er hingerichtet. Nur weiß ich noch nicht, auf welche Art und Weise!"
Der würdige Alte antwortete: „Warum willst du ihn umbringen? Denn Lailie — das bist du selbst!"
Der König schüttelte hochmütig lächelnd sein Haupt und entgegnete selbstbewußt: „Du irrst, Alter! Ich bin Assarhaddon, der allmächtige Sieger!" Da nahm der Greis einen Krug und goß dem König wie bei einer Taufe Wasser über das Haupt: Da wandelt sich die Seele des Siegers in die Seele des Besiegten. Assarhaddon fällt in einen Traum, und in diesem Traum durchlebt er Lailies Aufstieg und Niedergang. Lailies früheren Glanz und sein jetziges Elend. Als Lailie zieht er zuversichtlich in die Schlacht. Aber seine heldenmütig kämpfenden Soldaten werden von der zahlenmäßig überlegenen Streitmacht Assarhaddons vernichtend geschlagen. Er durchlebt alle Qualen und Demütigungen des Besiegten. In einem Eisenkäfig muß er zusehen, wie seine besten Heerführer und Kameraden hingerichtet werden. Dann wird er selber zu dem schwarzen Henkerblock geführt, an dem noch das warme Blut seiner Schicksalsgefährten klebt. Gleich wird das todbringende Schwert des Henkers aufblitzen ...
Da schrie der in Lailie verwandelte Assarhaddon in Todesqual auf: „Halt! Ich bin doch Assarhaddon, der Sieger — und nicht Lailie, der Besiegte!", und als er seine Augen öffnete, stand der Greis an seinem Lager im Feldherrnzelt und sprach prophetenhaft: „Weißt du es jetzt? Du bist Assarhaddon und Lailie zugleich! Der stolze Sieger von heute kann der Besiegte von morgen sein! Denke daran, daß in allen, die du getötet hast und noch töten willst, das gleiche Leben wohnt wie in dir selbst!"
Nach diesen Worten verließ der Greis das Zelt des Königs. Assarhaddon versank in tiefes Nachsinnen, und als die Morgensonne ihren ersten Lichtschimmer über das schwergeprüfte Land breitete, befahl er, dem König Lailie und allen Gefangenen das Leben zu schenken und ihnen ihre Freiheit zurückzugeben. Assarhaddon selber legte die Königswürde nieder und übertrug sie seinem Sohn. Er zog ein Pilgergewand an, tat Buße und verkündete allem Volk die neue Lehre des Friedens, die ihm in einer erlebnisschweren Nacht auf geheimnisvolle Weise zuteil geworden war ...

Leo Tolstoi

Anregungen für ein Gespräch

● Vae victis! Wehe den Besiegten! Diese Erfahrung haben viele Millionen Unterlegene im Laufe der Geschichte machen müssen. Die Sieger kosten dadurch ihren Sieg aus, daß sie Rache nehmen und ihre Feinde niedermachen. Das ist ein unerbittliches Gesetz des Krieges.

- Diese Rache aber ist sogleich wieder Ursache für einen neuen Krieg, an dessen Ende wiederum die Rache steht — diesmal vielleicht mit umgekehrten Vorzeichen. Die Söhne oder Volksgenossen des zuerst Besiegten richten jetzt den früheren Sieger hin. Danach beginnt in einer neuen Runde abermals das grausame Spiel.

Immer löst Rache neue Rache aus; die Spirale der Gewalt nimmt kein Ende.

- Wie aber kann der Teufelskreis durchbrochen werden? Der unerlöste Mensch weiß keine Antwort. Nachgeben wird als Feigheit und Schwäche gedeutet.

- Das Christentum hält Antworten bereit. Es schlägt den Weg der Gewaltlosigkeit, der Vergebung oder der Unterwerfung vor. „Dem, der dich auf die eine Wange schlägt, halt auch die andere hin" (Lk 6,29). Alle diese Vorschläge werden heute in der Friedensfrage leidenschaftlich diskutiert.

- Tolstoi setzt in seiner Erzählung „Nacht der Wandlung" anders, aber ebenso christlich an. Er versetzt den Sieger in die Rolle des Unterlegenen und bringt ihn nach der „Goldenen Regel" der Bergpredigt zur Umkehr. „Alles, was ihr von anderen erwartet, das tut auch ihnen" (Mt 7,12).

Damit lehrt er die Menschen, vom anderen her zu denken und dessen Empfindungen, Nöte und Vorstellungen nachzuvollziehen. Er ist davon überzeugt, daß auch das Denken vom anderen her Rachegefühle brechen und zerbrochenes menschliches Miteinander wieder herstellen kann.

- Der große Erzähler Tolstoi wollte sicher nicht nur über die Rachegefühle in Kriegen sprechen, sondern vor allem Hilfen für das Alltagsleben geben. Dadurch wird die Erzählung besonders wichtig und aktuell.

Wie kann man diese Erzählung in den Alltag stellen? Wo liegt ein Defizit in unserer Gesellschaft, auf das sie eine Antwort geben könnte? In heutiger Zeit denken viele Menschen nicht vom anderen her, sondern von sich selbst; und dieses Denken führt die Menschen und die Gesellschaft in die Unfairneß. So muß die Fairneß als eine moderne Tugend — nicht nur im Sport — wieder entdeckt werden.

- Es gibt viel Unfairneß in unserer Gesellschaft: im politischen Leben, im Wahlkampf, im Straßenverkehr, in Wirtschaftsunternehmungen, in der Entwicklungspolitik, im Ausbildungs- und Erziehungsbereich, im sportlichen Wettkampf, in der beruflichen Konkurrenz. Begünstigt wird diese Entwicklung in unserer Erfolgs- und Leistungsgesellschaft durch ein Wettkampfsystem, das immer rabiatere Züge bekommt. Wer von Kindheit an angehalten wird, sich im Leben — in Schule, Beruf, Verkehr, Sport — auf Biegen und Brechen durchzusetzen, der wird zum Egoisten erzogen. Der Egoist aber ist unfähig, vom anderen her zu denken. Wer das nicht kann, wird zum Zerstörer des gesellschaftlichen Miteinanders.

● Wenn man das Wettkampfprinzip bis ins letzte zurückverfolgt, stößt man auf den Urzustand des unerlösten Menschen mit einem Denken, das von sich selbst ausgeht und nur sich selbst sieht.
Wenn man das Fairneßprinzip bis ins letzte zurückverfolgt, stößt man auf den Zustand des erlösten Menschen, der uns liebevolle Hinwendung zum menschlichen Du lehrt.
Weil im Wettkampf Urtriebe des Menschen entfesselt werden können, muß zweierlei geschehen:

— dem Wettkampf müssen Fesseln angelegt werden; das sind die Regeln. Wer sie beachtet, unterwirft sich dem Gebot der Fairneß.
— Da aber das Leben mit Regeln nicht einzufangen ist, muß hinter ihnen eine Gesinnung stehen. Die Regeln müssen von Wurzeln gespeist werden. Wer nur Regeln einhalten will, wird sie nicht einhalten können, weil sie keinen tieferen Boden haben. Fairneß ernährt sich im letzten aus den Wurzeln der Liebe, die vom anderen her denkt und das Zusammenleben zu gestalten versucht.

Das gilt nicht nur für den Sport, sondern für das gesamte gesellschaftliche Leben.

● Fairneß kommt nicht von selbst; zur Fairneß muß man erzogen werden. Wir fangen bei jedem Menschen von vorne wieder an. Wer mit dem anderen leben möchte, der muß auch Regeln akzeptieren, die aber nicht fesseln, sondern befreien. Der faire Umgang miteinander sichert einen Freiheitsraum, in dem zu leben Freude macht.

● Wie fair Jesus war, zeigt sein Verhalten gegenüber der Ehebrecherin.

Schrifttext

In jener Zeit ging Jesus zum Ölberg. Am frühen Morgen begab er sich wieder in den Tempel. Alles Volk kam zu ihm. Er setzte sich und lehrte es. Da brachten die Schriftgelehrten und die Pharisäer eine Frau, die beim Ehebruch ertappt worden war. Sie stellten sie in die Mitte und sagten zu ihm: Meister, diese Frau wurde beim Ehebruch auf frischer Tat ertappt. Mose hat uns im Gesetz vorgeschrieben, solche Frauen zu steinigen. Nun, was sagst du? Mit dieser Frage wollten sie ihn auf die Probe stellen, um einen Grund zu haben, ihn zu verklagen. Jesus aber bückte sich und schrieb mit dem Finger auf die Erde. Als sie hartnäckig weiterfragten, richtete er sich auf und sagte zu ihnen: Wer von euch ohne Sünde ist, werfe als erster einen Stein auf sie. Und er bückte sich wieder und schrieb auf die Erde. Als sie seine Antwort gehört hatten, ging einer nach dem anderen fort, zuerst die Ältesten. Jesus blieb allein zurück mit der Frau, die noch in der Mitte stand. Er richtete sich auf und sagte zu ihr: Frau, wo sind sie geblieben? Hat dich keiner verurteilt? Sie antwortete: Keiner, Herr. Da sagte Jesus zu ihr: Auch ich verurteile dich nicht. Geh und sündige von jetzt an nicht mehr! (Joh 8,1—11).

Gebet

Preis der Fairneß
frei nach 1 Korinther 13

Wenn ich um den höchsten Sporttitel kämpfte,
und meine ganze Energie für den Sieg einsetzte,
und da wäre kein Mensch, der mich liebt, und keiner, den ich liebe,
dann wäre ich nur ein funktionierendes Muskelpaket, ein Sportroboter.

Wenn ich alles Denken und Tun nur auf den Sport ausrichten würde,
also der Leibesübung mein ganzes Leben opferte,
und es wäre nirgendwo Liebe im Spiel,
was sollte mir das alles nützen?

Wenn ich die perfektesten Spielregeln beachtete,
die Fehlerquellen für Unparteiische durch perfekte Technik beseitigte,
wenn ich mich stets für Gesundheit und Wohl aller im Spiel einsetzte,
und ich gäbe keine Liebe her,
dann wäre alles vergebens.

Und wenn alle Athleten und Mannschaften endlich mit den Regeln
statt gegen sie anträten,
und wenn sie auf Fouls, Täuschung und Lüge verzichteten,
und es wäre keine Liebe in den Menschen,
dann brächte aller gute Wille zum Fair Play nichts.

Und wenn wir uns darauf verlassen könnten,
daß alle Sportler und Schiedsrichter ihr Bestes dafür geben,
daß es Siegern und Verlierern gut geht,
sie unabhängig vom Resultat akzeptiert werden und immer wieder antreten
können,
und Gott gäbe Akteuren und Zuschauern keine Liebe ins Herz,
ein solcher Sport wäre kein Segen.

Ich brauche als Konditionen zu jedem fairen Wettkampf
Glaube, Hoffnung und Liebe.
Die Liebe ist dabei aber das Größte.

Heinz Schindler

Der gerechte Preis

Als der König Anoschirwan mit seinem Gefolge durchs Land zog, geriet er in eine einsame Berggegend, in der nicht einmal die armseligen Hütten der Schafhirten standen. Der Koch des Königs lamentierte: „Erhabener Sultan! Ich bin dazu da, deinen Gaumen zu erfreuen. Nun findet sich im Küchenzelt auch nicht das kleinste Körnchen Salz, ohne das jede Speise abscheulich und fad schmeckt. Erhabener Sultan, was soll ich tun?" Anoschirwan erwiderte: „Gehe zurück in das nächste Dorf. Dort findest du einen Händler, der auch Salz feilbietet. Achte darauf, daß du den richtigen Preis zahlst und nicht mehr über das Übliche hinaus." „Erhabener Sultan", antwortete der Koch, „in deinen Truhen liegt mehr Gold als irgendwo sonst in der Welt. Was würde es dir ausmachen, wenn ich ein bißchen teurer einkaufe. Die Kleinigkeit macht es doch nicht." Der König blickte ernst: „Gerade die Kleinigkeiten sind es, aus denen sich die Ungerechtigkeiten der Welt entwickeln. Kleinigkeiten sind wie Tropfen, die schließlich doch einen ganzen See füllen. Die großen Ungerechtigkeiten der Welt haben als Kleinigkeiten begonnen. Geh also und kaufe das Salz zum üblichen Preis."

Ein Gleichnis

Anregungen für ein Gespräch

- „Wer den Pfennig nicht ehrt, ist des Talers nicht wert", heißt ein deutsches Sprichwort. Wer nicht auf kleine Dinge des Alltags achtet, wird in den großen Fragen des Lebens schon gar nichts ausrichten.
- Wer wäre nicht prinzipiell für den universalen Frieden in der Welt und für die Gerechtigkeit aller Menschen? Aber nichts bewegt sich, wenn nicht jeder bei sich selbst im Kleinen beginnt.
- Vom Kind in der Krippe — bedeutungsloser geht es nicht mehr! — besteht eine Beziehung zur ganzen Welt. Der einzelne Mensch aus Nazaret wagt es,

sein Tun in eine weltumspannende Hoffnungsperspektive zu stellen. Indem er hier und jetzt handelt, kommt Gottes Weltherrschaft zu den Menschen. Indem er hier und jetzt die Jünger um sich sammelt, beginnt seine Weltfriedensbewegung. Indem er hier und jetzt mit Sündern und Rechtlosen an einem Tisch sitzt und mit ihnen ißt, beginnt eine weltweite Tischgemeinschaft. So wird der große Friede realpräsent im Kleinen, wie Gott in der Eucharistie realpräsent ist. Das Ganze ist in einem winzigen Teil der Welt bereits vorhanden.

● Die Erzählung weist uns darauf hin, daß die Kleinigkeiten entscheidend sind: Sie richten das Unheil an und sie sind es auch, die die Welt zum Guten verändern können.

● Natürlich sollen die Realitäten nicht übersehen werden: der Streit der Supermächte, eine Welt kriegerischer Konflikte, Hochrüstung auf Kosten der Armen, Hunger und Elend in vielen Teilen der Erde.
Diese Realitäten sind nicht nur weltweit, sondern stecken in jedem einzelnen Menschen und haben dort ihren Ursprung.

> Eine Blume ist in mir,
> noch blüht sie nicht.
> Eine Melodie ist in mir,
> noch klingt sie nicht.
> Ein Kind ist in mir,
> noch fühl' ich's nicht.
> Denn Nacht ist in mir.
> Herr, schenke mir Licht.

Mit anderen Worten: unser ganzes Leben steht im Zeichen des Kreuzes, weil die Keime des Guten, die in jedem Menschen stecken und nach Entfaltung drängen, sich gegen vielfache Widerstände durchsetzen müssen.

● Der Blick für die „Kleinigkeit“ oder der Wert des „Tropfens“ sind Antiprogramme gegen das inflationäre Geschrei auf den Straßen und das ineffektive Tun vieler Mächtiger. Weil sie die ganze Welt verändern wollen, ohne sich selbst einzubeziehen, verändern sie wenig oder nichts.
Aus den Kleinigkeiten entstehen sowohl die Ungerechtigkeiten als auch die Gerechtigkeiten. Der große Krieg kommt aus dem kleinen Streit und der große Friede aus dem kleinen Dienst.

● Jeder Mensch ist aufgefordert, seine Umgebung durch Freundlichkeit, Güte, Liebe und Toleranz zu verändern. Immer ist das ein kleiner Anfang für ein großes Werk. In diesem unscheinbaren Anfang steckt ein riesiges Kapital.

● Der Erzähler hat wohl mit Bedacht vom Salz gesprochen. Er wollte nicht nur auf den gerechten Preis hinweisen, sondern auch auf die Kraft des Salzes.

Ein kleines Körnchen schon kann den Geschmack einer Speise verändern. „Was das Salz für die Nahrung ist, das seid ihr für die Welt" (Mt 5,13). Auch am Samenkorn hätte der Erzähler die Bedeutung des Kleinen erklären können.

Schrifttext

Er erzählte ihnen ein weiteres Gleichnis und sagte: Mit dem Himmelreich ist es wie mit einem Senfkorn, das ein Mann auf seinen Acker säte. Es ist das kleinste von allen Samenkörnern; sobald es aber hochgewachsen ist, ist es größer als die anderen Gewächse und wird zu einem Baum, so daß die Vögel des Himmels kommen und in seinen Zweigen nisten (Mt 13,31f).

Gebet

Herr, erwecke deine Kirche
und fange bei mir an.
Herr, baue deine Gemeinde
und fange bei mir an.
Herr, laß Frieden
überall auf Erden kommen
und fange bei mir an.
Herr, bringe deine Liebe
und Wahrheit
zu allen Menschen
und fange bei mir an.

Gebet eines chinesischen Christen

Der kleine Baumwollfaden

Es war einmal ein kleiner Baumwollfaden, der hatte Angst,
daß es nicht ausreicht, so wie er war.
Für ein Schiffstau bin ich viel zu schwach, sagte er sich.
Und für einen Pullover zu kurz.
An andere anzuknüpfen, dazu habe ich zu viel Hemmungen.

Für eine Stickerei eigne ich mich auch nicht, dafür bin ich zu blaß und farblos.
Ja, wenn ich aus Lurex bestünde, dann könnte ich eine Stola verzieren.
Aber so?
Es reicht nicht!
Zu nichts bin ich nütze. Ein Versager. Niemand braucht mich.
Niemand mag mich.
Und ich selbst am wenigsten.

So sprach der kleine Baumwollfaden zu sich selbst und legte eine traurige Musik auf und fühlte sich ganz schön down in seinem Selbstmitleid.

Da klopfte der Wachs an seine Tür und sagte:
Laß dich doch nicht so hängen, kleiner Baumwollfaden. Ich weiß was.
Ich hab da eine Idee:
Wir beide tun uns zusammen! Für eine lange Osterkerze bist du als Docht zu kurz, und ich hab dafür auch nicht genug Wachs. Aber für ein Teelicht reicht es allemal.

Wir beide zusammen werden eine kleine Kerze.
Die wärmt und macht ein bißchen heller. „Es ist besser,
auch nur ein kleines Licht anzuzünden, als immer nur über die Dunkelheit zu schimpfen."

Da war der kleine Baumwollfaden
ganz glücklich und sagte:
Dann bin ich also doch zu etwas nütze.
Und wer weiß, vielleicht gibt es auf der Welt
noch mehr kurze Baumwoll-Fäden,
die sich zusammentun mit dem Wachs.

Anregungen für ein Gespräch

- An der Aufgabe, sich selbst so anzunehmen, wie sie sind, arbeiten und leiden viele Menschen ein ganzes Leben lang. Der eine hält sich für zu dick, der andere für zu unintelligent, ein dritter für von der Natur benachteiligt. Der Docht im Märchen hält sich für zu klein.
- Die Betroffenen finden auch stets gute Begründungen für ihre Unzufriedenheit. Die Kleinen haben es schwer, sich im Streit zu behaupten; sie sind nicht in der Lage, weit schauen zu können; oft halten sie sich für Versager.
- Sie finden auch immer Ratgeber, die die Aussagen der Selbstkritiker bestätigen. Was sollen sie auch wahrheitsgemäß anderes feststellen? Wer klein ist, ist

eben klein; und wer klein ist, ist nicht sonderlich stark und kann nicht in die Ferne sehen oder viel leisten.

- Wer einem Menschen, der an sich selbst leidet, helfen will, muß ihn in eine existentielle Tiefe führen. Nur so ist es möglich, das absolut gesetzte Defizit zu relativieren und von anderen Werten her das Leben aufzubauen.
- Vielleicht hilft Kooperation weiter.
- Vor diesem neu gefundenen Wert wächst der Lebensmut.
- Menschen, die nur unsere Auffassung bestätigen, sind schlechte Ratgeber. Wir brauchen Freunde, die uns sagen, worauf es im Leben ankommt, damit es gelingen kann.
- Unter größerer Lebenstiefe ist vor allem das „Warum“ zu verstehen. Nietzsche hat gesagt: „Wer ein Warum zu leben hat, erträgt fast jedes Wie.“
- Existentielles „Warum” ist ohne Gott kaum zu erklären. Warum bin ich? Diese Frage ist grundlegender als die in der Erzählung: Warum bin ich so klein? Die Anwort auf die grundlegende Frage „weil Gott dich will“ ist auch eine Antwort auf die andere des kleinen Fadens.
- „Geh den Weg, den Gott dir gezeichnet hat, verlaß ihn nicht, denn er ist dein Weg“ (Larigaudie).
- Die Annahme seiner selbst ist ein Ja zum Willen Gottes.
- Papst Johannes XXIII. empfing einmal einen neuen Bischof in Privataudienz. Als dieser klagte, daß ihn die übernommene Würde kaum mehr schlafen lasse, sagte der Papst mitfühlend: „Mir ging es in den ersten Wochen meines Pontifikats genauso. Aber dann sah ich auf einmal im Traum meinen Schutzengel, der mir zuraunte: 'Giovanni, nimm dich nicht zu wichtig.' Seitdem schlafe ich wieder.“

Schrifttext

Damit ich mich wegen der einzigartigen Offenbarungen nicht überhebe, wurde mir ein Stachel ins Fleisch gestoßen: ein Bote Satans, der mich mit Fäusten schlagen soll, damit ich mich nicht überhebe. Dreimal habe ich den Herrn angefleht, daß dieser Bote Satans von mir ablasse. Er aber antwortete mir: Meine Gnade genügt dir; denn sie erweist ihre Kraft in der Schwachheit. Viel lieber also will ich mich meiner Schwachheit rühmen, damit die Kraft Christi auf mich herabkommt. Deswegen bejahe ich meine Ohnmacht, alle Mißhandlungen und Nöte, Verfolgungen und Ängste, die ich für Christus ertrage; denn wenn ich schwach bin, dann bin ich stark (2 Kor 12,7—10).

Gebet

Herr,
wir sehen dich aus der Ferne
und über den unendlichen Abstand der Zeit.
Wir hören dich.
Wir suchen dich zu verstehen,
zu begreifen, wer du bist.
Laß uns mit dir gehen.

Du bist anders als andere Menschen.
Stärker und schwächer.
Erhabener und geringer.
Du verkündest die Ehre Gottes
und begleitest die Verachteten unter den Menschen.
Du bringst die Kraft Gottes
und bist schwach mit den Schwachen.
Du schaffst Freiheit
und läßt dich binden für die Gebundenen.
Du stehst an Gottes Stelle
und vertrittst doch die Schuldigen.
Du scheidest zwischen Wahrheit und Lüge
und nimmst die Gescheiterten in Schutz
vor dem Recht der Rechtschaffenen.
Du brauchst keine Gewalt
und weichst dem Opfer nicht aus.

Laß uns mit dir gehen. Dich begleiten.
Gib uns Licht aus deiner Güte.
Mach uns dir gleich,
damit wir Menschen werden.

Meister des Lebens,
an dir schauen wir, was es heißt, Mensch zu sein.
Durch dein Antlitz hindurch
schauen wir das Antlitz Gottes.
Wo du bist, verwandelt sich die Welt.
Wandle auch uns. Mache uns zu Menschen.

Herr, wir glauben.
Hilf unserem Unglauben.

Jörg Zink

Tausend Ängste können die Hoffnung nicht zerstören

Die Geschichte von der Sandwüste

Ein Strom floß von seinem Ursprung in fernen Gebirgen durch sehr verschiedene Landschaften und erreichte schließlich die Sandwüste. Genauso wie er alle anderen Hindernisse überwunden hatte, versuchte der Strom nun auch, die Wüste zu durchqueren. Aber er merkte, daß — so schnell er auch in den Sand fließen mochte — seine Wasser verschwanden.
Er war jedoch überzeugt davon, daß es seine Bestimmung sei, die Wüste zu durchqueren, auch wenn es keinen Weg gab. Da hörte er, wie eine verborgene Stimme, die aus der Wüste kam, ihm zuflüsterte: „Der Wind durchquert die Wüste, und der Strom kann es auch."
Der Strom wandte ein, daß er sich doch gegen den Sand werfe, aber dabei nur aufgesogen würde, der Wind aber kann fliegen, und deshalb vermag er die Wüste zu überqueren.
„Wenn du dich auf die gewohnte Weise vorantreibst, wird es dir unmöglich sein, sie zu überqueren. Du wirst entweder verschwinden, oder du wirst ein Sumpf. Du mußt dem Wind erlauben, dich zu deinem Bestimmungsort hinüberzutragen."
Aber wie sollte das zugehen? „Indem du dich von ihm aufnehmen läßt."
Diese Vorstellung war für den Fluß unannehmbar. Schließlich war er noch nie zuvor aufgesogen worden. Er wollte keinesfalls seine Eigenart verlieren. Denn wenn man sich einmal verliert, wie kann man da wissen, ob man sich je wiedergewinnt.
„Der Wind erfüllt seine Aufgabe", sagte der Sand. „Er nimmt das Wasser auf, trägt es über die Wüste und läßt es dann wieder fallen. Als Regen fällt es hernieder, und das Wasser wird wieder ein Fluß."
„Woher kann ich wissen, ob das wirklich wahr ist?"
„Es ist so, und wenn du es nicht glaubst, kannst du eben nur ein Sumpf werden. Und auch das würde viele, viele Jahre dauern; und es ist bestimmt nicht dasselbe wie ein Fluß."
„Aber kann ich nicht derselbe Fluß bleiben, der ich jetzt bin?"
„In keinem Fall kannst du bleiben, was du bist", flüsterte die geheimnisvolle Stimme. „Was wahrhaft wesentlich an dir ist, wird fortgetragen und bildet wie-

der einen Strom. Heute wirst du nach dem genannt, was du jetzt gerade bist, doch du weißt nicht, welcher Teil deines Selbst der Wesentliche ist."
Als der Strom dies hörte, stieg in seinem Innern langsam ein Widerhall auf. Dunkel erinnerte er sich an einen Zustand, in dem der Wind ihn — oder einen Teil von ihm? War es so? — auf seinen Schwingen getragen hatte. Er erinnerte sich auch daran, daß *dieses*, und nicht das jedermann Sichtbare, das Eigentliche war, was zu tun wäre — oder tat er es schon?
Und der Strom ließ seinen Dunst aufsteigen in die Arme des Windes, der ihn willkommen hieß, sachte und leicht aufwärts trug und ihn, sobald sie nach vielen, vielen Meilen den Gipfel des Gebirges erreicht hatten, wieder sanft herabfallen ließ. Und weil er voller Be-Denken gewesen war, konnte der Strom nun in seinem Gemüte die Erfahrungen in allen Einzelheiten viel deutlicher festhalten und erinnern und davon berichten. Er erkannte: „Ja, jetzt bin ich wirklich ich selbst."
Der Strom lernte. Aber die Sandwüste flüsterte: „Wir wissen, weil wir sehen, wie es sich Tag für Tag ereignet: denn wir, die Sandwüste, sind immer dabei, das ganze Flußufer entlang bis hin zum Gebirge."
Und deshalb sagt man, daß der Weg, den der Strom des Lebens auf seiner Reise einschlagen muß, in den Sand geschrieben ist.

Awad Afifi

Anregungen für ein Gespräch

- Immer wieder vertrauen wir im Alltag einer Sache etwas an und machen sie zum Träger unserer Gefühle. Oft gehen wir so stark in das Ding ein, daß man sagen kann: Wir vertrauen ihm uns selbst an. Wenn wir einem Menschen eine Blume überreichen, denken wir nicht an ihren Materialwert, sondern wir geben unsere Gefühle, Wünsche und Gedanken in sie hinein. Die Blume ist mehr; wir erfassen sie nicht auf der Ebene der sichtbaren und meßbaren Bestandteile.
- Die Blume ist schön, sie soll erfreuen. Die Blume kann sogar sprechen; sie kann sagen, daß sie das Leben des anderen bereichern will.
- Wer die Blume pflückt und sie an sein Herz drückt in ängstlicher Liebe, tötet sie, weil sie verwelkt. Was ich ängstlich für mich behalten will, wird sterben. Aus einer geschlossenen Hand kann man nicht trinken.

Warum?

Warum erlosch die Lampe?
Ich hielt meinen Mantel davor,

um sie vor dem Winde
zu schützen.
Darum erlosch die Lampe.
Warum verwelkte die Blume?
Ich preßte sie an mein Herz
in ängstlicher Liebe.
Darum verwelkte die Blume.
Warum trocknete
der Strom aus?
Ich legte einen Damm hindurch,
um ihn mir nützlich zu machen.
Darum trocknete der Strom aus.
Warum zerbrach
die Saite der Harfe?
Ich versuchte,
ihr einen Ton zu entreißen,
der ihre Kräfte überstieg.
Darum zerbrach
die Saite der Harfe (Rabindranath Tagore).

- Die Blume kann Träger unserer Sympathien, unserer Mitfreuden und Mitleiden für den anderen sein. Wir gehen selbst in sie ein und schenken uns auf diese Weise dem anderen. Man kann nicht geben ohne Vertrauen; aber dieses Vertrauen verwandelt das Leben.
- Überall auf dieser Erde gibt es Wüsten: Wüsten aus Sand und Wüsten des Lebens, wo vieles so hoffnungslos, zukunftslos, aussichtslos ist. Was kann man tun, um die Wüste — das Tal des Todes — zu überleben?
- Vor einer solchen Frage steht der Fluß, der in die Wüste fließt. Wenn er überleben will, muß er über eine andere Existenzform nachdenken. Hat er den Mut, sich in seiner alten Form aufzugeben? Kann er sich den Wolken anvertrauen? Sie werden ihn über die Wüste hinwegtragen und am anderen Ende wieder absetzen.
- Wir können nicht leben, ohne uns anderen anzuvertrauen. Dieses Vertrauen gilt nicht nur den Menschen, sondern auch Dingen wird es hundertfach im Alltag geschenkt: der Fallschirmspringer vertraut sich dem Fallschirm an, der Autofahrer dem Auto, der Fußgänger der Haltbarkeit einer Brücke, der Bewohner der Stabilität seines Hauses.

Auch Menschen spielen dabei eine Rolle: Wir vertrauen uns einem Arzt, einem Verkäufer, einem Busfahrer, einem Seelsorger an.

- Vertrauen bedeutet: sich loslassen, sich einem anderen preisgeben.

● Die Geschichte von der Sandwüste lehrt uns auch, daß man sich Gott anvertrauen muß. Es gibt wohl kein Überleben ohne ihn. Vertrauen zu Gott heißt: Er wird uns halten im Leben und Sterben.

● Wenn Jesus seine Jünger auf die Reise schickt und sagt: „Nehmt kein Brot, keine Vorratstasche, kein Geld und keinen zweiten Rock mit" (Mk 6,8f), dann klingt das weltfremd für Reisende. Dahinter steckt aber der tiefere Gedanke: Alle eure Reiseversicherungen geben keine letzte Sicherheit. Jesus will sagen: Vertraue dich Gott an. Das ist der „Segen der leeren Hände" (R. Schneider).

● Wer nicht bereit ist, sich Gott zu übergeben, der wird mit J.P. Sartre sprechen können: „Es kommt auf dasselbe heraus, ob man sich im Stillen betrinkt oder Führer von Völkern ist; denn es ist sinnlos, daß wir geboren werden; es ist sinnlos, daß wir sterben."

Diese Lebensauffassung ist mit einem Fluß zu vergleichen, der in der Wüste versandet.

● „Kann ich nicht derselbe Fluß bleiben, der ich jetzt bin?"

Wer sich Menschen anvertraut, wird ein anderer.

Wer sich Gott anvertraut, wird verwandelt.

● Nur das, was wirklich wesentlich ist, wird erhalten. Schmutz und Ballast an uns können nicht mit aufsteigen; sie müssen auf der Erde zurückbleiben. Nachher erst ist der Aufgestiegene wirklich er selbst.

● Es besteht nicht nur ein Vertrauen des Menschen zu Gott, das Leben bedeutet; umgekehrt gibt es auch das Vertrauen Gottes zum Menschen. In den Gaben von Brot und Wein, in der Gabe des göttlichen Wortes wird es erkennbar: Gott gibt sich in diese Gaben hinein und verschenkt sich. Auch auf diese Weise hebt er die Menschen über die Wüste des Todes und hilft ihnen beim Überleben.

Schrifttext

Währenddessen drängten ihn seine Jünger: Rabbi, iß! Er aber sagte zu ihnen: Ich lebe von einer Speise, die ihr nicht kennt. Da sagten die Jünger zueinander: Hat ihm jemand etwas zu essen gebracht? Jesus sprach zu ihnen: Meine Speise ist es, den Willen dessen zu tun, der mich gesandt hat, und sein Werk zu Ende zu führen (Joh 4,31—34).

Gebet

Herr
wie Du willst, soll mir gescheh'n,

und wie Du willst, so will ich geh'n,
hilf Deinen Willen nur versteh'n.

Herr
wann Du willst, dann ist es Zeit,
und wann Du willst, bin ich bereit
heut und in alle Ewigkeit.

Herr
was Du willst, das nehm' ich hin,
und was Du willst, ist mir Gewinn,
genug, daß ich Dein Eigen bin.

Herr
weil Du's willst, drum ist es gut,
und weil Du's willst, drum hab ich Mut.
Mein Herz in Deinen Händen ruht.

Lieblingsgebet des Pater Rupert Mayer SJ

Parabel von der Lieblichkeit des Gottvertrauens

Zur Erläuterung der ehrfurchtgebietenden Lieblichkeit des Vertrauens in Gott und der Sinnlosigkeit jeglicher Verzweiflung berichtet meine Großmutter Luci die vielhundertjährige Geschichte des Zimmermanns, den eines Abends auf seinem Heimweg ein Freund anhielt und fragte: „Mein Bruder, warum bist du so traurig?"
„Wärst du in meiner Lage, du empfändest wie ich", sagte der Zimmermann.
„Erkläre dich", sprach der Freund.
„Bis morgen früh", sagte der Zimmermann, „muß ich elftausendelfhundertundelf Pfund Sägemehl aus Hartholz für den König bereit haben, oder ich werde enthauptet."
Der Freund des Zimmermanns lächelte und legte ihm den Arm um die Schultern. „Mein Freund", sagte er, „sei leichten Herzens. Laß uns essen und trinken und den morgigen Tag vergessen. Der allmächtige Gott wird, während wir ihm Anbetung zollen, statt unserer des Kommenden eingedenk sein."
Sie gingen also zum Hause des Zimmermanns, wo sie Weib und Kind in Tränen fanden. Den Tränen ward Einhalt getan durch Essen, Trinken, Reden, Singen, Tanzen und allsonstige Art und Weise von Gottvertrauen und Güte. Inmitten

des Gelächters fing des Zimmermanns Weib zu weinen an und sagte: „So sollst du denn, mein lieber Mann, in der Morgenfrühe enthauptet werden, und wir alle vergnügen uns indessen und freuen uns an der Güte des Lebens. So steht es also."

„Denke an Gott", sprach der Zimmermann, und der Gottesdienst ging weiter. Die ganze Nacht hindurch feierten sie. Als Licht das Dunkel durchdrang und der Tag anbrach, wurde ein jeglicher schweigsam und von Angst und Kummer befallen. Die Diener des Königs kamen und klopften sacht an des Zimmermanns Haustür, und der Zimmermann sprach: „Jetzt werde ich sterben", und öffnete. „Zimmermann", sagten sie, „der König ist tot. Mache ihm einen Sarg."

William Saroyan

Anregungen für ein Gespräch

- „Der Mensch denkt und Gott lenkt" ist wohl der erste Gedanke, der einem Hörer dieser Parabel durch den Kopf geht. Aber jeder weiß auch, daß das Leben in den meisten Fällen so nicht funktioniert, sondern zum Untergang des Betroffenen führt. Ist damit die Erzählung ad absurdum geführt?
- Der Auftrag des Königs an den Zimmermann, elftausendelfhundertelf Pfund Sägemehl aus Hartholz bereitzustellen, soll die Erfahrung belegen, zuweilen vor unlösbaren Aufgaben und Problemen zu stehen. Wir werden im Alltag mit Dingen konfrontiert, die sich wie eine unübersteigbare Wand vor uns aufrichten.
- In der Erzählung werden die Herren der Welt beschrieben. Zwei Aspekte sind für sie charakteristisch: zum einen die Macht, die sie über andere haben, und zum anderen die Zerbrechlichkeit ihrer Macht. Auch wenn sie es meinen (wie Hitler, Stalin oder andere): Ihre Herrschaft ist nicht absolut.
- Obwohl die Diktatoren der Völker weit oben sind, stehen sie nicht an der Spitze. Über ihnen steht einer, der mächtiger ist als sie. Der Freund des Zimmermanns hat das gewußt.
- Gott geht es nicht — wie vielen irdischen Herrschern — um Unterwerfung, sondern gerade um Freiheit. Er steht auf der Seite der Schwachen, Armen und Unterdrückten.
- Überall im Alltag sehen wir, wie Macht mißbraucht wird, von Großen und Kleinen. Wo nur einer ein Zipfelchen Macht in die Hand bekommt, läßt er es den anderen spüren. Darum wird Macht verdächtigt und nach herrschaftsfreien Räumen gesucht. Jede Anordnung gilt als Bevormundung, jede Regelung als Beschränkung menschlicher Freiheit. In den meisten Fällen sind solche Versuche in Anarchie oder Diktatur geendet.

- Es ist schwer, die Balance zu halten: Macht gebrauchen, sie aber nicht mißbrauchen. Hilfreich dabei ist die Anerkennung einer noch höheren, letzten, absoluten Instanz: Gott.
- Eines der bedrückendsten Gefühle vor den großen Problemen der Welt wie Frieden, Hunger, Weltzerstörung ist das der Ohnmacht des kleinen Mannes. Gegen dieses Gefühl der Ohnmacht setzt die Erzählung keinen Vorschlag zur Lösung des königlichen Auftrags, sondern das Vertrauen auf den, der mächtiger und ideenreicher ist. Welche Phantasie Gott hat, zeigt die überraschende Wende der Parabel.
- Im Evangelium geht es oft nicht um das Große, sondern um das Unmögliche: etwa die Speisung der fünftausend Menschen mit fünf Broten, die Gesundung von unheilbar Kranken, die Erweckung von Toten. Aber das Vertrauen ist Voraussetzung.
- Der Münsteraner Philosoph Peter Wust wollte im letzten Krieg auf dem Weg in den Luftschutzbunker einen Freund beruhigen, der große Angst vor den Bomben hatte. Da Peter Wust Zungenkrebs hatte und nicht mehr sprechen konnte, hat er auf einen Zettel die Worte geschrieben: „Ich befinde mich in absoluter Sicherheit." Das konnte er sagen, weil er sich dem Absoluten — Gott — in uneingeschränktem Vertrauen überlassen hat.
- Das Vertrauen zu Gott kann so groß sein, daß alle Ängste überwunden werden, ja das Leben sogar in Freude und Feier umschlagen kann. Diese Sicherheit wird auch in dem Wort von Dietrich Bonhoeffer erkennbar, das er unter dem Galgen im KZ Flossenbürg 1945 gesprochen hat: „Dies ist das Ende — für mich der Anfang."
- Damit wird gesagt, daß die Bedrohung des Menschen nicht immer so glücklich zu Ende gehen muß, wie es in der Parabel beschrieben wird. Auch das Scheitern ist möglich. Aber gerade in diesem Augenblick erweist sich das Heil als tragfähig bei dem, der danach Ausschau gehalten hat. Im schlimmsten Augenblick ist Gott am nächsten.
- Ein schönes Wort von Lothar Zenetti stellt die Macht noch einmal auf den Kopf, wenn er die Macht der Ohnmächtigen beschreibt:

  Nicht der Machthaber —
  der Ohnmächtige, den sie verlachten,
  hat an mich gedacht.

  Nicht der Gewinner —
  der Verlierer hat mich gewonnen.

- Auch Hilde Domin bekennt sich mit ihren Versen „Im Regen geschrieben" zu diesem Vertrauen:

Wer wie die Biene wäre,
die die Sonne auch durch
den Wolkenhimmel fühlt,
die den Weg zur Blüte findet
und nie die Richtung verliert,
dem lägen die Felder
in ewigem Glanz,
wie kurz er auch lebte,
er würde selten weinen.

Schrifttext

Als sie am nächsten Morgen an dem Feigenbaum vorbeikamen, sahen sie, daß er bis zu den Wurzeln verdorrt war. Da erinnerte sich Petrus und sagte zu Jesus: Rabbi, sieh doch, der Feigenbaum, den du verflucht hast, ist verdorrt. Jesus sagte zu ihnen: Ihr müßt Glauben an Gott haben.
Amen, das sage ich euch: Wenn jemand zu diesem Berg sagt: Hebe dich empor, und stürz dich ins Meer!, und wenn er in seinem Herzen nicht zweifelt, sondern glaubt, daß geschieht, was er sagt, dann wird es geschehen. Darum sage ich euch: Alles, worum ihr betet und bittet — glaubt nur, daß ihr es schon erhalten habt, dann wird es euch zuteil (Mk 11,20—24).

Gebet

Gott, komm herbei, um mich zu retten, / Herr, eile mir zu Hilfe!
In Schmach und Schande sollen alle fallen, / die mir nach dem Leben trachten.
Zurückweichen sollen sie und vor Scham erröten, / die sich über mein Unglück freuen.
Beschämt sollen sich alle abwenden, die lachen und höhnen / und sagen: „Dir geschieht recht."
Alle, die dich suchen, frohlocken; / sie mögen sich freuen in dir.
Die dein Heil lieben, sollen immer sagen: / „Groß ist Gott, der Herr."
Ich aber bin arm und gebeugt. / Eile, o Gott, mir zu Hilfe!
Meine Hilfe und mein Retter bist du. / Herr, säume doch nicht!

Psalm 70

Glaube an Gott und binde dein Kamel fest

Die Gläubigen kamen in Scharen, um die Worte des Propheten Mohammed zu hören. Ein Mann hörte besonders aufmerksam und andächtig zu, betete mit gläubiger Inbrunst und verabschiedete sich schließlich vom Propheten, als es Abend wurde. Kaum war er draußen, kam er wieder zurückgerannt und schrie mit sich überschlagender Stimme: „Oh, Herr! Heute morgen ritt ich auf meinem Kamel zu dir, um dich, den Propheten Gottes, zu hören. Jetzt ist das Kamel nicht mehr da. Weit und breit ist kein Kamel zu sehen. Ich war dir gehorsam, achtete auf jedes Wort deiner Rede und vertraute auf Gottes Allmacht. Jetzt, oh, Herr, ist mein Kamel fort. Ist das die göttliche Gerechtigkeit? Ist das die Belohnung meines Glaubens? Ist das der Dank für meine Gebete?" Mohammed hörte sich diese verzweifelten Worte an und antwortete mit einem gütigen Lächeln: „Glaube an Gott und binde dein Kamel fest."

Anregungen für ein Gespräch

- Zwischen diesen beiden Extremen haben sich die Menschen bewegt: die einen haben auf Gottes Wort gehört, geglaubt und gebetet; dabei haben sie häufig das eigene Handeln, die Besinnung auf ihre natürlichen Kräfte vergessen. Sie haben sich allein auf Gott verlassen; er wird es schon machen. Die anderen haben sich nicht um Gott gekümmert und nicht nach seinem Willen gefragt. Sie haben auch nicht mit Gott gesprochen, sondern einfach gehandelt. Da Gott für sie nicht existent war, mußten sie sich auf ihre eigene Kraft verlassen und tätig werden. Das ist bei vielen bis heute so geblieben.
- Es gibt Situationen, in denen wir überrascht werden und wo nichts mehr zu machen ist. Plötzlich ist er da – der Wirbelsturm, der ein ganzes Land überschwemmt; der Bombenregen, der vom Himmel fällt und Trichter neben Trichter schlägt; der Arzt, der am Bett eines Sterbenden feststellt: Er ist nicht mehr zu retten.
- Jeder kennt diese jäh aufbrechenden Ängste, die den Hals zuschnüren, weil plötzlich mitten im Alltag ein unlösbares Problem vor einem steht: ein Streit, eine Krankheit, eine Nachricht, eine Erkenntnis. Jetzt muß man damit fertig werden; aber wie? Die Erzählung beschreibt einen Menschen, der Gott Vorwürfe macht, weil er nicht auf sein Kamel aufgepaßt hat. Da er ein Gläubiger ist, auf Gottes Allmacht vertraut und zu Gott betet, erhebt er den Anspruch, von Gott beschützt zu werden. Gott ist undankbar, wenn er darauf nicht eingeht.

Es geht in der vorliegenden Erzählung also um die Frage, was Menschen tun, um mit Nöten und Gefahren fertig zu werden.

- Noch andere Reaktionen aber sind möglich. Ein Betroffener könnte sich das Lied zu eigen machen: „Es geht alles vorüber, es geht alles vorbei; auf jeden Dezember folgt wieder ein Mai." Dahinter steht die Vorstellung, das menschliche Leben sei nicht wie eine gestreckte Linie mit einem Anfangs- und Endpunkt (oder ohne Endpunkt!), sondern wie ein Kreis, in dem sich alles nach einer bestimmten Zeit wiederholt. Die menschliche Geschichte ist aber keine ewige Wiederkehr des Gewesenen.
- Der Wiener Psychotherapeut Viktor E. Frankl beschreibt eine andere Lebenseinstellung, um mit einer Not fertig zu werden. Er sagt, man muß an eine Zukunft glauben; wer das nicht kann, ist verloren. Seine Erkenntnisse hat er im KZ Auschwitz gewonnen, wo er selbst diesen „Trick" für sich angewandt hat, als er sich bei eisiger Kälte auf dem Weg zum Arbeitsplatz fast weinend vor Schmerzen in drohender Verzweiflung befand. In diesem Augenblick hat er sich in eine schöne Welt — in einen Vortragssaal mit vielen Hörern — hineingeträumt. In seinem Buch „... trotzdem Ja zum Leben sagen" beschreibt er den körperlichen und seelischen Zerfall all derer, die an keine Zukunft mehr glauben konnten.
- Mitten im Wohlstand heute — also nicht im KZ — gibt es ähnliche Probleme: Die Menschen leiden nicht mehr unter Sexualproblemen (Freud), auch nicht unter Minderwertigkeitskomplexen (Adler), sondern unter einer existentiellen Frustration, unter einem Sinnlosigkeitsgefühl (Frankl). Das muß überwunden werden! Aber wie?

Es gibt einen Segen der Mitte. Zwar können Extreme eine Entwicklung vorantreiben, auf Dauer aber werden sie gefährlich. Die Mitte schafft das Kontinuum, sie gibt Stabilität und Halt. Wir haben früher in der Schule gelernt: Kirche ist Mitte. Darum kann auch das Gebet um die Mitte nicht falsch sein:

Herr, gewähre uns diese Bitte,
daß unser Weg liegt in der Mitte:
gleich weit von Reichtum und Armut,
gleich weit von Überfluß und Mangel,
gleich weit von Übermut und Trauer,
gleich weit von Übereifer und Trägheit,
gleich weit von Hochmut und Fall,
gleich weit von Blendung und Blindheit,
gleich weit von Schimmer und Dunkelheit,
gleich weit von Irrtum und Zweifel;
bescheiden im *Genuß*

und die Entbehrung übend.
In dieser Mitte, o Herr,
laß uns mit Deiner Hilfe wandeln.
Gewähre uns, Herr, noch eine Bitte:
Bleib auch Du in unserer *Mitte!* (Heinz Pangels)

- Wir dürfen keinen Automatismus herstellen zwischen Not und Beten. „Not lehrt beten" gilt nicht immer; Not und Angst können auch ganz stumm machen. Mancher hat beklagt, daß er in der Not das Beten verlernt habe.
- Über den Menschen können viele verschiedene Nöte hereinbrechen, nicht nur das weggelaufene Kamel und der damit entstandene Verlust der ganzen Habe. Einige andere haben wir genannt.
- Immer wieder stehen wir vor der Frage: Wie sollen wir reagieren? Sollen wir — wie Tolstoi in einer ähnlichen Erzählung beschrieben hat — aus Leibeskräften rudern oder alle Ruder ins Wasser werfen und hilfesuchend die Hände zu Gott erheben? Selbst der hl. Paulus hat in einem Seesturm eine ähnliche Erfahrung machen müssen: „Da wir vom Sturm hart bedrängt wurden, erleichterten die Matrosen am nächsten Tag das Schiff, und am dritten Tag warfen sie eigenhändig die Schiffsausrüstung über Bord ... Schließlich schwand uns alle Hoffnung auf Rettung" (Apg 27,18—20).
- Die Jünger im Evangelium haben mit dem Seesturm gekämpft, solange sie konnten. Erst dann haben sie Jesus geweckt. Jesus fragt: „Warum habt ihr solche Angst, ihr Kleingläubigen?" (Mt 8,26). In der Parallelstelle heißt seine Frage: „Warum habt ihr solche Angst? Habt ihr noch keinen Glauben?" (Mk 4,40). Es gibt einen großen Unterschied zwischen gläubig und klein-gläubig: der Kleingläubige erwartet, daß Gott nun etwas tun muß, um eine Gefahr abzuwenden — wie der Mann in der Erzählung; dem Glaubenden aber genügt es zu wissen, daß Gott im Boot ist. Er ist da und seine Gegenwart genügt und beruhigt.
- Die Antwort bei Tolstoi heißt: „beten und rudern"; und in dieser Erzählung wird empfohlen: „auf Gott hören und das Kamel festbinden".

Gott hat uns eine Fülle von Fähigkeiten und Kräften gegeben, die wir zu unserem Schutze einsetzen müssen. Erst dann gilt das Wort von Hilde Domin: „Ich setzte meinen Fuß in die Luft — und sie trug."

Schrifttext

Jesus stieg in das Boot, und seine Jünger folgten ihm. Plötzlich brach auf dem See ein gewaltiger Sturm los, so daß das Boot von den Wellen überflutet wurde.

Jesus aber schlief. Da traten die Jünger zu ihm und weckten ihn; sie riefen: Herr, rette uns, wir gehen zugrunde! Er sagte zu ihnen: Warum habt ihr solche Angst, ihr Kleingläubigen? Dann stand er auf, drohte den Winden und dem See, und es trat völlige Stille ein. Die Leute aber staunten und sagten: Was ist das für ein Mensch, daß ihm sogar die Winde und der See gehorchen? (Mt 8,23—27).

Gebet

Wir glauben, daß Gott unablässig wirkt
und will, daß wir mit ihm wirken.

Er will nicht, daß wir hinnehmen,
was Menschen aus seiner Welt gemacht haben,
als wäre sie so von ihm gewollt.
Er will, daß wir sie verändern,
ihre Kräfte ergründen,
ihre Gesetze anwenden
und sie in den Dienst des Lebens stellen.

Er macht uns verantwortlich für das Recht aller Wesen,
zu leben und zu gedeihen,
wie es allen gemeinsam zuträglich ist.
Darum finden wir uns nicht ab
mit Lüge, Ausbeutung und Gewalt,
mit Erpressung und Drohung.

Wir treten ein für die Verleumdeten,
für die Gedanken der Unbequemen
und für die Hoffnung derer,
die von einer besseren Zukunft träumen.

Wir streiten gegen Krieg,
Elend und Unmenschlichkeit und ihre Ursachen.
Wir suchen Ordnungen unter den Völkern,
die des Menschen würdig sind und ihm dienen,
und die gemeinsame Kontrolle der Macht.

Tapferkeit, Hingabe und klare Gedanken,
Liebe zum Menschen und Wille zum Frieden,
das ist es, was wir der Welt schulden.

Jörg Zink

Der Tod und der Gänsehirt

Einmal kam der Tod über den Fluß, wo die Welt beginnt. Dort lebte ein armer Hirt, der eine Herde weißer Gänse hütete.
„Du weißt, wer ich bin, Kamerad?“ fragte der Tod.
„Ich weiß, du bist der Tod. Ich habe dich auf der anderen Seite hinter dem Fluß oft gesehen.“
„Du weißt, daß ich hier bin, um dich zu holen und dich mitzunehmen auf die andere Seite des Flusses.“
„Ich weiß. Aber das wird noch lange sein.“
„Oder wird nicht lange sein. Sag, fürchtest du dich nicht?“
„Nein“, sagte der Hirt. „Ich habe immer über den Fluß geschaut, seit ich hier bin, ich weiß, wie es dort ist.“
„Gibt es nichts, was du mitnehmen möchtest?“
„Nichts, denn ich habe nichts.“
„Nichts, worauf du hier noch wartest?“
„Nichts, denn ich warte auf nichts.“
„Dann werde ich jetzt weitergehen und dich auf dem Rückweg holen. Brauchst du noch etwas, wünschst du dir noch was?“
„Brauche nichts, hab' alles“, sagte der Hirt. „Ich habe eine Hose und ein Hemd und ein Paar Winterschuhe und eine Mütze. Ich kann Flöte spielen, das macht lustig. Meine Gänse verstehn nicht viel von Musik.“
Als dann der Tod nach langer Zeit wiederkam, gingen viele hinter ihm her, die er mitgebracht hatte, um sie über den Fluß zu führen. Da war ein Reicher dabei, ein Geizhals, der zeit seines Lebens wertvolles und wertloses Zeug an sich gerafft hatte: Klamotten, auch Gold und Aktien und fünf Häuser mit etlichen Etagen.
Der Mann jammerte und zeterte: „Noch fünf Jahre, nur noch fünf Jahre hätte ich gebraucht, und ich hätte noch fünf Häuser mehr gehabt. So ein Unglück, so ein Unglück verfluchtes!“ Das war schlimm für ihn.
Ein Rennfahrer war unter ihnen, der zeit seines Lebens trainiert hatte, um den großen Preis zu gewinnen. Fünf Minuten hätte er noch gebraucht bis zum Sieg. Da erwischte ihn der Tod.
Ein Berühmter war dabei, dem ein Orden gefehlt hatte, nur ein einziger Orden, für den er Jahre aufgewendet hatte, da holte ihn der Bruder Tod. Das war schlimm für ihn.
Dann war da ein junger Mensch, der hatte an seiner Braut gehangen, denn sie waren ein Liebespaar gewesen, und keiner konnte ohne den anderen leben.

Ein schönes Fräulein war dabei mit langen Haaren. Und viele Reiche, die jetzt nichts mehr besaßen, und noch mehr Arme, die jetzt auch nicht das besaßen, was sie gerne hätten haben wollen.
Ein alter Mann war freiwillig mitgegangen. Aber auch er war froh, denn siebzig Jahre waren vergangen, ohne daß er das bekommen hatte, was er hatte haben wollen. Schlimm für sie alle.
Als sie an den Fluß kamen, wo die Welt aufhört, saß dort der Hirt. Und als der Tod ihm die Hand auf die Schulter legte, stand er auf, ging mit über den Fluß, als wäre nichts, und die andere Seite hinter dem Fluß war ihm nicht fremd. Er hatte Zeit genug gehabt, hinüberzuschauen, er kannte sich hier aus, und die Töne waren noch da, die er immer auf der Flöte gespielt hatte: er war sehr fröhlich. Das war schön für ihn.
Was mit den Gänsen geschah? Ein neuer Hirt kam.

Janosch

Anregungen für ein Gespräch

- Ein Forscher der Max-Planck-Gesellschaft in München hat in einer Veröffentlichung über die Entstehung des Menschen geschrieben: „Der Mensch war nicht Ziel eines Planes. Evolution hat kein Ziel, sie tastet sich heran, probiert aus, paßt sich an. Dahinter steht kein göttlicher Plan, der alles auf dieses Ziel hin steuert. Der Mensch ist aus den Sternen geboren."
- Ganz anders der Dichter Christian Morgenstern. Er hat sich selbst einmal mit einer Brieftaube verglichen, die man vom Urquell der Dinge in ein fernes, fremdes Land getragen und dort freigelassen hat. Ruhelos durchmißt sie das Land, immer auf der Suche nach ihrer Heimat. Oft fällt sie zu Boden, ist müde, krank, hungrig, dann fühlt sie sich erst wieder wohl, wenn sie die Flügel schwingen und von neuem ihrer Sehnsucht nacheilen kann — auf der „unvermeidlichen Suche nach dem Ort ihres Ursprungs".
- Erich Fried hat in seinem Gedicht „Letzter guter Rat" den Menschen vor die Aufgabe gestellt, sich zwischen Leben und Tod zu entscheiden. Welches aber ist der richtige Weg? Auf welchen Rat soll er hören?

Hinter der Hecke sitzen sie
Leben und Tod
Beide rufen mich
beide wollen mir raten

Hinter der Hecke
höre ich ihre Stimmen

Durch die Hecke darf ich nicht durch
darf sie nicht sehen

„Hör auf dein Unglück zu lieben
und liebe dein Glück!
Noch heut! Du hast nicht mehr viel Zeit!“
ruft die eine Stimme

Die andere sagt:
„Behalte lieb was du liebhast
Auch sein Unglück lieben kann Glück sein
und die Liebe wechseln bringt Unglück“

Dann sagen sie beide: „Geh!“
und ich gehe und weiß
eine davon ist mein Tod
und eine mein Leben

● Leider wird die Sehnsucht nach der eigentlichen Heimat ständig durch wichtige Dinge überlagert: Die Menschen sind beschäftigt, sie müssen arbeiten, Verträge abschließen, Sicherheiten schaffen, Reichtümer sammeln. Alle Entschuldigungsgründe sind ehrenwert, aber — sie machen uns kaputt. Claudels Bitte „Herr, erhalte in mir die Sehnsucht nach dem Ewigen“ muß in einer Zeit mit einer materialistischen Grundeinstellung wieder das zentrale Thema der Menschen werden.
Das ist der Hintergrund dieser Erzählung.

● Der Gänsehirt hat am Ufer des Flusses gesessen und in das andere Land hinübergeschaut. Er hat sich zeitlebens damit befaßt und dabei erfahren, daß es ein schönes Land ist, vor dem man keine Angst zu haben braucht.
Wer aber nie über das Land jenseits des Flusses nachdenkt, wer seine irdischen Werte absolut setzt und ihnen Ewigkeitsrang gibt, der wird enttäuscht zusammenbrechen, wenn der Tod kommt. Von solchen Menschen hat Eliot gesagt: „Uns traf mehr als ein gewöhnlicher Verlust: wir verloren unseren Weg.“

● Wer den Weg verloren hat, wer in die Irre gegangen ist, muß umkehren. Das Evangelium fordert die Menschen auf: „Kehret um!“ (Mt 3,1). Wo wäre heute nicht überall Umkehr notwendig? In unserer Auffassung von Arbeit, im Verhältnis zur Umwelt, im Familienleben, im verlorenen Rhythmus einer Sonntagskultur, im Anspruchsdenken, in der Habenmentalität, in der Sorge um die Benachteiligten, im Einsatz für Gerechtigkeit und Frieden — um nur einige Stichworte zu nennen. Aber steht nicht all das Gesagte unter dem Schicksalswort „unumkehrbar“? Wie sollen wir heutigen Entwicklungen Einhalt gebieten? Wie sollen wir umkehren? Wohin sollen wir umkehren? Was können wir tun, damit Gott wieder die Mitte unseres Lebens wird?

● Der Gänsehirt hat täglich in das andere Land geschaut. Das Gebiet jenseits des Flusses nennen wir Himmel. Aber der Himmel ist keine geographische, auch keine kosmische, sondern eine theologische Bestimmung.

Was ist der Himmel? Wo ist der Himmel? Bibeltheologisch ist Himmel ein Synonym für Gott. Der Himmel ist da, wo Gott ist. Da Gott nicht an Ort und Zeit gebunden ist — er somit überall lebt —, ist auch der Himmel überall. In den Himmel kommen heißt, zu Gott kommen. Himmel ist Gemeinschaft mit Gott; der Himmel ist der Durchbruch der Gottesherrschaft in uns. Dieser Prozeß ist heute schon mitten im Alltag möglich.

● Ein Rabbi fragte seine Schüler: „Wo wohnt Gott?" Die Schüler lachten und sagten: „Was soll diese Frage? Schau doch nur um dich. Die ganze Welt ist doch von seiner Herrlichkeit voll." Der Rabbi gab zur Antwort: „Gott wohnt dort, wo man ihn einläßt."

● Wo Gott die Konstante unseres Lebens ist, da kann auch die Angst vor dem Tode überwunden werden. Wo Gott aber nicht mehr im Blick und bestimmende Kraft auf dieser Erde ist, da ist das Wort von Solschenizyn zu bedenken: „Die Menschen haben Gott vergessen, und das ist der Grund für die Probleme des 20. Jahrhunderts."

● In unserer Gesellschaft ist ein neues Wort entstanden: umsiedeln. Bauern, die ihr Haus und ihre Felder zugunsten eines Straßenbaues aufgeben müssen, werden umgesiedelt; in Israel werden Israelis in besetzte arabische Gebiete umgesiedelt.

Der Begriff „umsiedeln" ist biblisch sehr alt; er bezeichnet den Übergang aus dem Todes- in den Lebensbereich. „Wer glaubt, ist aus dem Tode ins Leben umgesiedelt" (Joh 5,24). „Wir wissen, daß wir aus dem Tod ins Leben umgesiedelt sind, weil wir die Brüder lieben" (1 Joh 3,14). Glauben und Lieben sind die Zerstörer des Todes; sie garantieren das Kontinuum des Lebens.

Schrifttext

Jesus sagte zu ihm: Ein Mann veranstaltete ein großes Festmahl und lud viele dazu ein. Als das Fest beginnen sollte, schickte er seinen Diener und ließ den Gästen, die er eingeladen hatte, sagen: Kommt, es steht alles bereit! Aber einer nach dem andern ließ sich entschuldigen. Der erste ließ ihm sagen: Ich habe einen Acker gekauft und muß jetzt gehen und ihn besichtigen. Bitte, entschuldige mich!

Ein anderer sagte: Ich habe fünf Ochsengespanne gekauft und bin auf dem Weg, sie mir genauer anzusehen. Bitte, entschuldige mich! Wieder ein anderer sagte: Ich habe geheiratet und kann deshalb nicht kommen. Der Diener kehrte zurück und berichtete alles seinem Herrn. Da wurde der Herr zornig und sagte zu seinem Diener: Geh schnell auf die Straßen und Gassen der Stadt und hol die Armen und die Krüppel, die Blinden und die Lahmen herbei (Lk 14,16—21).

Gebet

Vater, bei Dir ist unser Anfang,
Du hast uns gezeichnet von Anbeginn.
Oft sehen wir Deine Zeichen nicht:
die unendliche Verschiedenheit der Schneeflocken
— Zeichen Deiner Größe;
die aufgehende Sonne über dem Fluß
— Zeichen der Schönheit;
das strahlende Lachen eines Kindes
— Zeichen des Glücks;
das Vertrauen zwischen Menschen
— Zeichen der Liebe;
die ausgestreckte Hand eines Kranken
— Zeichen der Hilflosigkeit;
die Umarmung Trauernder
— Zeichen des Trostes;
das verzeihende Lächeln zu schuldig Gewordenen
— Zeichen des Vergebens;
der starre Blick Sterbender
— Zeichen des Todes.

Vater, bei Dir ist auch unser Ende.
Hilf uns, Deine Zeichen richtig zu deuten und zu verstehen.
Hilf uns, daß wir einst bei Dir einen neuen
großen Anfang machen dürfen.

Inge Sternemann

Quellennachweis

S. 8: Hilde Domin, Unaufhaltsam, aus: dies., Gesammelte Gedichte, © 1987 S. Fischer Verlag GmbH, Frankfurt am Main.

S. 13: tonny, wenn es ginge herr, aus: Schalom, Januar 1983, Schriftenmissionsverlag, Neukirchen-Vluyn.

S. 14: Hermann Multhaupt, Der Wunsch zu fliegen. Rechte beim Autor.

S. 17: Was ist das — Gott?, aus: Martin Buber, Die Erzählungen der Chassidim, Manesse-Verlag, Zürich 1949.

S. 19: Fabel von den Fischen, aus: Kurt Bucher, Wegmarken, Rex-Verlag, Luzern 1980.

S. 20: Lothar Zenetti, Viele sagen: Ich glaube an nichts, aus: ders., Texte der Zuversicht. Für den einzelnen und die Gemeinde, Verlag J. Pfeiffer, München ^{5}1981, S. 245.

S. 28: Bertolt Brecht, Im Wartesaal zum großen Glück, aus: ders., Gesammelte Werke, © Suhrkamp Verlag, Frankfurt am Main 1967.

S. 29: Abdu'l-Bahà, Die Sonnenuhr, aus: Nossrat Peseschkian, Der Kaufmann und der Papagei, © Fischer Taschenbuch Verlag, Frankfurt am Main ^{6}1983.

S. 32: Eugen Rucker, Die Seelen müssen nachkommen, aus: ders., Symbolgeschichten. Praktische Glaubenskunde in Gleichnissen, Verlag J. Pfeiffer, München 1975, S. 96.

S. 36: Charles Péguy, Gott und die Freiheit, aus: Lyrik des Abendlandes. Mit freundlicher Genehmigung des Carl Hanser Verlags München/Wien.

S. 38: Kurt Marti, geburt (Ich wurde nicht gefragt), aus: ders., Schon wieder heute, 1982, © Luchterhand Literaturverlag, Frankfurt am Main.

S. 39: Huub Oosterhuis, Du hast uns zur Freiheit berufen, aus: ders., Dein Trost ist nah. Gebete für Stunden der Bedrängnis, Herder Verlag, Wien 1978.

S. 39: Kurt Marti, Wer kennt schon, aus: ders., Leichenreden, 1969, © Luchterhand Literaturverlag, Frankfurt am Main.

S. 41: Rolf Krenzer, Nur eine Frage: Ja oder nein?, aus: ders., Und darum muß ich für dich sprechen, © 1981 Georg Bitter Verlag, Recklinghausen.

S. 43: Paul Reding, Ich fühle mich gesund und munter. Rechte beim Autor.

S. 44: Christa Peikert-Flaspöhler, Behinderte, aus: dies., Stellenangebot. Gedichte, Lahn-Verlag, Limburg ^{2}1982.

S. 46: Michael Ende, Der alte Straßenkehrer Beppo, aus: ders., Momo, © 1973 K. Thienemanns Verlag, Stuttgart.

S. 49: Christa Peikert-Flaspöhler, Das Einfache einfach zu tun, aus: dies., Friede, nimm meine Hand. Gedichte, Lahn-Verlag, Limburg 1984.

S. 52: Hilde Domin, Ziehende Landschaft, aus: dies., Gesammelte Gedichte, © 1987 S. Fischer Verlag GmbH, Frankfurt am Main.

S. 53: Christa Peikert-Flaspöhler, Alleluja singen, aus: dies., Stellenangebot. Gedichte, Lahn-Verlag, Limburg ^{2}1982.

S. 55: Der nächste Tag, frei nacherzählt nach: Dov Noy, Folktales of Israel, Chicago 1969.

S. 59: Lothar Zenetti, Worauf sollen wir hören, aus: ders., Texte der Zuversicht. Für den einzelnen und die Gemeinde, Verlag J. Pfeiffer, München ^{5}1981, S. 237.

S. 60: Marie Luise Kaschnitz, Interview, aus: dies., Dein Schweigen — meine Stimme, © 1962 by Claassen Verlag, Hamburg und Düsseldorf.

S. 64: Karl Tilke, Die Zaubermünze. Rechte beim Autor.

S. 66: Rolf Krenzer, Herr, unser Gott!, in: ders., Halte zu mir heute, guter Gott — Ein Gebetbuch für Kinder und Erwachsene, die mit Kindern beten, Lahn-Verlag, Limburg. Rechte beim Autor.

S. 67: Heinrich A. Mertens, Der Bäcker von Paris, aus: ders., Brot in deiner Hand. Geschichten für Kinder von der Bedeutung des heiligen Mahles, Verlag J. Pfeiffer, München ^{6}1983, S. 5ff.

S. 70: Kim Chi Ha, Wie du den Himmel, aus: Missio-Pastoral, Werkhefte für die missionarische Kirche, Aachen.

S. 71: Lothar Zenetti, Ein Stück Brot, aus: ders., Texte der Zuversicht. Für den einzelnen und die Gemeinde, Verlag J. Pfeiffer, München ^{5}1981, S. 278.

S. 75: Josef Reding, Eine Brücke laßt uns bauen. Rechte beim Autor.

S. 80: Paul Reding, Trage des anderen schwere Last. Rechte beim Autor.

S. 81: Helmut Ludwig / Walter Wanner, Der Co-Pilot springt nicht, aus: dies., 1x Hölle und zurück. ABC-team Werkbücher, Brunnen Verlag, Gießen ^{4}1974.

S. 85: Paul Roth, Seitdem Menschen Götter verehren. Rechte beim Autor.

S. 85: Andreas Laun, Das Märchen von den Zeitgutscheinen, in: Das Licht, Juli/August 1979, Franz Sales Verlag, Eichstätt.

S. 88: Bertolt Brecht, Ich sitze am Straßenhang, aus: ders., Gesammelte Werke, © Suhrkamp Verlag, Frankfurt am Main 1976.

S. 93: Paul Reding, Wir ebnen unserm Herrn die Wege. Rechte beim Autor.

S. 102: Günter Eich, Inventur, aus: ders., Gesammelte Werke, Band 1, Die Gedichte, © Suhrkamp Verlag, Frankfurt am Main 1973.

S. 104: Erich Fried, Ich soll mich nicht gewöhnen. Tagung der Römerberg-Gespräche.

S. 105: Dietrich Bonhoeffer, Von guten Mächten, aus: ders., Widerstand und Ergebung, Chr. Kaiser Verlag, München ^{3}1985.

S. 106: Käthe Recheis, Das Sternmädchen, aus: Käthe Recheis / Friedl Hofbauer, 99 Minutenmärchen, Herder Verlag, Wien.

S. 109: Dag Hammarskjöld, Gib mir einen reinen Sinn, aus: ders., Zeichen am Weg, Droemersche Verlagsanstalt Th. Knaur Nachf., München-Zürich 1965.

S. 110: Karl Ewald, Ein Märchen von Gott und den Königen, in: Schalom 1/1983.

S. 113: Josef Dirnbeck / Martin Gutl. Endlich einer, der sagt, aus: dies., Ich begann zu beten. Texte für Meditation und Gottesdienst, Verlag Styria, Graz/Wien/Köln ^{6}1982.

S. 113: Stefan Heym, Erich Hückniesel und die Fußballfee, aus: ders., Cymbelinchen oder ein Märchen für Kinder, Goldmann Verlag, München.

S. 122: Drei goldene Figuren, aus: Nossrat Peseschkian, Der Kaufmann und der Papagei, © Fischer Taschenbuch Verlag, Frankfurt am Main ^{6}1983.

S. 125: Christa Reinig, Ich rufe den Wind, aus: dies., Sämtliche Gedichte, Verlag Eremiten-Presse, Düsseldorf 1984.

S. 126: Kurt Rommel, Herr, gib uns Mut zum Hören, aus: Sing mit — Trinitatis, Burckhardthaus-Laetare Verlag GmbH, Offenbach/M. ^{2}1986.

S. 126: Wilhelm Willms, Blumen aus Plastik, aus: ders., aus der luft gegriffen. Bausteine zu Gottesdiensten mit Kindern und Familien, Verlag Butzon & Bercker, Kevelaer ^{4}1984, S. 82f.

S. 134: Willem Barnard, Laßt uns beten um die Einheit, in: Schalom, Januar 1973, Schriftenmissionsverlag Neukirchen-Vluyn.

S. 135: Elizabeth Shaw, Die Schildkröte hat Geburtstag, © Kinderbuch Verlag, DDR-Berlin 1965.

S. 137: Margot Bickel, Die eigentlichen Geschenke des Lebens, aus: M. Bickel / H. Steigert, Pflücke den Tag, Verlag Herder, Freiburg i. Br. 1981.

S. 138: Wilhelm Willms, wußten sie schon, aus: ders., der geerdete himmel. wiederbelebungsversuche, Verlag Butzon & Bercker, Kevelaer ^{7}1986, 5.5.

S. 143: Chris Herbring, In dieser Zeit, aus: ders., In dieser Zeit (LH 107). Rechte beim Chris Herbring Musikverlag, Neuss.

S. 144: Hermann Multhaupt, Alles, was das Herz begehrt. Rechte beim Autor.

S. 149: Rose Ausländer, Wiederkäuer, aus: dies., Hügel aus Äther unwiderruflich, © 1984 S. Fischer Verlag GmbH, Frankfurt am Main.

S. 151: Christa Peikert-Flaspöhler, Friede, nimm meine Hand, aus: dies., Friede, nimm meine Hand. Gedichte, Lahn-Verlag, Limburg 1984.

S. 152: Hermann Multhaupt, Das Kind mit den großen Händen. Rechte beim Autor.

S. 156: Dom Helder Camara, Bei der Versicherungsgesellschaft, aus: ders., Mach aus mir einen Regenbogen, pendo Verlag, Zürich 1981.

S. 159: Dag Hammarskjöld, Du, der über uns ist, aus: ders., Zeichen am Weg, Droemersche Verlagsanstalt, Th. Knaur Nachf., München-Zürich 1965.

S. 162: Hans Erich Nossack, Rief da ein Mann?, aus: ders., Dieser Andere, © Suhrkamp Verlag, Frankfurt am Main 1976.

S. 169: Christa Peikert-Flaspöhler, Dir neigen, aus: dies., Friede, nimm meine Hand. Gedichte, Lahn-Verlag, Limburg 1984.

S. 175: Der gerechte Preis, aus: Nossrat Peseschkian, Der Kaufmann und der Papagei, © Fischer Taschenbuch Verlag, Frankfurt am Main ^{6}1983.

S. 180: Jörg Zink, Herr, wir sehen dich aus der Ferne, aus: ders., Wie wir beten können, Kreuz Verlag, Stuttgart 1970, S. 135.

S. 181: Awad Afifi, Die Geschichte von der Sandwüste, aus: Idries Shah, Das Geheimnis der Derwische. Geschichten der Sufimeister, Verlag Herder, Freiburg-Basel-Wien ^{3}1984, S. 15—17.

S. 185: William Saroyan, Parabel von der Lieblichkeit des Gottvertrauens, aus: ders., Armenische Fabeln, © 1959 by Sanssouci-Verlags AG, Zürich.

S. 188: Hilde Domin, Im Regen geschrieben, aus: dies., Gesammelte Gedichte, © 1987 S. Fischer Verlag GmbH, Frankfurt am Main.

S. 189: Glaube an Gott und binde dein Kamel fest, aus: Nossrat Peseschkian, Der Kaufmann und der Papagei, © Fischer Taschenbuch Verlag, Frankfurt am Main ^{6}1983.

S. 191: Heinz Pangels, Herr, gewähre uns diese Bitte, aus: Weihnachts- und Neujahrswünsche 1975. Gebet zum Jahreswechsel, in: Christ in der Gegenwart Nr. 53/84. Rechte beim Autor.

S. 192: Jörg Zink, Wir glauben, daß Gott unablässig wirkt, aus: Jörg Zink / Rainer Röhricht, Was Christen glauben (GTB Siebenstern 300), Gütersloher Verlagshaus Gerd Mohn, Gütersloh ^{11}1987.

S. 193: Janosch, Der Tod und der Gänsehirt, aus: Janosch erzählt Grimm's Märchen. 50 ausgewählte Märchen neu erzählt für Kinder von heute. Beltz Verlag, Weinheim u. Basel 1972. Programm Beltz & Gelberg.

S. 194: Erich Fried, Hinter der Hecke (Letzter guter Rat), aus: ders., Lebensschatten. Gedichte, Wagenbach Verlag, Berlin 1981, S. 57.

Verzeichnis der Schrifttexte

Stichwortverzeichnis

(der Hauptgedanke jedes Kapitels ist kursiv gesetzt)

Weitere Bücher von Paul Jakobi

Für Leib und Seele
Kleines Lesebuch für Zeiten der Krankheit
Topos Taschenbuch 268
126 S. Kt.
ISBN 3-7867-2009-6

Durch Krankheiten werden Menschen oft aus ihrem Lebensrhythmus gerissen. Für solche Zeiten, die vielen auch Möglichkeiten zur Besinnung bieten, wurden die Geschichten dieses Buches zusammengestellt und mit meditativen Texten und Gebeten ergänzt.

Briefe an die Gemeinde
Zu den Sonntagen und Hochfesten der drei Lesejahre sowie vielen Anlässen
244 S. Kt.
ISBN 3-7867-1567-X

Seit vielen Jahren schon schreibt Paul Jakobi – orientiert an den drei Lesejahren – Briefe an seine Gemeinde, um so mit den Menschen ins Gespräch zu kommen. Ein Buch, das SeelsorgerInnen vielfältige Anregungen für die Verkündigung gibt.

Sehnsucht nach Leben
Erzählungen und Gedichte – weitergedacht
Topos Taschenbuch 243
180 S. Kt.
ISBN 3-7867-1794-X

Zahlreiche Geschichten, Märchen und Gedichte wurden für Zeiten des Kirchenjahres erschlossen und mit entsprechenden Bibelworten und Gebeten ergänzt. So ist eine praktische Materialsammlung für die Arbeit in Schule und Gemeinde entstanden.

Matthias-Grünewald-Verlag · Mainz

Lebendige Gemeindearbeit

mit Büchern von Paul Jakobi

Damit die Botschaft unser Herz erreicht
Die Evangelien der Sonntage und Hochfeste durch Erzählungen, Gedichte und aktuelle Beispiele erschlossen
272 S. Kt.
ISBN 3-7867-1857-1

Damit unser Leben gelingen kann
Erzählungen und Märchen, aufgeschlossen für Gespräch in Schule, Gemeinde und Jugendarbeit
184 S. Kt.
ISBN 3-7867-0861-4

Damit die Saat aufgeht
Erzählungen, Märchen und Gedichte, aufgeschlossen für Gespräch in Schule, Gemeinde und Jugendarbeit
200 S. Kt.
ISBN 3-7867-1118-6

Die zahlreichen Impulstexte eignen sich hervorragend als Einstieg in den Gottesdienst, als Anregung zur Predigt oder zur persönlichen Vorbereitung auf den jeweiligen Bibeltext.

Mit einer Geschichte, einem Märchen, einem Gedicht lassen sich die wirklich wichtigen Zusammenhänge unseres Lebens oft eindringlicher aufschließen als mit Fakten, statistischen oder theoretischen Darstellungen. Paul Jakobi hat dies in beiden Büchern erprobt. Die zahlreichen Texte bieten wertvolle Anregungen und Hilfen für die Bereiche Schule, Gemeinde und Jugendarbeit.

Matthias-Grünewald-Verlag · Mainz